Kohlhammer

Staatsrecht

von

Professor Dr. Jörg-Dieter Oberrath †
Fachhochschule Bielefeld

und

Professor Dr. Sven Müller-Grune
Professor für Öffentliches Wirtschaftsrecht
Hochschule Schmalkalden

3. überarbeitete Auflage

Verlag W. Kohlhammer

3. überarbeitete Auflage 2024

Alle Rechte vorbehalten
© 2024 W. Kohlhammer GmbH Stuttgart
Gesamtherstellung: W. Kohlhammer GmbH, Stuttgart

Print:
ISBN: 978-3-17-043857-6

E-Book-Formate:
pdf: ISBN 978-3-17-043858-3
epub: ISBN 978-3-17-043859-0

Dieses Werk einschließlich aller seiner Teile ist urheberrechtlich geschützt. Jede Verwendung außerhalb der engen Grenzen des Urheberrechts ist ohne Zustimmung des Verlags unzulässig und strafbar. Das gilt insbesondere für Vervielfältigungen, Übersetzungen, Mikroverfilmungen und für die Einspeicherung und Verarbeitung in elektronischen Systemen.
Für den Inhalt abgedruckter oder verlinkter Websites ist ausschließlich der jeweilige Betreiber verantwortlich. Die W. Kohlhammer GmbH hat keinen Einfluss auf die verknüpften Seiten und übernimmt hierfür keinerlei Haftung.

Vorwort

Das von Jörg-Dieter Oberrath in den beiden ersten Auflagen konzipierte und erstellte Buch dient auch in der nunmehr vorliegenden dritten Auflage der Vermittlung der Grundlagen des Staats- bzw. Verfassungsrechts.

Das Buch wendet sich in erster Linie an Studierende der Rechts- und Wirtschaftswissenschaften sowie des Wirtschaftsrechts. Es kann aber auch von Studierenden anderer Fachrichtungen und von Praktikern oder interessierten Bürgern als Einstieg oder zur schnellen Auffrischung ihres Wissens im Staatsrecht herangezogen werden.

Dem Staatsrecht wird nachgesagt, besonders schwer zugänglich zu sein. Besonderes Anliegen des Buches ist es daher, den notwendigen Stoff im Überblick anschaulich darzustellen und gezielte Hilfestellung zur Einarbeitung in die Materie und/oder zur Prüfungsvorbereitung zu geben. Das Buch enthält daher zahlreiche Übersichten und am Ende der wichtigsten Kapitel jeweils mehrere Merksätze zum behandelten Stoff und Hinweise auf besondere Problemstellungen, die häufig Gegenstand von Prüfungen sind. Zudem stehen als Download Wiederholungsfragen, Aufbauschemata und Übungsfälle unterschiedlichen Schwierigkeitsgrades zur Verfügung.

Trotz der notwendigen Kürze der Darstellung trägt das Buch auch wissenschaftlichen Ansprüchen Rechnung. So werden vorhandene Meinungsstreite erwähnt, die jeweils herrschende Meinung und ihre Begründung dargestellt und durch gezielte Literatur- und vor allem Rechtsprechungshinweise die Möglichkeit zur weiteren Vertiefung des Problems gegeben.

Ich bedanke mich sehr bei meiner studentischen Hilfskraft Lina Schröder für die zuverlässige und engagierte Unterstützung bei der Überarbeitung des Manuskripts. Dank gilt ebenfalls den Kolleginnen der Bibliothek der Hochschule Schmalkalden für die professionelle Zuarbeit. Nicht zuletzt bedanke ich mich bei Jörg-Dieter Oberrath für das in mich gesetzte Vertrauen, das Werk mit sanfter Hand unter Beibehaltung des Konzepts zu aktualisieren.

Vorwort

Für Anregungen und Verbesserungsvorschläge bin ich stets dankbar. Sie können an den Verlag zu meinen Händen oder direkt an mich (Hochschule Schmalkalden, Fakultät Wirtschaftsrecht, Blechhammer 98574 Schmalkalden) gerichtet werden.

Schmalkalden, im November 2023 Sven Müller-Grune

Inhaltsverzeichnis

Abkürzungsverzeichnis XIV
Literaturverzeichnis XVIII

1. Kapitel Grundlagen 1
  I. Begriffe 1
      1. Definition und Einordnung Staatsrecht 1
      2. Definition Staat 3
  II. Aufgaben des Staates 4
  III. Das Grundgesetz 5
      1. Entstehungsgeschichte 5
      2. Inhalt 5
      3. Exkurs: Weitere Rechtsquellen des Staatsrechts 6

2. Kapitel Verfassungsgrundsätze 7
  I. Begriff, Bedeutung, Überblick 7
  II. Republik 7
  III. Demokratie 8
      1. Demokratieformen 8
          a) Indirekte Demokratie 8
          b) Direkte Demokratie 8
      2. Die demokratische Legitimation staatlicher Organe .. 9
      3. Exkurs: Die Rolle der Parteien (Art. 21 GG) 9
  IV. Sozialstaat 9
      1. Bedeutung 9
      2. Ausprägungen 10
  V. Bundesstaat 10
      1. Begriff/Bedeutung 10
      2. Die Verteilung der Staatsgewalt zwischen Bund und Ländern (Art. 30 GG) 11
  VI. Rechtsstaat 12
      1. Allgemeines 12
      2. Einzelheiten zu den einzelnen Ausprägungen .. 12
          a) Gewaltenteilungsprinzip 12

Inhaltsverzeichnis

		b)	Gesetzmäßigkeit der Verwaltung (Vorrang und Vorbehalt des Gesetzes)	13
		c)	Grundsatz der Verhältnismäßigkeit	15
		d)	Rückwirkungsverbot und Bestimmtheitsgrundsatz	17
		e)	Die Rechtsschutzgarantie	19

VII. Sonstige Grundsätze ... 19
    1. Die Staatszielbestimmungen des Art. 20a GG ... 19
    2. Die Verpflichtung auf die Europäische Union (Art. 23 GG) ... 20

3. Kapitel Die obersten Bundesorgane ... 23

I. Der Bundestag ... 23
    1. Bedeutung und Aufgaben ... 23
    2. Wahl und Stellung der Bundestagsabgeordneten ... 24
        a) Das Wahlsystem ... 24
        b) Wahlgrundsätze des Art. 38 GG ... 25
        c) Rechtsstellung des Bundestagsabgeordneten ... 25
    3. Untergliederungen des Bundestages ... 27
        a) Fraktionen ... 27
        b) Die parlamentarische Gruppe ... 27
        c) Der fraktionslose Abgeordnete ... 27
        d) Untersuchungsausschüsse ... 27
    4. Beschlussfassung im Bundestag ... 28

II. Der Bundesrat ... 30
    1. Bedeutung und Aufgaben ... 30
    2. Die Zusammensetzung des Bundesrates ... 30
    3. Beschlussfassung im Bundesrat ... 31

III. Der Bundespräsident ... 31
    1. Bedeutung und Aufgaben ... 31
    2. Die Wahl des Bundespräsidenten ... 32
    3. Vertiefung: Das Prüfungsrecht des Bundespräsidenten bezüglich der Verfassungsmäßigkeit von Bundesgesetzen ... 32

IV. Die Bundesregierung und der Bundeskanzler (Art. 62 ff. GG) ... 34
    1. Bedeutung und Aufgaben ... 34
    2. Ernennung und Entlassung der Bundesminister ... 35
    3. Der Bundeskanzler ... 35
        a) Wahl des Bundeskanzlers ... 35
        b) Konstruktives Misstrauensvotum und Vertrauensfrage ... 35

Inhaltsverzeichnis

V.	Das Bundesverfassungsgericht	36

4. Kapitel Das Gesetzgebungsverfahren des Bundes 37
- I. Einführung 37
- II. Die Gesetzgebungskompetenz des Bundes (Art. 70 ff. GG). 38
  1. Grundlagen 38
  2. Die einzelnen Kompetenzarten 38
     - a) Ausschließliche Gesetzgebungskompetenz 38
     - b) Konkurrierende Gesetzgebungskompetenz 39
     - c) Ungeschriebene Gesetzgebungskompetenzen ... 40
  3. Rechtsfolgen der Nichtbeachtung der Kompetenzverteilung 41
- III. Der Ablauf des Gesetzgebungsverfahrens 41
  1. Die Vorlage eines Gesetzesentwurfs 41
  2. Beratung und Beschluss eines Gesetzesentwurfs 42
     - a) Behandlung des Gesetzentwurfs im Bundestag .. 42
     - b) Die Beteiligung des Bundesrates 42
  3. Ausfertigung und Verkündung des Gesetzes 45
  4. Rechtsfolgen von Verfahrensverstößen 45
  5. Besonderheiten bei verfassungsändernden Gesetzen .. 45
  6. Exkurs: Rechtsverordnungen (Art. 80 GG) 45

5. Kapitel Ausführung von Bundesgesetzen und Bundesverwaltung 49
- I. Die Ausführung von Bundesgesetzen durch die Länder (Art. 83 ff. GG) 49
  1. Allgemeines 49
  2. Die Ausführung von Bundesgesetzen als eigene Angelegenheit der Länder 50
  3. Die Ausführung von Bundesgesetzen durch die Länder im Auftrag des Bundes 50
- II. Die Ausführung von Bundesgesetzen durch den Bund.... 51
- III. Gemeinschaftsaufgaben und Mischverwaltung 51

6. Kapitel Die Wirtschaftsverfassung (Grundzüge) 53
- I. Einführung 53
- II. Die Wirtschaftsordnung des Grundgesetzes 53
  1. Allgemeines 53
  2. Die Verpflichtung auf das gesamtwirtschaftliche Gleichgewicht 54
- III. Die Finanzordnung des Grundgesetzes 55
  1. Grundlagen 55
  2. Die Kompetenz zur Erhebung von Geldleistungen... 55

Inhaltsverzeichnis

			a)	Die Erhebung von Steuern	55
			b)	Die Auferlegung sonstiger Zahlungspflichten	56
		3.	Die Ertragshoheit		57
		4.	Der Finanzausgleich zwischen Bund und Ländern		57
			a)	Horizontaler Finanzausgleich	57
			b)	Vertikaler Finanzausgleich	57
	IV.	Das Haushaltsrecht			58
	V.	Die Geldpolitik			59

7. Kapitel Die Rechtsprechung ... 61
   I. Allgemeines ... 61
      1. Funktion und Stellung der Rechtsprechung ... 61
      2. Die Aufteilung der Rechtsprechung auf Bund und Länder ... 61
   II. Die Verfahren vor dem BVerfG ... 61
      1. Überblick ... 61
      2. Organstreitverfahren (Art. 93 Abs. 1 Nr. 1 GG, §§ 63 ff. BVerfGG) ... 62
      3. Abstrakte Normenkontrolle (Art. 93 Abs. 1 Nr. 2 GG, §§ 76 ff. BVerfGG) ... 63
      4. Bund-Länder-Streitigkeit (Art. 93 Abs. 1 Nr. 3 GG, §§ 68 ff. BVerfGG) ... 63
      5. Sonstige Bund-Länder-Streitigkeit (Art. 93 Abs. 1 Nr. 4 GG, §§ 76 ff. BVerfGG) ... 64
      6. Konkrete Normenkontrolle (Art. 100 Abs. 1 GG, §§ 80 ff. BVerfGG) ... 64
      7. Die Verfassungsbeschwerde ... 64
         a) Allgemeines ... 64
         b) Die Zulässigkeit einer Verfassungsbeschwerde ... 66
         c) Die Begründetheit der Verfassungsbeschwerde ... 69

8. Kapitel Die Grundrechte – Allgemeines ... 71
   I. Begriffliches ... 71
   II. Die Funktion der Grundrechte ... 72
      1. Die Abwehrfunktion ... 72
      2. Teilhabe- und Leistungsfunktion ... 72
      3. Schutzfunktion der Grundrechte ... 73
      4. Die objektive Funktion ... 73
   III. Grundrechtsträger und Grundrechtsadressaten ... 73
      1. Grundrechtsträger ... 73
         a) Natürliche Personen ... 73
         b) Juristische Personen ... 74
      2. Die Grundrechtsadressaten ... 75

Inhaltsverzeichnis

IV.	Der Grundrechtskatalog des Grundgesetzes............	76
	1. Allgemeines..................................	76
	2. Die Menschenwürde..........................	77
	3. Die Freiheitsgrundrechte	78
	4. Die Gleichheitsgrundrechte	78
	5. Die Justizgrundrechte.........................	78
	6. Das Zusammentreffen mehrerer Grundrechte	79
	a) Grundrechtskonkurrenz....................	79
	b) Grundrechtskollision......................	79
V.	Die Grundrechte als Beschränkung des staatlichen Handelns	79
	1. Allgemeines..................................	79
	2. Die Überprüfung staatlichen Handelns am Maßstab der Grundrechte	80
	a) Die Berührung des Schutzbereichs eines Grundrechts...................................	80
	b) Das Vorliegen eines Eingriffs in den Schutzbereich	81
	c) Die Rechtfertigung eines Grundrechteingriffs...	81

9. Kapitel Ausgewählte Grundrechte 87
I. Die Allgemeine Handlungsfreiheit (Art. 2 Abs. 1 GG).... 88
    1. Schutzbereich 88
    2. Typische Eingriffe............................ 88
    3. Rechtfertigung von Eingriffen.................. 89
II. Das Allgemeine Persönlichkeitsrecht (Art. 2 Abs. 1 i. V. m. Art. 1 GG) 89
    1. Schutzbereich 89
    2. Typische Eingriffe............................ 90
    3. Rechtfertigung von Eingriffen.................. 91
III. Das Recht auf Leben, körperliche Unversehrtheit und Freiheit (Art. 2 Abs. 2 GG) 91
    1. Schutzbereich 91
       a) Leben und körperliche Unversehrtheit 91
       b) Freiheit 92
    2. Typische Eingriffe............................ 92
    3. Rechtfertigung von Eingriffen.................. 92
IV. Die Gleichheitsrechte 94
    1. Allgemeines.................................. 94
    2. Der allgemeine Gleichheitsgrundsatz (Art. 3 Abs. 1 GG) 95
       a) Das Vorliegen einer Ungleichbehandlung...... 95

Inhaltsverzeichnis

		b) Rechtfertigung von Eingriffen	96
V.	Die Freiheit des Glaubens und des Gewissens (Art. 4 GG) .		99
	1.	Die Glaubensfreiheit	99
		a) Schutzbereich	99
		b) Typische Eingriffe	101
		c) Rechtfertigung von Eingriffen	101
	2.	Die Gewissensfreiheit	103
		a) Schutzbereich.	103
		b) Typische Eingriffe	103
		c) Rechtfertigung von Eingriffen in die Gewissensfreiheit	104
	3.	Das Recht auf Kriegsdienstverweigerung	104
VI.	Die Meinungsfreiheit und die Medienfreiheiten (Art. 5 Abs. 1 GG)		105
	1.	Schutzbereich	105
		a) Die Meinungsfreiheit	106
		b) Die Informationsfreiheit (Art. 5 Abs. 1 Satz 1 2 Hs. GG).	107
		c) Die Pressefreiheit (Art. 5 Abs. 1 Satz 2 GG)	107
		d) Die Rundfunk- und Filmfreiheit.	108
	2.	Typische Eingriffe.	109
	3.	Rechtfertigung von Eingriffen.	110
VII.	Die Kunst- und die Wissenschaftsfreiheit (Art. 5 Abs. 3 GG)		112
	1.	Schutzbereich	112
		a) Kunstfreiheit (Art. 5 Abs. 3 Satz 1 1. Alt. GG)	112
		b) Die Wissenschaftsfreiheit (Art. 5 Abs. 3 Satz 1 2. Alt. GG)	113
	2.	Typische Eingriffe.	113
	3.	Rechtfertigung.	113
VIII.	Die Versammlungsfreiheit (Art. 8 GG)		114
	1.	Schutzbereich	114
	2.	Typische Eingriffe.	115
	3.	Rechtfertigung von Eingriffen.	116
		a) Versammlungen unter freiem Himmel	116
		b) Versammlungen in geschlossenen Räumen	116
IX.	Die Vereinigungs- und die Koalitionsfreiheit (Art. 9 Abs. 1 u. 3 GG)		118
	1.	Die Vereinigungsfreiheit	118
		a) Schutzbereich	118
		b) Typische Eingriffe	119
		c) Rechtfertigung von Eingriffen	119

	2. Die Koalitionsfreiheit (Art. 9 Abs. 3 GG)	120
	a) Schutzbereich	120
	b) Typische Eingriffe	121
	c) Rechtfertigung von Eingriffen	121
X.	Das Brief-, Post- und Fernmeldegeheimnis (Art. 10 GG)	122
	1. Schutzbereich	122
	2. Typische Eingriffe	123
	3. Rechtfertigung von Eingriffen	124
XI.	Die Berufsfreiheit (Art. 12 GG)	124
	1. Schutzbereich	125
	2. Typische Eingriffe	126
	a) Allgemeines	126
	b) Unterscheidung von Eingriffsarten	127
	3. Rechtfertigung von Eingriffen	129
XII.	Die Unverletzlichkeit der Wohnung (Art. 13 GG)	131
	1. Schutzbereich	131
	2. Typische Eingriffe	132
	3. Die Rechtfertigung von Eingriffen	132
	a) Durchsuchungen	132
	b) Technische Überwachung von Wohnungen	132
	c) Sonstige Eingriffe	132
XIII.	Das Eigentum und das Erbrecht (Art. 14 GG)	133
	1. Schutzbereich	133
	2. Typische Eingriffe	135
	a) Inhalts- und Schrankenbestimmungen	136
	b) Die Enteignung	136
	c) Enteignende und enteignungsgleiche Eingriffe	137
	3. Die Rechtfertigung von Eingriffen	137
	a) Die Rechtfertigung von Inhalts- und Schrankenbestimmungen	137
	b) Die Rechtfertigung der Enteignung	138

Stichwortverzeichnis ... 143

Abkürzungsverzeichnis

a. A.	anderer Ansicht
Abb.	Abbildung
AbgG	Abgeordnetengesetz
ABl EG	Amtsblatt der Europäischen Gemeinschaft
Abs.	Absatz
a. E.	am Ende
AEUV	Vertrag über die Arbeitsweise der Europäischen Union
a. F.	alte Fassung
AG	Aktiengesellschaft
AGG	Allgemeines Gleichbehandlungsgesetz
Art.	Artikel
Aufl.	Auflage
AÜG	Arbeitnehmerüberlassungsgesetz
BAG	Bundesarbeitsgericht
BBankG	Gesetz über die Deutsche Bundesbank
BFH	Bundesfinanzhof
BGB	Bürgerliches Gesetzbuch
BGBl.	Bundesgesetzblatt
BHO	Bundeshaushaltsordnung
BR	Bundesrat
BReg	Bundesregierung
BSG	Bundessozialgericht
BT	Bundestag
BV	Bayerische Verfassung
BVerfG	Bundesverfassungsgericht
BVerfGE	Bundesverfassungsgerichtsentscheidung
BVerfGG	Gesetz über das Bundesverfassungsgericht
BVerwG	Bundesverwaltungsgericht
BVerwGE	Bundesverwaltungsgerichtsentscheidungen
BWahlG	Bundeswahlgesetz
bzw.	beziehungsweise
d. h.	das heißt
DÖV	Die öffentliche Verwaltung (Zeitschrift)
DStRE	Deutsches Steuerrecht (Zeitung)
DVBl.	Deutsche Verwaltungsblätter (Zeitschrift)

Abkürzungsverzeichnis

EAV	Vertrag über die Arbeitsweise der Europäischen Union
EG	Europäische Gemeinschaft
EGKS	Europäische Gemeinschaft für Kohle und Stahl
EGV	Vertrag zur Gründung Europäische Gemeinschaft
EMRK	Europäische Menschenrechtskonvention
EP	Europäisches Parlament
ESZB	Europäisches System der Zentralbanken
etc.	et cetera
EU	Europäische Union
EuGH	Europäischer Gerichtshof
EUV	Vertrag zur Gründung der Europäische Union
evtl.	eventuell
EWG	Europäische Wirtschaftsgemeinschaft
EWGV	Vertrag zur Gründung der Europäischen Wirtschaftsgemeinschaft
EZB	Europäische Zentralbank
f.	folgende
ff.	fortfolgende
Fn.	Fußnote
G. v.	Gesetz vom
gem.	gemäß
GeschBReg	Geschäftsordnung der Bundesregierung
GeschOBR	Geschäftsordnung des Bundesrates
GeschOBT	Geschäftsordnung des Deutschen Bundestages
GewArch.	Gewerbearchiv (Zeitschrift)
GewO	Gewerbeordnung
GG	Grundgesetz
ggf.	gegebenenfalls
GmbH	Gesellschaft mit beschränkter Haftung
grds.	grundsätzlich
GVBl.	Gesetz- und Verordnungsblatt
GWB	Gesetz gegen Wettbewerbsbeschränkungen
HandwO	Handwerksordnung
HGrG	Haushaltsgrundsätzegesetz
H. I. V.	Humanes Immundefizienz-Virus
h. L.	herrschende Lehre
h. M.	herrschende Meinung
HS	Halbsatz
i. d. R.	in der Regel
i. e. S.	im engeren Sinn
IFG	Informationsfreiheitsgesetz
IHK	Industrie- und Handelskammer
IHKG	Gesetz über die Industrie- und Handelskammern
insbes.	insbesondere
i. S. d.	im Sinne des

Abkürzungsverzeichnis

i. S. v.	im Sinne von
i. V. m.	in Verbindung mit
JA	Juristische Arbeitsblätter (Zeitschrift)
jP	juristische Person
Jura	Juristische Ausbildung (Zeitschrift)
JuS	Juristische Schulung (Zeitschrift)
Kap.	Kapitel
KG	Kommanditgesellschaft
KMK	Kultusministerkonferenz
LadSchlG	Ladenschlussgesetz
MS	Mitgliedstaat
n. F.	neue Fassung
NJW	Neue Juristische Wochenschrift
nP	natürliche Person
Nr.	Nummer
NRW	Nordrhein-Westfalen
NVwZ	Neue Zeitschrift für Verwaltungsrecht
NVwZ-RR	NVwZ-Rechtsprechungs-Report
NZV	Neue Zeitschrift über Verkehrsrecht
OHG	Offene Handelsgesellschaft
OVG	Oberverwaltungsgericht
OWiG	Ordnungswidrigkeitengesetz
PartG	Gesetz über die politischen Parteien (Parteiengesetz)
PUAG	Gesetz über parlamentarische Untersuchungsausschüsse
RelKErzG	Gesetz über die religiöse Kindererziehung
RL	Richtlinie
Rn.	Randnummer
Rspr.	Rechtsprechung
S.	Seite
SGB I	Sozialgesetzbuch I
Slg.	Sammlung der Rechtsprechung des Europäischen Gerichtshofes
s. o.	siehe oben
sog.	sogenannte(-r, -s)
s. u.	siehe unten
StGB	Strafgesetzbuch
StPO	Strafprozessordnung
str.	strittig
StWG	Gesetz zur Förderung der Stabilität und des Wachstums der Wirtschaft
TierSchG	Tierschutzgesetz

Abkürzungsverzeichnis

Ü	Übersicht
u. a.	unter anderem
UNO	United Nations Organisation
UWG	Gesetz über den unlauteren Wettbewerb
VA	Verwaltungsakt
VereinsG	Vereinsgesetz
VerfR	Verfassungsrecht
VersG	Versammlungsgesetz
VG	Verwaltungsgericht
VGH	Verwaltungsgerichtshof
vgl.	vergleiche
VO	Verordnung
VOEG	Verordnung der Europäischen Gemeinschaft
VR	Verwaltungsrundschau (Zeitschrift)
VwGO	Verwaltungsgerichtsordnung
VwVfG	Verwaltungsverfahrensgesetz
VwVG	Verwaltungsvollstreckungsgesetz
VwZG	Verwaltungszustellungsgesetz
WHG	Wasserhaushaltsgesetz
z. B.	zum Beispiel
Ziff.	Ziffer
z. T.	zum Teil

Literaturverzeichnis

Albrecht/Küchenhoff, Staatsrecht, 3. Auflage 2015
Degenhart, Christoph, Staatsrecht I, 38. Auflage 2022
Detterbeck, Steffen, Öffentliches Recht, 12. Auflage 2022
Gröpl, Christoph, Staatsrecht I, 14. Auflage 2022
Hufen, Friedrich, Staatsrecht II – Grundrechte, 10. Auflage 2023
Ipsen/Kaufhold/Wischmeyer, Staatsrecht I – Staatsorganisationsrecht, 33. Auflage 2021
Ipsen, Jörn, Staatsrecht II – Grundrechte, 24. Auflage 2021
Jarass/Pieroth, Grundgesetz für die Bundesrepublik Deutschland – Kommentar, 17. Auflage 2022
Katz/Sander, Staatsrecht, 19. Auflage 2019
Maurer/Schwarz, Staatsrecht I, 7. Auflage 2023
Manssen, Gerrit, Staatsrecht II – Grundrechte, 19. Auflage 2022
Oberrath, Jörg-Dieter, Öffentliches Recht, 7. Auflage 2021
Pieroth, Bodo/Schlink, Bernhard/Kingreen, Thorsten/Poscher, Ralf, Grundrechte – Staatsrecht II, 38. Auflage 2022
Schröder, Daniela, Grundrechte, 5. Auflage 2019
Schwacke, Peter/Schmidt, Guido, Staatsrecht, 5. Auflage 2007
Sodan, Helge/Ziekow, Jan, Grundkurs Öffentliches Recht, 10. Auflage 2023
Zippelius, Reinold/Würtenberger, Thomas, Staatsrecht, 33. Auflage 2018

Übersicht Piktogramme

Die in dem Werk verwendeten Symbole bedeuten:

 = Prüfungstipps für Studenten

 = Tipps für Praktiker

 = Weiterführender bzw. ergänzender Text als Download-Datei

> **Download-Material:**
> - Prüfungsschemata
> - Interaktive Fälle
> - Multiple-Choice-Test
> - Geschichtlicher Überblick: Deutsche Verfassung und Grundgesetz
>
> Passwort zum Download des o. g. Materials unter www.kohlhammer.de unter diesem Titel:
> https://dl.kohlhammer.de/978-3-17-043857-6

1. Kapitel Grundlagen

Das vorliegende Werk trägt den Titel „Staatsrecht". Legte man allein den Wortlaut dieses Begriffs zugrunde, dann ginge es im Folgenden also um das „Recht" des „Staates". Auch diese beiden Begriffe sind nicht aus sich heraus verständlich, sondern bedürfen der Erläuterung. Was ist „Recht", was ist ein „Staat" und was ist das „Staatsrecht"? Wie sich herausstellen wird, wird es dabei überwiegend um das in unserer Verfassung, dem Grundgesetz niedergelegte Recht gehen. „Staatsrecht" im hier verwendeten Sinne deckt sich daher weitestgehend mit dem Verfassungsrecht. Maßgeblich geht es dabei um die Rechtsbeziehungen der vom Grundgesetz vorgesehenen obersten Staatsorgane sowohl untereinander als auch im Verhältnis zu natürlichen und juristischen Personen.

1

> **Beispiele:**
> - Bundesrat und Bundestag streiten um ein Gesetz.
> - Ein Bundesland wehrt sich gegen ein neues Bundeswahlgesetz mittels Klage vor dem Bundesverfassungsgericht.
> - Es werden Wahlen zum Deutschen Bundestag abgehalten.
> - Der Bundestag erlässt ein Gesetz, wonach Bürger höhere Steuern zahlen müssen.

2

Damit ist ein erster Eindruck gewonnen, was Staatsrecht ist. Um sich näher damit zu befassen, müssen aber die verwandten Begriffe genauer erläutert werden.

I. Begriffe

Zu Beginn soll erklärt werden, um was es bei dem Rechtsgebiet überhaupt geht.

1. Definition und Einordnung Staatsrecht

Staatsrecht sind alle Rechtsvorschriften, die sich mit der Organisation des Staates einerseits und seiner Beziehung zu Rechtssubjekten wie insbeson-

3

dere seinen Bürgern befassen. Speziell für die erstgenannte Fallgruppe hat sich der Begriff „Staatsorganisationsrecht" herausgebildet.

4 Das Staatsrecht ist nur ein Teil des Rechts, das für die Bürger gilt. Die Summe aller Vorschriften für ein Gemeinwesen nennt man Rechtsordnung. Die Rechtsordnung eines Staates wird üblicherweise wie folgt unterteilt:

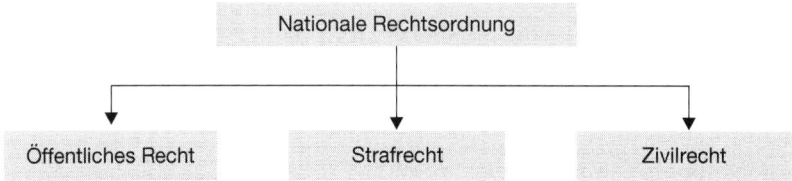

Abbildung 1: Überblick über die Rechtsordnung der Bundesrepublik Deutschland

5 Das öffentliche Recht betrifft neben der Beziehung staatlicher Stellen untereinander die Beziehung des Staates zu seinen Bürgern und anderen Rechtssubjekten. Darin liegt der wesentliche Unterschied zum Zivilrecht. Dieses betrifft die Rechtsbeziehungen gleich geordneter Rechtssubjekte untereinander, z. B. die Beziehung zwischen Bürgern und Bürgern oder zwischen Unternehmen und Unternehmen. Das Strafrecht, das danach eigentlich auch zum öffentlichen Recht gehört, weil es regelt, wann der Staat jemanden bestrafen darf, wird als eigenständiger Teil der Rechtsordnung behandelt, da es so speziell ist.

6 Das öffentliche Recht wird nicht nur aus dem Staatsrecht gebildet. Vielmehr verbergen sich weitere, selbstständige Rechtsgebiete dahinter.

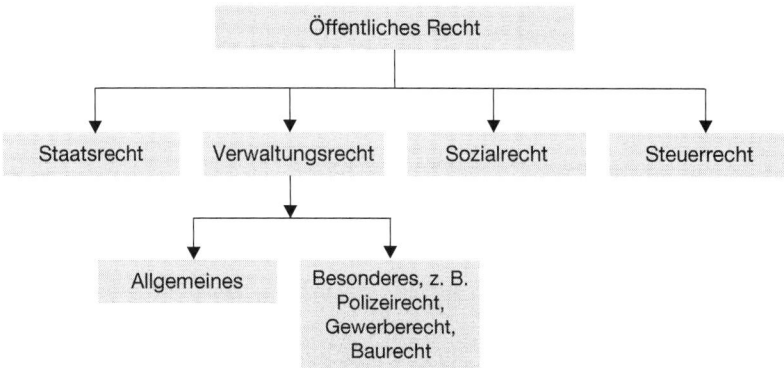

Abbildung 2: Die Rechtsgebiete des öffentlichen Rechts

I. Begriffe

Bis jetzt hat sich unsere Betrachtung auf das deutsche Recht beschränkt. Unser gegenwärtiges Leben wird aber von vielen internationalen Verflechtungen geprägt (Globalisierung). Auch die nationalen Rechtsordnungen stehen heutzutage daher in einem größeren Kontext.

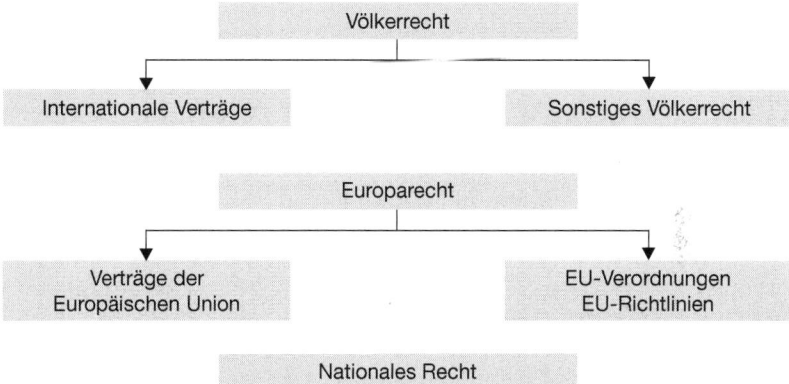

Abbildung 3: Die deutsche Rechtsordnung im internationalen Kontext

Das Völkerrecht besteht in erster Linie aus Verträgen, die Staaten untereinander schließen. Beispiele sind Doppelbesteuerungsabkommen, das Kyoto-Abkommen zum Abbau der Treibhausgase oder die Verträge zur Gründung der UNO, der NATO oder anderer internationaler Institutionen. Das Europarecht wird von zwei Verträgen (EU-Vertrag und Vertrag über die Arbeitsweise der Europäischen Union) und den von der EU erlassenen Rechtssätzen (Verordnungen, Richtlinien, Beschlüsse) gebildet. Es beeinflusst die nationale Rechtsordnung maßgeblich. Zum einen gibt es Vorschriften, die in jedem Mitgliedstaat unmittelbar gelten (so z. B. die sog. Warenverkehrsfreiheit des EUV oder jede Verordnung, die die EU erlässt). Zum anderen verpflichten viele Vorschriften des Europarechts die Mitgliedstaaten, ihre Rechtsordnungen im Sinne europäischer Vorgaben zu gestalten.

Im Folgenden konzentrieren wir uns auf das Staatsrecht. Dabei müssen wir zunächst noch genau klären, was überhaupt ein Staat ist.

2. Definition Staat

Völkerrechtlich betrachtet liegt ein Staat im rechtlichen Sinne dann vor, wenn ein Zusammenschluss besteht, der über Staatsgebiet, Staatsvolk und Staatsgewalt verfügt (vgl. *Albrecht/Küchenhoff*, § 5 Rn. 50 ff.).

- **Staatsgewalt** bedeutet, dass ein Zusammenschluss über die drei staatlichen Gewalten verfügt, d. h. über Gesetzgebung, Rechtsprechung und Exekutive.

- Das **Staatsgebiet** ist das Territorium, auf dem der Staat eigene Staatsgewalt ausüben kann und von der Ausübung fremder Staatsgewalt frei ist.
- **Staatsvolk** ist der Personenkreis, der die Staatsangehörigkeit des betreffenden Staates besitzt. In der Bundesrepublik Deutschland bestimmt sich die Frage nach der Staatsangehörigkeit nach Art. 116 GG i. V. m. dem Staatsangehörigkeitsgesetz (StAG).

9 Allein die völkerrechtliche Definition führt noch nicht zum vollständigen Verständnis des Staatsbegriffs. Der Staat hat darüber hinaus nämlich eigene Rechtspersönlichkeit, er ist juristische Person und somit Träger von Rechten und Pflichten. Diese sind überwiegend in der jeweiligen Verfassung des Staates niedergelegt. Für die Bundesrepublik Deutschland enthält somit das Grundgesetz diese Rechte und Pflichten.

10 Die innere Struktur dieser juristischen Person und die völkerrechtliche Anerkennung machen den Staat in Summe aus und spiegeln dessen Souveränität wider. Derart souveräne Staaten können sich auf verschiedene Weise miteinander verbinden. Ist der Verbund relativ lose und hat der Verbund selbst keine Staatsqualität, spricht man vom **Staatenbund**. Einen solchen stellt z. B. die Europäische Union dar. Hat sowohl der Verbund selbst als auch die Mitgliedstaaten Staatsqualität, spricht man vom **Bundesstaat**. Einen solchen bildet z. B. die Bundesrepublik Deutschland. Schließlich liegt ein sog. **Zentralstaat** vor, wenn ein Staat zwar Untergliederungen hat, aber nur der Gesamtstaat Staatsqualität hat, wie z. B. Frankreich.

II. Aufgaben des Staates

11 Der Staat bildet nach der obigen Definition den äußeren Rahmen um eine Mehrzahl von Menschen. Daraus ergeben sich eine Reihe von Aufgaben oder Zielstellungen. So soll der Staat den Menschen auf seinem Gebiet Schutz, z. B. vor Gefahren von außen, aber auch durch solche von innen, geben. Weiter soll der Staat gewährleisten, dass die Menschen in seinem Territorium geordnet zusammenleben. Schließlich soll er dafür sorgen, dass die Menschen in seinem Gebiet über seinen Mindest-Lebensstandard verfügen und sie vor allem keine Sorgen um die wirtschaftliche Existenz haben müssen. Die Umsetzung dieser Ziele erfolgt durch Regelungen gegenüber den Menschen in dem Staat, d. h. seinen Bürgern. Das Staatsrecht enthält dabei selbst nur wenige solcher Regelungen. Es gibt aber vor, wer was wie regeln darf.

12 **Beispiel:**
Zur Bekämpfung von Terrorismus und Kriminalität (Schutz der Bürger!) will die Bundesrepublik die Überwachung des Internets verstärken. Das Staatsrecht regelt, welche Institutionen die Regelung treffen können, wie ihre Zusammenarbeit dabei aussieht und welche inhaltlichen Gren-

> zen für eine solche Regelung bestehen. Die eigentliche Regelung richtet sich dann nach Verwaltungsrecht.

Recht besteht in erster Linie aus geschriebenen Normen. Die grundlegende Norm des deutschen Staatsrechts ist das Grundgesetz (GG), also unsere Verfassung. Wegen der zentralen Bedeutung der Verfassung wird das Staatsrecht auch als **Verfassungsrecht** bezeichnet.

III. Das Grundgesetz

1. Entstehungsgeschichte

Das Grundgesetz der Bundesrepublik Deutschland wurde auf der Basis eines Entwurfes, der vom 10. bis 25. August 1948 vom Herrenchiemseer Konvent erarbeitet wurde, geschaffen. Am 8. Mai 1949 wurde es vom Parlamentarischen Rat verabschiedet und später von den drei Militärgouverneuren der Siegermächte sowie von den Länderparlamenten genehmigt. Am 23. Mai 1949 wurde das Grundgesetz für die Bundesrepublik Deutschland dann ausgefertigt und verkündet. Von den Änderungen, die das Grundgesetz seither erfahren hat, ist sicher seine Erweiterung auf die Länder der ehemaligen DDR durch den Einigungsvertrag vom 3. Oktober 1990, die Wichtigste.

Geschichtlicher Überblick: Deutsche Verfassungsgeschichte und Grundgesetz

2. Inhalt

Das GG legt die rechtliche Grundordnung der Bundesrepublik Deutschland fest. Die folgenden Kapitel sollen einen Überblick über die Bestimmungen des GG geben. Schwerpunkt sind die Regelungen, die für das Handeln des Staates gegenüber seinen Bürgern von besonderer Bedeutung sind.

Jeder Staatsbürger sollte die **Kernaussagen**, die das GG über unser Staatswesen trifft, kennen. Die Überschriften der ersten 13 Abschnitte des GG geben einen ersten Überblick über die behandelten Themen.

Die Grundrechte	Art. 1–19
Bund und Länder	Art. 20–37
Der Bundestag	Art. 38–49
Der Bundesrat	Art. 50–53
Der Gemeinsame Ausschuss	Art. 53a
Der Bundespräsident	Art. 54–61
Die Bundesregierung	Art. 62–69

Die Gesetzgebung des Bundes	Art. 70–82
Die Ausführung der Bundesgesetze und die Bundesverwaltung	Art. 83–91
Gemeinschaftsaufgaben, Verwaltungszusammenarbeit	Art. 91a–91e
Die Rechtsprechung	Art. 92–104
Das Finanzwesen	Art. 104a–115
Der Verteidigungsfall	Art. 116–146

Abbildung 4: Die Regelungsmaterien des GG

17 Aufgrund dieser Themenbereiche wird häufig eine Zweiteilung des Staatsrechts in das **Staatsorganisationsrecht** (Art. 20 ff. GG) und in die **Grundrechte** (insbes. Art. 1–20 ff. GG) vorgenommen.

3. Exkurs: Weitere Rechtsquellen des Staatsrechts

18 Neben dem Grundgesetz existieren weitere Rechtsquellen des Staatsrechts. Auf **Bundesebene** sind zu nennen: Das Bundeswahlgesetz, das Bundesverfassungsgerichtsgesetz oder das Parteiengesetz. Auf **Länderebene** zählen die Landesverfassungen der einzelnen Bundesländer zum Staatsrecht. Diese stehen wegen des Vorrangs des Bundesrechts (Art. 31 GG) im Rang aber unter den einfachen Gesetzen des Bundes.

2. Kapitel Verfassungsgrundsätze

I. Begriff, Bedeutung, Überblick

19 Das Grundgesetz enthält fünf Verfassungsgrundsätze, die auch Staatsprinzipien oder Staatsstrukturprinzipien genannt werden. Diese enthalten allgemeine Anforderungen, an die sich der Staat, insbesondere der Gesetzgeber, halten muss. Über Art. 28 Abs. 1 GG gelten die Staatsgrundsätze auch für die Länder. Ihre schriftliche Niederlegung und Ausgestaltung haben die Verfassungsgrundsätze in den Art. 20 und 28 GG gefunden.

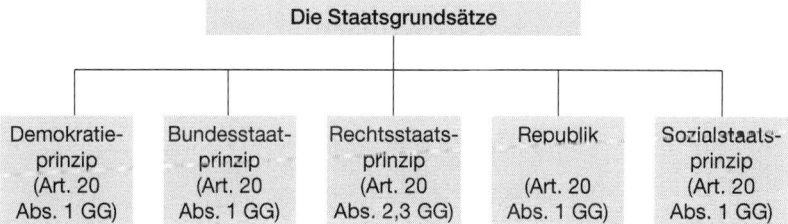

Diese Prinzipien sind so bedeutsam, dass sie auch bei einer Änderung des Grundgesetzes immer beibehalten werden müssen. Das ergibt sich aus Art. 79 Abs. 3 GG.

Abbildung 5: Die Staatsprinzipien der Bundesrepublik Deutschland

II. Republik

20 Aus Art. 20 Abs. 1 GG folgt, dass die Bundesrepublik Deutschland republikanisch verfasst sein muss. Es darf in der Bundesrepublik Deutschland daher keine Staatsform geben, bei der das Staatsoberhaupt durch Erbfolge bestimmt wird, wie das z. B. in der Monarchie der Fall ist. Umgesetzt wird das durch die Vorschriften über den Bundespräsidenten als Staatsoberhaupt in den Art. 54 ff. GG. Dessen Amtszeit ist auf fünf Jahre begrenzt und es ist nur eine anschließende Wiederwahl zulässig (Art. 54 Abs. 2 GG).

III. Demokratie

21 In Art. 20 Abs. 1 GG ist festgelegt, dass die Bundesrepublik Deutschland ein demokratischer Staat ist. Demokratie bedeutet, dass Träger der Staatsgewalt das Volk ist. Art. 20 Abs. 2 Satz 1 GG stellt dies ausdrücklich fest: „Alle Staatsgewalt geht vom Volke aus".

1. Demokratieformen

22 Die Ausübung der Staatsgewalt durch das Volk kann unterschiedlich erfolgen. Das Volk kann alle wesentlichen Entscheidungen unmittelbar selbst treffen (direkte oder unmittelbare Demokratie) oder es kann die Ausübung der staatlichen Gewalt auf ausgewählte Personen oder Organe übertragen (indirekte oder mittelbare Demokratie).

23 a) **Indirekte Demokratie.** Nach Art. 20 Abs. 2 Satz 2 GG übt in der Bundesrepublik das Volk seine Gewalt in Wahlen und Abstimmungen und durch besondere Organe der Gesetzgebung, der vollziehenden Gewalt und der Rechtsprechung aus. Es besteht also indirekte Demokratie. Maßgebliches Organ durch das das Volk seinen Willen kundtut ist auf Bundesebene der Bundestag, dessen Mitglieder, die Abgeordneten, nach Art. 38 Abs. 1 GG vom Volk gewählt werden. Die gewählten Abgeordneten repräsentieren das Volk, weshalb man auch von repräsentativer Demokratie spricht (zur Vertiefung vgl. *Detterbeck*, Rn. 43 ff.).

24 b) **Direkte Demokratie.** Bei der direkten Demokratie trifft das Volk die wesentlichen Entscheidungen dagegen selbst. Dabei sind insbesondere folgende Formen denkbar:

- die **Volksbefragung**, bei der vom Staat die Meinung der Bürger zu einzelnen Fragen abgerufen wird;
- das **Volksbegehren**, mit dem die Bürger vom Gesetzgeber eine bestimmte gesetzliche Regelung oder die Durchführung eines Volksentscheids verlangen können;
- der **Volksentscheid**, mit dem die Bürger unmittelbar über eine bestimmte Frage oder einen Gesetzentwurf entscheiden.

25 Direkte Demokratie herrscht z. B. in der Schweiz. In der Bundesrepublik Deutschland sind durch das Grundgesetz Abstimmungen auf Bundesebene nur in Art. 29 GG (Neugliederung des Bundesgebietes) und Art. 146 GG (Entscheidung über eine neue Verfassung) vorgesehen. Daraus wird abgeleitet, dass weitere Abstimmungen auf Bundesebene nicht zulässig seien. Sollen z. B. von der Bundesregierung initiierte Befragungen des Volkes zu grundlegenden politischen Themen (wie z. B. den Einsatz der Bundeswehr im Ausland) eingeführt werden, müsste dazu das Grundgesetz geändert werden (näher z. B. *Katz/Sander*, Rn. 157).

In den **Länderverfassungen** finden sich dagegen weitergehende Elemente direkter Demokratie. So sieht etwa die Bayerische Verfassung Volksbegehren und Volksentscheide (vgl. z. B. Art. 74 BV) ausdrücklich vor. Auch auf kommunaler Ebene werden vielfach Bürgerabstimmungen durch die gesetzlichen Vorschriften ermöglicht.

2. Die demokratische Legitimation staatlicher Organe

Aus Art. 20 Abs. 2 GG folgt auch die Verpflichtung, dass alle staatlichen Organe demokratisch legitimiert sein müssen. Beim Bundestag als dem maßgeblichen Legislativorgan ist das unmittelbar der Fall, da seine Mitglieder direkt vom Volk gewählt werden. Bei den anderen beiden Gewalten liegt nur eine mittelbare Legitimation vor. Der Bundeskanzler als Chef des höchsten Exekutivorgans, der Bundesregierung, wird vom demokratisch legitimierten Bundestag gewählt (vgl. Art. 63 Abs. 1 GG). Die demokratische Legitimation der Judikative wird darin gesehen, dass bei der Ernennung von Richtern sog. Richterwahlausschüsse mitwirken (vgl. Art. 95 Abs. 2, 98 Abs. 4 GG).

3. Exkurs: Die Rolle der Parteien (Art. 21 GG)

Art. 21 GG bestimmt, dass die Parteien bei der Willensbildung des Volkes mitwirken. Nach Art. 21 Abs. 2 Satz 2 GG besteht Gründungsfreiheit. Aus ihr leitet das BVerfG auch den Grundsatz der Chancengleichheit für politische Parteien ab (BVerfG v. 14.7.1986 – 2 BvE 2/84, 2 BvR 442/84 – BVerfGE 73, 40, 65). Diese Chancengleichheit erstreckt sich auch auf die von den Parteien als Unterstützungseinheiten für ihre Aufgabenwahrnehmung gegründeten Stiftungen, die überwiegend staatlich finanziert werden. Der Gesetzesvorbehalt aus Art. 20 Abs. 3 GG (vgl. nachfolgend Rn. 44 ff.) erfordert deshalb für die Finanzierung und Verteilung der Mittel eine gesetzliche Grundlage (BVerfG v. 22.2.2023 – 2 BvE 3/19). Für die Organisation der Parteien bestimmt Art. 21 Abs. 1 Satz 3 GG, dass die innerparteiliche Willensbildung demokratischen Grundsätzen entsprechen muss. Schließlich legt Art. 21 Abs. 2 Satz 2 GG fest, dass lediglich das BVerfG eine politische Partei verbieten darf (sog. **Parteienprivileg**). Näher ausgestaltet werden die Regelungen des GG durch das Parteiengesetz (PartG). Dieses definiert in § 2 PartG auch den Parteienbegriff (bitte lesen!). Maßgeblich für das Vorliegen einer Partei ist danach ihre Bereitschaft, an der Vertretung des Volkes im Bundestag oder in einem Landtag mitwirken zu wollen. Daher haben z. B. Vereinigungen, die sich nur in Gemeinde- oder Kreisräten engagieren wollen, keinen Parteienstatus (zur Vertiefung vgl. z. B. *Gröpl*, Rn. 371 ff.).

IV. Sozialstaat

1. Bedeutung

Aus Art. 20 Abs. 1 GG folgt, dass die Bundesrepublik Deutschland ein Sozialstaat ist. Das Sozialstaatsprinzip bedeutet, dass der Staat, für eine gerechte

Sozialordnung sorgen muss, die dazu führt, dass jeder Bürger an den Freiheiten, die der Rechtsstaat bietet, grundsätzlich in gleichem Maße teilhaben kann. Schlagwortartig kann man sagen, dass der Staat, insbesondere der Gesetzgeber zur Schaffung **sozialer Sicherheit und Gerechtigkeit** verpflichtet ist. Das Sozialstaatsprinzip kommt auch in einigen Grundrechten zum Ausdruck, wie z. B. in Art. 6 Abs. 4 und 5 GG, der Müttern und unehelichen Kindern Ansprüche gegen den Staat einräumt, oder in Art. 14 Abs. 2 GG, der die Sozialpflichtigkeit des Eigentums festschreibt.

2. Ausprägungen

30 Nach h. M. kann ein Einzelner direkt aus dem Sozialstaatsprinzip grundsätzlich keine Ansprüche gegen den Staat ableiten. Vielmehr begründet dieses nur eine Verpflichtung des Gesetzgebers, entsprechende Regelungen zu erlassen, wobei ihm das BVerfG aber einen großen Gestaltungsfreiraum einräumt (z. B. BVerfG v. 16.7.1985 – 1 BvL 5/80, 1 BvR 1023/83, 1 BvR 1052/83 – BVerfGE 69, 272 ff, 314).

31 Die Verpflichtung zur sozialen Sicherheit gebietet vor allem den Anspruch auf die Sicherung eines **Existenzminimums** für jeden Bürger (st. Rechtsprechung seit BVerfG v. 18.6.1975 – 1 BvL 4/74. BVerfGE 40, 121, 133). Dieser wird durch einfache Gesetze konkretisiert. So sichert für Erwerbstätige das Gesetz über das Bürgergeld und die Grundsicherung für Arbeitsuchende (SGB II) und für Nichterwerbstätige das Gesetz über die Sozialhilfe (SGB XII) das Existenzminimum. Ein weiteres Beispiel für die Umsetzung des Sozialstaatsprinzips ist die Schaffung eines Sozialversicherungssystems mit der Begründung von gesetzlichen Versicherungspflichten für die gesetzliche Arbeitslosen-, Kranken-, Pflege-, Renten- und Unfallversicherung. So hat das BVerfG das Sozialstaatsprinzip zur Rechtfertigung der Einführung eines Basistarifs und einer Pflichtversicherung in der privaten Krankenversicherung herangezogen (vgl. BVerfG v. 10.6.2009 – 1 BvR 706/08 – BVerfG, NJW 2009, 2033 f.).

32 Zur Schaffung sozialer Gerechtigkeit dienen zum einen Vorschriften, die einen Ausgleich zwischen „sozial Schwachen" und „sozial Starken" leisten sollen, wie z. B. die Vorschriften des BGB zum Schutz der Mieter von Wohnraum oder das Kündigungsschutzgesetz im Arbeitsrecht. Zum anderen gehören staatliche Geldleistungen an sozial Schwache, wie z. B. Kindergeld (EStG), Elterngeld (BEEG) oder Ausbildungsförderung (BAföG) zu diesem Ausgleich.

V. Bundesstaat

1. Begriff/Bedeutung

33 Art. 20 Abs. 1 GG legt fest, dass die Bundesrepublik Deutschland ein Bundesstaat ist. Ein Bundesstaat liegt vor, wenn sich mehrere Einzelstaaten der-

V. Bundesstaat

gestalt miteinander verbinden, dass sie souveräne Staaten bleiben (vgl. dazu Rn. 9). Art. 20 Abs. 1 GG verbietet insoweit die Errichtung eines Zentralstaates. Nicht untersagt ist die Veränderung der bestehenden Bundesländer, was aus Art. 29 Abs. 2 und 8 GG hervorgeht.

2. Die Verteilung der Staatsgewalt zwischen Bund und Ländern (Art. 30 GG)

Folge eines Bundesstaates ist, dass es mehrere Einheiten mit Staatsgewalt gibt. Nach Art. 30 GG ist die Ausübung der staatlichen Befugnisse Sache der Länder, soweit das GG keine andere Regelung trifft.

Bei allen drei Gewalten können also sowohl der Bund als auch einzelne Länder tätig werden. Daher gibt es neben dem Grundgesetz Länderverfassungen und neben den Bundesgesetzen Ländergesetze. Bei der Verwaltung und der Rechtsprechung existieren ebenfalls jeweils auf beiden Ebenen (Bund und Länder) Institutionen. Damit es zu keinen Überschneidungen bei der Ausübung staatlicher Gewalt kommt, hat das Grundgesetz selbst festgelegt, wann jeweils der Bund bzw. die Länder tätig werden dürfen. Diese **Kompetenzverteilung** findet sich für die Legislative in Art. 70 Abs. 1 GG, für die Exekutive in Art. 83 Abs. 1 GG und für die Judikative in Art. 92 Abs. 1 GG. Diese Regelungen werden in Rn. 111 ff., 149 ff. und 185 näher behandelt.

Abbildung 6: Die Kompetenzverteilung zwischen Bund und Ländern

Bei der Kompetenzausübung von Bund und Ländern kann es zu Kollisionen kommen. Für diese seltenen Fälle ordnet Art. 31 GG den Vorrang des Bundesrechts vor dem jeweiligen, kollidierenden Landesrecht an. Zusätzlich gilt sowohl für das Verhältnis des Bundes zu den Bundesländern als auch für die Bundesländer untereinander das Gebot des bundesfreundlichen Verhaltens (BVerfG v. 26.3.1957 – 2 BvG 1/55 – BVerfGE 6, 309, 361 f.). Aus diesem folgt, dass die Beteiligten (also der Bund oder ein Bundesland) auf die Interessen des jeweils anderen Betroffenen Rücksicht nehmen müssen.

VI. Rechtsstaat

1. Allgemeines

36 Die Bundesrepublik Deutschland ist ein Rechtsstaat. Maßgeblich ist das in Art. 20 Abs. 2 und 3 GG durch die Regelung verschiedener zum Rechtsstaatsprinzip zählender Grundsätze geregelt, obwohl der Begriff „Rechtsstaat" selbst keinen Eingang in den Wortlaut der Vorschrift gefunden hat. Weitere Ausprägungen ohne ausdrückliche Bezeichnung erhält das Rechtsstaatsprinzip durch die besonderen Regelungen des Art. 1 Abs. 3 GG (Bindung der staatlichen Gewalten an die Grundrechte), des Art. 19 Abs. 1 Satz 1 GG (Verbot von Einzelfallgesetzen) sowie des Art. 19 Abs. 4 GG (Rechtsweggarantie). Ausdrücklich genannt wird der Begriff „Rechtsstaat" nur in Art. 28 Abs. 1 Satz 1 GG. Über die Vorschrift wird die verfassungsmäßige Ordnung in den Bundesländern unter anderem auf die Einhaltung rechtsstaatlicher Grundsätze verpflichtet. Zum Rechtsstaatsprinzip werden üblicherweise folgende Ausprägungen gezählt:

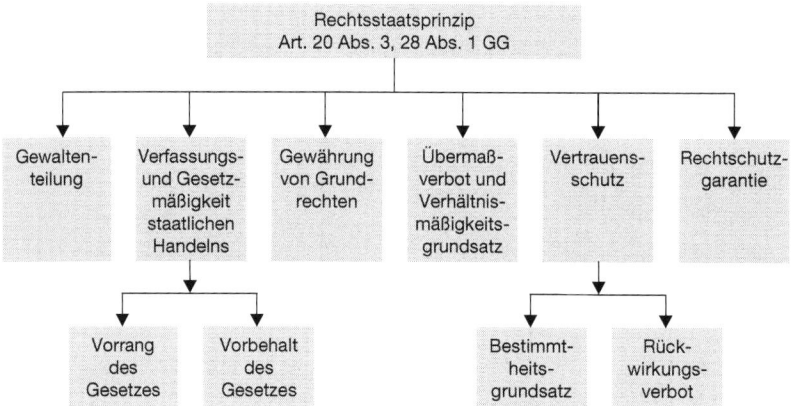

Abbildung 7: Die Ausprägungen des Rechtsstaatsprinzips

2. Einzelheiten zu den einzelnen Ausprägungen

37 a) **Gewaltenteilungsprinzip.** Art. 20 Abs. 2 Satz 2 GG verlangt, dass die drei Bereiche staatlicher Gewalt, d. h. Gesetzgebung (Legislative), vollziehende Gewalt (Exekutive) und Rechtsprechung (Judikative), organisatorisch voneinander zu trennen sind. Das Grundgesetz folgt damit den Ansätzen von Locke und Montesquieu aus dem 17. bzw. 18. Jahrhundert.

38 aa) Nach dem Gewaltenteilungsprinzip dürfen Funktionen der einen Gewalt grundsätzlich nicht von Organen der anderen ausgeübt werden. Das Grundgesetz enthält daher für die Gesetzgebung (Art. 70 ff. GG), die

Rechtsprechung (Art. 92 ff. GG) und die vollziehende Gewalt (Art. 83 ff. GG) jeweils eigene Abschnitte. Dort werden die dafür vorgesehenen bzw. vom Grundgesetz mit der Ausübung betrauten Organe benannt.

39 Allerdings gebietet das Gewaltenteilungsprinzip nicht, dass es zu überhaupt keinen Verflechtungen zwischen den drei Gewalten kommen darf. So wirkt z. B. bei der Gesetzgebung der Bundesrat als Exekutivorgan mit und sicht unsere Rechtsordnung auch Kontrollmöglichkeiten der einen Gewalt gegenüber der anderen vor. Auch kann ein Verwaltungsgericht die Maßnahme einer Behörde aufheben oder das Parlament die Regierung durch Einsetzung von Untersuchungsausschüssen (vgl. Art 44 GG) zur Rechenschaft ziehen.

40 Die dargestellte horizontale Teilung der drei Gewalten wird durch eine vertikale Gewaltenteilung ergänzt. Jede der drei Gewalten wird aufgrund der bundesstaatlichen Struktur der Bundesrepublik noch auf die verschiedenen Rechtspersönlichkeiten (Bund, Land, Gemeinden) verteilt. Den Gemeinden kommt dabei sogar eine besondere Bedeutung zu. Sie genießen sowohl nach Art. 28 Abs. 2 GG als auch nach den jeweiligen Bestimmungen der Landesverfassungen **kommunale Selbstverwaltungshoheit**. Dies bedeutet, dass die Gemeinden ihre örtlichen Angelegenheiten in eigener Verantwortung über gewählte Gemeindevertreter regeln dürfen. Das erfolgt dann über den Erlass kommunaler Satzungen.

41 **bb)** Einen besonders geregelten Fall der Gewaltenteilung stellt das **Verbot von Einzelgesetzen** nach Art. 19 Abs. 1 Satz 1 GG dar. Rechtsnormen müssen nämlich generell und abstrakt gefasst sein. Der Erlass konkret-individueller Regelungen ist dagegen der Exekutive übertragen.

42 **b) Gesetzmäßigkeit der Verwaltung** (Vorrang und Vorbehalt des Gesetzes). Art. 20 Abs. 3 GG (bitte lesen!) legt fest, dass die gesetzgebende Gewalt an die Verfassung und die vollziehende Gewalt (Verwaltung) ebenso wie die Rechtsprechung an Gesetz und Recht gebunden sind. Für die Verwaltung wird die so vom Grundgesetz vorgeschriebene Gesetzmäßigkeit ihres Handelns durch zwei besondere Prinzipien konkretisiert:

43 **aa) Vorrang des Gesetzes** heißt, dass sich der Gesetzgeber nicht über die Verfassung und die Verwaltung nicht über bestehende Gesetze hinwegsetzen darf. Besteht für einen Bereich ein Gesetz, muss dieses also beachtet werden. Vereinfacht gesagt verbietet der Grundsatz des Vorrangs des Gesetzes also ein Handeln **gegen** die Verfassung bzw. das Gesetz.

44 **bb)** Der **Vorbehalt des Gesetzes** bedeutet, dass die Verwaltung grundsätzlich nur handeln darf, wenn sie durch ein entsprechendes Gesetz dazu ermächtigt ist. Auf den Punkt gebracht verbietet er ein Handeln **ohne** Gesetz. Das gilt aber nicht für alles Verwaltungshandeln, sondern es ist nach der Art des Verwaltungshandelns zu differenzieren.

45 Durch die Grundsätze vom Vorbehalt und Vorrang des Gesetzes soll willkürliches Handeln der Verwaltung vermieden werden. Denn jedenfalls im Bereich der sogenannten Eingriffsverwaltung wird der Einzelne durch die Verwaltung in seinen Rechten beschränkt. Wie aber, wenn der Staat Leistungen (Leistungsverwaltung) gewährt? In diesen Fällen scheint die Schutzbedürftigkeit des Einzelnen zunächst nicht offenkundig, so dass auch über ein Handeln ohne gesetzliche Grundlage nachgedacht werden könnte. Allerdings sind die Mittel des Staates in der Leistungsverwaltung begrenzt, so dass auch in diesem Bereich eine Belastung bei denjenigen entstehen kann, die keine Mittel erhalten. Auch fordert die Funktionsfähigkeit des Gemeinwesens einen gesetzlichen Rahmen. Für das gesamte Sozialrecht hat der Gesetzesvorbehalt daher ausdrücklich Aufnahme in das Gesetz in § 31 SGB I gefunden.

46 Das BVerfG hat als Maßstab für die Reichweite des Gesetzesvorbehalts die sog. **Wesentlichkeitstheorie** angewendet. Danach muss der Gesetzgeber insbesondere dann, wenn Grundrechte betroffen sind, alle wesentlichen Entscheidungen selber treffen (BVerfG v. 8.8.1978 – 2 BvL 8/77 – NJW 1979, 359 ff.). Dies betrifft sowohl das Bestehen einer gesetzlichen Grundlage als auch ihre Regelungsdichte. Sobald eine Grundrechtsverletzung droht, ist danach eine gesetzliche Grundlage nötig und je intensiver die Grundrechtsverletzung ist, umso genauer muss das Gesetz gefasst sein. Umgekehrt enthält Art. 20 Abs. 3 GG somit keinen Totalvorbehalt.

47 **Beispiel:**
Für die Subventionsvergabe bedarf es keines Gesetzes, wenn in dem vom Parlament durch Gesetz verabschiedeten Haushaltsplan entsprechende Mittel vorgesehen sind und wenn durch den Erlass von intern verbindlichen Verfahrensvorschriften die Gleichbehandlung als Antragsteller sichergestellt ist (BVerwG v. 17.3.1977 – VII C 59/75 – NJW 1977, 1838). Dagegen ist eine genaue gesetzliche Regelung notwendig, wenn bei der Vergabe von Subventionen ein starker Grundrechtsbezug besteht. Das kann etwa Subventionen im Pressebereich betreffen, da hier konkret die Pressefreiheit des Art. 5 Abs. 1 GG betroffen sein kann.

Fall:
Die Kultusminister der Länder haben sich durch den Beschluss der Kultusministerkonferenz (KMK) „Geschlechtergerechte Sprache – Deutsche Rechtschreibung, Regeln und Wörterverzeichnis" auf eine Änderung der Deutschen Rechtschreibung geeinigt. Diese Änderungen sind nunmehr für den Schulunterricht und Prüfungen verbindlich. *Durfte die Änderung der Rechtschreibregeln ohne gesetzliche Grundlage erfolgen?*

Lösung:
Die KMK ist der vollziehenden Gewalt zuzurechnen. Für deren Beschluss könnte aufgrund des Vorbehalts des Gesetzes eine gesetzliche Grundlage nötig sein. Die Vorgabe von Rechtschreiberegeln könnte als belastende Regelung angesehen werden, so dass man über die Lehre von der Eingriffsverwaltung zum Erfordernis einer gesetzlichen Grundlage käme. Nach dem BVerfG ist für die Frage, ob eine gesetzliche Grundlage nötig ist, aber die sog. Wesentlichkeitstheorie zugrunde zu legen. Wesentlich bedeutet dabei *„wesentlich für die Verwirklichung der Grundrechte"* (BVerfG v. 21.12.1977 – 1 BvL 1/75, 1 BvR 147/75 – BVerfGE 47, 46, 79). Ob und inwieweit dies Regelungen des parlamentarischen Gesetzgebers erfordert, richtet sich nach der Intensität, mit der die Grundrechte des Regelungsadressaten durch die jeweilige Maßnahme betroffen sind (vgl. BVerfG v. 20.10.1981 – 1 BvR 1640-97 – BVerfGE 58, 257, 274). Hier könnte das Erziehungsrecht der Eltern nach Art. 6 Abs. 2 Satz 1 GG berührt sein, das auch das Recht, die Sprachkompetenz ihrer Kinder zu fördern, umfasst. Allerdings ist die Vermittlung richtigen Schreibens vor dem Hintergrund der bestehenden allgemeinen Schulpflicht vornehmlich eine Aufgabe von Staat und Schule. Dies wird in den Landesschulgesetzen für die Grundschulen auch so festgelegt. Damit ist dem Erziehungsrecht der Eltern hinreichend Rechnung getragen (BVerfG v. 14.7.1998 – 1 BvR 1640-97 – NJW 1998, 2515). Die Regelung der konkreten Rechtschreibreform darf der Gesetzgeber damit der Exekutive überlassen.

c) **Grundsatz der Verhältnismäßigkeit.** Der Grundsatz der Verhältnismäßigkeit wird auch Übermaßverbot genannt. Er bedeutet, dass der Staat in Rechtspositionen seiner Bürger nur soweit eingreifen darf, wie das notwendig ist. Eine staatliche Maßnahme, sei es ein Gesetz oder der Bescheid einer Behörde, greift danach nur dann in zulässiger bzw. rechtmäßiger Weise in Rechte der Bürger ein, wenn sie einem **legitimen Zweck** dient sowie **geeignet**, **erforderlich** und **angemessen** ist. Es wird also eine Zweck-Mittel-Relation durchgeführt.

aa) **Legitimer Zweck.** Ein legitimer Zweck ist bei jedem Sachgrund, der dem Gesetzgeber vernünftig erscheint und dem öffentlichen Interesse dient, gegeben. Daher ist z. B. der Schutz der Sonntagsruhe und das Bedürfnis den Ladenangestellten einen Ruhetag zu geben ein legitimer Zweck für das grundsätzliche Sonntagsöffnungsverbot nach den Ladenschlussgesetzen (siehe dazu auch Art. 140 GG i. V. m. Art. 139 WRV).

bb) **Geeignetheit.** Geeignet ist eine Regelung, wenn sie die Erreichung des beabsichtigten Zwecks fördern kann. Dabei ist die Qualität der Eignung, d. h. die Frage, wie gut der Zweck erreicht wird, unerheblich. Eine noch so geringe Förderung reicht aus. Daher sind z. B. die Hinweise auf die Gesundheitsgefahren des Rauchens auf Zigarettenverpackungen ein geeignetes Mittel zum Schutz der Gesundheit.

51 cc) **Erforderlichkeit.** Erforderlich ist eine Regelung, wenn sie unter verschiedenen Möglichkeiten zur Erreichung des Zwecks diejenige ist, die den Betroffenen am wenigsten belastet (Gebot des mildesten Mittels). Das Betriebsverbot für eine Fabrik, deren Lärm die Anwohner stört, wäre daher nicht erforderlich, wenn der Schutz der Anwohner auch dadurch erreicht werden könnte, dass der Fabrik die Vornahme von Schallschutzmaßnahmen aufgegeben wird.

52 dd) **Angemessenheit.** Bei der Angemessenheit oder der Verhältnismäßigkeit im engeren Sinne geht es darum, ob die Vorteile, zu denen die Regelung führt, zu ihren Nachteilen in einem angemessenen Verhältnis stehen, so dass diese dem Betroffenen noch zumutbar sind. Im Beispiel mit den Warnhinweisen auf den Zigarettenpackungen wäre die Berufsfreiheit der Zigarettenhersteller (also das Recht Zigaretten so zu vertreiben, wie sie möchten) und der Schutz der Bevölkerung vor Gesundheitsgefahren gegeneinander abzuwägen. Da der Warnhinweis sicher nicht alle Raucher vom Kauf von Zigaretten abschrecken wird, erscheint die Beeinträchtigung angesichts der Wichtigkeit der Gesundheit der Bevölkerung noch zumutbar.

53 Der Verhältnismäßigkeitsgrundsatz gilt für alle Formen staatlichen Handelns und ist damit ein zentraler Punkt bei der Prüfung einer staatlichen Maßnahme im Hinblick auf ihre Verfassungsmäßigkeit bzw. Rechtmäßigkeit.

Fall:
Ein Gesetz bestimmt, dass alle Taxifahrer zur leichteren Feststellung ihrer Identität im Wagenfond gut sichtbar eine Karte mit Lichtbild und Namen anbringen müssen.
Ist dieser Eingriff in die Privatsphäre der Taxifahrer verhältnismäßig?

Lösung:
Das Anbringen des Fotos dient der Feststellung der Identität des Fahrers durch den Fahrgast und damit einem im öffentlichen Interesse liegenden Zweck. Durch das Foto und den Namen kann der Fahrgast die Identität des Fahrers auch zweifelsfrei feststellen. Die Maßnahme ist also geeignet. Ein milderes, gleich geeignetes Mittel zur Identitätsfeststellung ist nicht ersichtlich. Insbesondere würde die nur mündliche Nennung des Namens dem Fahrgast weniger nützen. Damit ist die Maßnahme auch erforderlich. Unter Berücksichtigung des Umstandes, dass der Fahrgast im Falle von Unregelmäßigkeiten des Fahrers auf dessen Namen

dringend angewiesen ist, um seine Rechte durchzusetzen, scheint die Pflicht zur Offenlegung des Namens auch zumutbar. Die Maßnahme ist also als angemessen zu beurteilen. Damit ist der mit der betreffenden Verpflichtung verbundene Eingriff in die Privatsphäre der Fahrer als verhältnismäßig anzusehen (BVerwG v. 30.4.2008 – 3 C 16/07 – NJW 2008, 3080).

d) Rückwirkungsverbot und Bestimmtheitsgrundsatz. – aa) Der Bestimmtheitsgrundsatz. Der Bestimmtheitsgrundsatz verlangt, dass Inhalt, Zweck und Ausmaß einer Regelung klar zu ermitteln sein müssen. Der Bürger muss also auch ohne große Rechtskenntnisse wissen, was der Staat mit einer bestimmten Regelung von ihm verlangt. Dies gilt im besonderen Maße für die Strafgesetze, da Art. 103 Abs. 2 GG festlegt, dass die Strafbarkeit einer Handlung gesetzlich bestimmt sein muss. Dieser Bestimmtheitsgrundsatz gilt nicht nur für Gesetze, also Maßnahmen der Legislative, sondern auch für Einzelfallmaßnahmen der Verwaltung (Exekutive) wie etwa den Verwaltungsakt (vgl. z. B. § 37 Abs. 1 VwVfG). **54**

bb) Das Rückwirkungsverbot. Wird eine bestimmte Rechtslage geschaffen, dann stellt sich der Einzelne darauf ein und muss insbesondere nicht damit rechnen, dass sie sich mit Wirkung für die Vergangenheit ändert. Er vertraut darauf. Vor einem Bruch dieses Vertrauens schützt ihn das Rückwirkungsverbot. Es gilt daher nur für belastende Maßnahmen des Staates, da eine nachträgliche Begünstigung kein Schutzbedürfnis hervorruft. **55**

Für das Strafrecht gilt nach dem Grundgesetz sogar ein absolutes Rückwirkungsverbot. Nach Art. 103 Abs. 2 GG darf eine Tat nur bestraft werden, wenn die Strafbarkeit gesetzlich bestimmt war, **bevor** die Tat begangen wurde. **56**

Außerhalb des Strafrechts wird zwischen echter oder unechter Rückwirkung unterschieden, da in der Regel nur die echte Rückwirkung als unzulässiger Verstoß gegen das Rechtsstaatsprinzip angesehen wird:

- Von **echter Rückwirkung** ist auszugehen, wenn eine Regelung an einen in der Vergangenheit liegenden, bereits abgeschlossenen Sachverhalt anknüpft. Terminologisch findet sich in der Rechtsprechung des BVerfG auch der Begriff „Rückbewirkung von Rechtsfolgen". Die echte Rückwirkung ist grundsätzlich unzulässig. Etwas anderes kann aber gelten, wenn das Vertrauen des Bürgers auf den Fortbestand der alten Rechtslage nicht schutzwürdig ist. An der Schutzwürdigkeit fehlt es etwa, wenn die frühere Rechtsposition zu Unrecht erworben wurde oder wenn mit dem Fortbestand einer Regelung nicht gerechnet werden durfte. **57**

58 **Beispiel:**
Unzulässig wäre damit ein im Februar 2024 verkündetes Gesetz, das rückwirkend für 2023 die Besteuerung für Kraftfahrzeuge zu Lasten der Bürger ändert. Zulässig wäre dieses Gesetz dagegen, wenn es bereits im Laufe des Veranlagungszeitraumes, d. h. im Jahre 2023, vom Parlament verabschiedet wurde. Es fehlt dann der Vertrauensschutz der Bürger.

59 • Bei der **unechten Rückwirkung** knüpft eine Regelung an einen Tatbestand an, der zwar in der Vergangenheit begründet, dort aber noch nicht abgeschlossen wurde. Sie wird auch in der Rechtsprechung des BVerfG als tatbestandliche Rückanknüpfung bezeichnet (BVerfG v. 14.5.1986 – 2 BvL 2/83 – BVerfGE 72, 200 ff.). Die unechte Rückwirkung ist grundsätzlich zulässig. Unzulässig wird sie aber dann, wenn mit ihr ein besonderer Vertrauensbruch einhergeht. Das sind Fälle, in denen der Betroffene mit der Veränderung der Rechtslage nicht rechnen und sie bei seinen Dispositionen daher nicht berücksichtigen konnte oder wenn eine besondere Schutzwürdigkeit besteht. Der Gesetzgeber muss dann Ausnahme- oder Übergangsregelungen treffen, um dem Verhältnismäßigkeitsgrundsatz zu entsprechen.

60 **Beispiele:**
- Es ist zulässig, die bestehende Regelung über die Steuerfreiheit von Biokraftstoffen für die Zukunft aufzuheben (BVerfG v. 25.7.2007 – 1 BvR 1031/07 – NVwZ 2007, 1168 ff.).
- Zulässig wäre es auch, den Abschreibungssatz für eine 2013 begonnene Abschreibung 2015 herabzusetzen (BVerfG v. 3.12.1997 – 2 BvR 882-97 – NJW 1998, 1547 ff.).
- Unzulässig wäre es dagegen, die Dauer einer Berufsausbildung zu erhöhen, ohne für diejenigen, die die Ausbildung bereits begonnen haben, eine Ausnahmeregelung zu treffen.

Fall:
In die Prüfungsordnung einer Hochschule (rechtlich eine Satzung einer Selbstverwaltungskörperschaft, also ein Gesetz im materiellen Sinn) wird als Zulassungsvoraussetzung für die Schwerpunktprüfung das Bestehen sämtlicher Grundlagenmodule aufgenommen. *Verstößt dies bezüglich der zum Änderungszeitpunkt bereits eingeschriebenen Studierenden gegen das Rückwirkungsverbot?*

Lösung:
Zunächst ist zu klären, ob ein Fall echter oder unechter Rückwirkung vorliegt. Der Sachverhalt (Absolvieren eines Studiums) wurde zwar in der Vergangenheit begonnen, aber ist noch nicht beendet. Damit liegt

eine sogenannte unechte Rückwirkung vor. Diese ist zulässig, soweit sie Betroffene nicht unzumutbar belastet. Vor Beginn der Schwerpunktprüfung stehende Studierende ohne bestandene Grundlagenmodule werden durch die Änderung gezwungen, zunächst die maßgeblichen Prüfungen nachzuholen. Das führt zu einer vorher nicht absehbaren Verlängerung des Studiums und ist daher nicht zumutbar. Insoweit müsste die Prüfungsordnung eine Ausnahme- oder Übergangsregelung enthalten, damit das Rückwirkungsverbot nicht verletzt wird.

e) **Die Rechtsschutzgarantie.** Die Rechtsschutzgarantie des Art. 19 Abs. 4 GG besagt, dass derjenige, der von einer staatlichen Maßnahme betroffen ist, diese Maßnahme von einem unabhängigen Gericht überprüfen lassen kann. Nach h. M. erstreckt sich diese Rechtsverbürgung aber nur auf Maßnahmen der Exekutive. Das Grundgesetz verlangt daher weder, dass man unmittelbar gegen ein Gesetz vorgehen kann, noch dass man unmittelbar ein Gerichtsurteil angreifen kann. Trotzdem ist beides unter bestimmten Voraussetzungen möglich. Gesetze können mit der Verfassungsbeschwerde (Art. 93 Abs. 1 Nr. 4b GG) zur Überprüfung dem Bundesverfassungsgericht vorgelegt werden und in den meisten Gerichtszweigen ist zumindest ein Rechtsbehelf gegen ein ergangenes Urteil möglich. **61**

VII. Sonstige Grundsätze

1. Die Staatszielbestimmungen des Art. 20a GG

Art. 20a GG, der 1994 ins Grundgesetz aufgenommen wurde und im Jahr 2002 erweitert wurde, verpflichtet den Staat zum Schutz der natürlichen Lebensgrundlagen (**Umwelt**) und zum Schutz der Tiere (**Tierschutz**). Diese sogenannte Staatszielbestimmung begründet für alle drei Staatsgewalten (Gesetzgebung, Verwaltung und Rechtsprechung) die Pflicht, bei ihrer Tätigkeit den Umwelt- bzw. Tierschutz zu berücksichtigen. Umwelt- und Tierschutz sind als Abwägungsfaktor in die Entscheidung einzustellen. Daher ist z. B. bei der Planung umweltgefährdender Projekte, wie dem Bau einer Autobahn, der Umweltschutz einzubeziehen. Zur Verwirklichung der Ziele des Art. 20a GG können auch Eingriffe in Rechte von Bürgern oder Unternehmen vorgenommen werden (vgl. z. B. die Restriktionen des TierSchG bezüglich der Durchführung von Tierversuchen für die Forschung) oder Leistungsansprüche begründet werden, wie z. B. beim Auflegen von Förderprogrammen für umweltfreundliche Technologien. **62**

Aus der Konzeption des Art. 20a GG als Staatszielbestimmung ergibt sich, dass Umweltschutz und Tierschutz eine Verpflichtung des Staates zu deren Berücksichtigung bei seinen Handlungen und Entscheidungen begründen. Anders als die Grundrechte räumt die Vorschrift dem Einzelnen aber **keine** **63** einklagbaren Rechte ein. Dennoch ergeben sich aus Art. 20a GG konkrete staatliche Schutzpflichten, die bei der Rechtfertigung für einen Grundrechtseingriff in die Abwägung einzubeziehen und darüber für Einzelne justiziabel sind. In seiner Entscheidung über die Verfassungsbeschwerden gegen das Klimaschutzgesetz (KSG) entnahm das BVerfG Art. 20a GG u. a. eine Verpflichtung des Staates zur Herstellung von Klimaneutralität, die im Rahmen der Grundrechtsprüfung in Ausgleich mit anderen Verfassungsrechtsgütern zu bringen ist (BVerfG v. 24.3.2021 – 1 BvR 2656/18). Den Grundrechten wohnt danach auch eine „intertemporale Freiheitssicherung" inne, die vor einer einseitigen Verlagerung der sich aus Art. 20a GG ergebenden konkreten Handlungspflichten in die Zukunft schützen. Mit anderen Worten: Nachkommenden und heranwachsenden Generationen wird in Vorwirkung auf die Ausübung ihrer Grundrechte bereits jetzt ein justiziabler Anspruch auf Erfüllung der sich aus Art. 20a GG ergebenden Pflichten zuerkannt.

2. Die Verpflichtung auf die Europäische Union (Art. 23 GG)

64 Art. 23 GG legt die Realisierung der Europäischen Union als Staatsziel fest. Die Bundesrepublik Deutschland hat danach an der Verwirklichung eines vereinten Europas mitzuwirken. Zu diesem Zwecke können durch ein Bundesgesetz mit Zustimmung des Bundesrates auch Hoheitsrechte auf die Europäische Union übertragen werden. So werden durch den Vertrag über die Arbeitsweise der Europäischen Union (AEUV) der EU Rechtsetzungskompetenzen übertragen. Aufgrund dieser Kompetenzen kann die EU auch Rechtsvorschriften erlassen, die unmittelbar und zwingend in Deutschland gelten. Dies sind die Verordnungen im Sinne von Art. 288 Abs. 2 AEUV. Soweit solche Regelungen bestehendem deutschen Recht widersprechen, stellt sich die Frage nach dem Verhältnis von europäischem und nationalem Recht. Es gilt der **Anwendungsvorrang des europäischen Rechts**. Die im Widerspruch zum europäischen Recht stehende nationale Vorschrift bleibt existent und wirksam, wird aber im jeweiligen Konfliktfall mit dem europäischen Recht nicht angewendet.

65 Merksätze zu den Verfassungsgrundsätzen
- Die Bundesrepublik Deutschland ist eine Republik, eine Demokratie, ein Bundesstaat, ein Rechtsstaat und ein Sozialstaat.
- Einzelausprägungen des Rechtsstaatsprinzips sind die Gewaltenteilung, die Bindung der staatlichen Gewalt an die Verfassung und die Gesetze, die Gewährleistung von Grundrechten, der Verhältnismäßigkeitsgrundsatz, das Rückwirkungsverbot, der Bestimmtheitsgrundsatz und der Anspruch auf Rechtsschutz.
- Eine staatliche Maßnahme ist verhältnismäßig, wenn sie einem legitimen, im öffentlichen Interesse liegenden Zweck dient, sowie geeignet, erforderlich und angemessen ist.

VII. Sonstige Grundsätze

- **Allgemeines:**
Die Beherrschung der Staatsprinzipien ist absolute Grundvoraussetzung für jede Prüfung im Staatsrecht. In der Fallbearbeitung wird es vor allem um den Verhältnismäßigkeitsgrundsatz und das Rückwirkungsverbot gehen. Für mündliche Prüfungen könnten die eigenen Anschauungen zum Demokratieprinzip abgefragt werden.
- **Spezialprobleme:**
  - **Reichweite des Vorbehalts des Gesetzes:** Hier müssen die wesentlichen Ansichten zur Bestimmung der Reichweite des Grundsatzes gekannt werden. Neben den im Text bereits erwähnten Ansätzen wird auch noch die Theorie vom Totalvorbehalt vertreten, wonach für alle Verwaltungsmaßnahmen eine Ermächtigung durch formelles Gesetz nötig ist. Ausführlich zum Ganzen *Vosskuhle*, JuS 2007, 118.
  - **Rechte und Pflichten der Parteien:** Abgesehen von der Frage, ob eine Vereinigung überhaupt Parteienstatus hat (vgl. § 2 PartG und oben) und ob ihre Organisation den Vorgaben des Art. 21 Abs. 1 Satz 3 GG entspricht, werden vor allem folgende Probleme diskutiert:
    - *Grundsatz der Chancengleichheit*: Er wird aus einer Zusammenschau der Art. 21 Abs. 1 GG, dem allgemeinen Gleichheitsgrundsatz (Art. 3 Abs. 1 GG) sowie dem Grundsatz der Gleichheit der Wahl (Art. 38 Abs. 1 GG) abgeleitet. Nach dem BVerfG ist es abgesehen vom eigentlichen Wahlverfahren aber legitim, die Behandlung der Parteien nach deren politischer Bedeutung zu differenzieren (Grundsatz der abgestuften Chancengleichheit). Danach können z. B. die öffentlich-rechtlichen Rundfunkanstalten verschiedenen Parteien unterschiedlich viel Sendezeit für deren Werbespots einräumen (BVerfG v. 17.11.1972 – 2 BvR 820/72 – BVerfGE 34, 160, 163). Die Chancengleichheit erstreckt sich außerdem auch auf die von den Parteien als Unterstützungseinheiten für ihre Aufgabenwahrnehmung gegründeten Stiftungen. Diese werden überwiegend staatlich finanziert. Die Finanzierung und Verteilung der Mittel bedürfen zur Wahrung der Chancengleichheit daher einer gesetzlichen Grundlage (BVerfG v. 22.2.2023 – 2 BvE 3/19).
    - *Parteienfinanzierung*: Als zivilrechtliche Vereinigung sind die Parteien bei der Beschaffung ihrer Finanzmittel grundsätzlich frei. Allerdings darf es nicht zur politischen Einflussnahme von Geldgebern kommen. Daher müssen die Parteien nach Art. 21 Abs. 1 Satz 4 GG über Herkunft und Verwendung der Mittel öffentlich Rechenschaft ablegen und ist die Annahme von Spenden in § 25 PartG ausdrücklich geregelt. Das BVerfG

hat sich anlässlich der CDU-Spendenaffäre mit den Anforderungen an die Rechenschaftsberichte und den Folgen unrichtiger Rechenschaftsberichte beschäftigt (BVerfG v. 17.6.2004 – 2 BvR 383/03 – BVerfGE 111, 54). Zweite Säule der Parteienfinanzierung ist die unmittelbare staatliche Finanzierung durch die Zahlung von Zuschüssen aus den Steuereinnahmen. Arbeiten Parteien nach ihren Zielen oder tatsächlich an der Beeinträchtigung oder Beseitigung der freiheitlichen Grundordnung oder an der Gefährdung des Bestandes der Bundesrepublik Deutschland, so sind sie von der staatlichen Finanzierung ausgeschlossen (Art. 21 Abs. 4 GG). Einzelheiten dazu regeln die §§ 18 ff. PartG.

- *Verbot von Parteien*: Art. 21 Abs. 2 GG sieht vor, dass das BVerfG eine Partei, die gegen die freiheitlich demokratische Grundordnung arbeitet, verbieten kann. Einzelheiten des Verbotsverfahren regeln die §§ 43 ff. BVerfGG. In jüngerer Zeit sind Versuche, die NPD verbieten zu lassen, mehrfach gescheitert (vgl. dazu BVerfG v. 17.1.2017 – 2 BvB 1/13). Dabei hat das BVerfG herausgestellt, dass die in Art. 21 Abs. 2 GG vorausgesetzten Ziele der Beeinträchtigung oder Beseitigung der freiheitlich demokratischen Grundordnung auch tatsächlich erreichbar sein müssen. Daran scheitert der letzte Antrag, es fehlten Anhaltspunkte für ein erfolgreiches Agieren der Partei.
- **Übertragung von Hoheitsrechten an die EU:** Konfliktgeladen und daher prüfungsrelevant sind im staatsrechtlichen Kontext Fragestellungen zur europäischen Finanzpolitik. Das betrifft etwa Fragen in Zusammenhang mit der Mitgliedschaft in der EU beim sog. EURO-Rettungsschirm. Die Umsetzung der Europäischen Stabilitätsmechanismen (ESM) in das deutsche Recht durch das Stabilitätsmechanismusgesetz und das ESM-Finanzierungsgesetz wurde vom BVerfG für verfassungsgemäß erachtet (BVerfG v. 7.9.2011 – 2 BvR 987/10 – NJW 2011, 2946 und BVerwG v. 10.7.2012 – 1 C 19/11 – NVwZ 2013, 367 ff.). Anderes galt zunächst für Entscheidungen der Europäischen Zentralbank (EZB) über den Ankauf von Wertpapieren und Staatsanleihen (PSPP) (BVerfG v. 5.5.2020 – 2 BvR 859/15). In der Entscheidung forderte das BVerfG den Gesetzgeber und die Bundesregierung im Ergebnis erfolgreich dazu auf, auf eine Verhältnismäßigkeitsprüfung durch die EZB hinzuwirken, so dass eine Vollstreckung des Urteils letztlich nicht erfolgen musste (BVerfG v. 29.4.2021 – 2 BvR 1651/15, 2 BvR 2006/15).

3. Kapitel Die obersten Bundesorgane

Der Staat stellt rechtlich eine juristische Person dar. Handlungsfähig wird **66** er erst durch die Errichtung von Organen, die mit natürlichen Personen besetzt sind und deren Handeln dem Staat zugerechnet wird. Dies sind insbesondere die in der Verfassung genannten Organe sowie alle anderen Stellen, die mit staatlicher Macht ausgestattet sind. Das Grundgesetz sieht auf Bundesebene die in der nachstehenden Übersicht genannten obersten Bundesorgane vor.

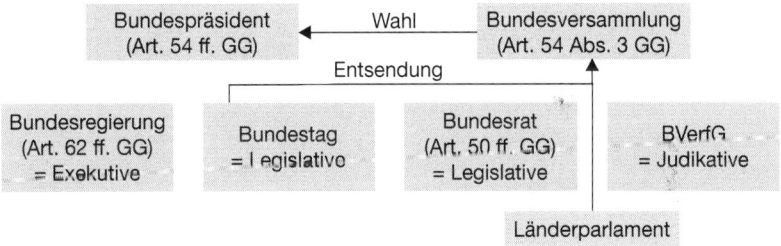

Abbildung 8: Die Bundesorgane

I. Der Bundestag

1. Bedeutung und Aufgaben

Dem Bundestag, dem Parlament der Bundesrepublik Deutschland, kommt **67** insbesondere beim **Erlass von Gesetzen** eine überragende Rolle zu. Die Bundesgesetze werden nach Art. 77 Abs. 1 Satz 1 GG nämlich vom Bundestag beschlossen. Allerdings geht dem ein streng geregeltes Verfahren voraus, in dem vor allem der Bundesrat wichtige Mitwirkungsrechte hat.

Eine weitere wichtige Befugnis des Bundestags ist das Recht, bei der **Be- 68 stellung bestimmter Organe** mitzuwirken. Zu nennen ist die Wahl des Bundeskanzlers (Art. 63 Abs. 1 GG), die Mitwirkung bei der Wahl des Bundespräsidenten (Art. 54 Abs. 3 GG) sowie die Wahl der Bundesverfassungsrichter (Art. 94 Abs. 1 GG).

69 Weitere wichtige Aufgaben hat der Bundestag bei der **Kontrolle der Regierungstätigkeit**. Nach Art. 43 GG müssen ihm die Mitglieder der Bundesregierung jederzeit Rede und Antwort stehen (sog. **Zitierrecht**). Nach Art. 44 GG kann der Bundestag Untersuchungsausschüsse einsetzen und nach Art. 68 GG einem Bundeskanzler das Vertrauen entziehen und einen anderen wählen. Schließlich muss der Bundestag dem Haushaltsentwurf der Bundesregierung zustimmen, da dieser nach Art. 110 Abs. 3 GG als Gesetz beschlossen werden muss. Dieses Etatrecht (auch Budgetrecht) des Parlaments wird historisch bedingt auch als „Königsrecht" des Parlaments bezeichnet.

2. Wahl und Stellung der Bundestagsabgeordneten

70 Der Bundestag wird nach Maßgabe von Art. 38 GG i. V. m. dem Bundeswahlgesetz für die Dauer von vier Jahren (Wahlperiode, Art. 39 Abs. 1 GG) gewählt. Er besteht nach § 1 BWahlG aus 630 Abgeordneten (wobei dies erst für den Bundestag ab der 21. Wahlperiode gelten wird) Die Abgeordneten wählen einen Präsidenten, der die Sitzungen leitet sowie das Hausrecht und die Polizeigewalt im Gebäude des Bundestags ausübt (Art. 40 Abs. 2 GG).

71 a) **Das Wahlsystem.** Nach Art. 38 Abs. 3 GG bestimmt ein Gesetz das Nähere zur Wahl der Abgeordneten des Bundestages. Dieses Gesetz ist das Bundeswahlgesetz. Hieraus ist auch das Wahlsystem zu entnehmen. Danach besteht eine Kombination aus dem **Mehrheitswahlsystem** und dem **Verhältniswahlsystem.** Jeder Wähler hat eine Erststimme und eine Zweitstimme. Die Erststimme kann er für einen konkreten Bewerber in seinem Wahlkreis abgeben. Mit der Zweitstimme kann er eine Partei wählen.

72 Mit der Zweitstimme wird die Zahl der einer Partei zustehenden Sitze im Bundestag nach den Grundsätzen der Verhältniswahl ermittelt. Das erfolgt nach Maßgabe der §§ 5 und 6 BWahlG. Berücksichtigt werden bei diesem Prozess mit Ausnahme von Parteien nationaler Minderheiten (wie der Südschleswige Wählerverband – SSW) nur Parteien, die mindestens 5 % der im Wahlgebiet abgegebenen Zweitstimmen erhalten. Bei der Ermittlung der Sitzverteilung werden außerdem die Zweitstimmen derjenigen Wähler nicht gewertet, die über ihre Erststimme einen nicht für eine Partei angetretenen Bewerber erfolgreich als Abgeordneten gewählt haben. Diese Abgeordneten gelten bereits als gewählt und ihre Sitze werden vor Verteilung der Sitze auf die Parteien von der Gesamtzahl der Sitze abgezogen.

73 Mit der Erststimme werden Wahlkreisbewerber gewählt. Nicht von einer Partei vorgeschlagene Bewerber sind bereits gewählt, wenn sie die Mehrzahl der Erststimmen in ihrem Wahlkreis erhalten. Gewinnt dagegen ein von einer Partei vorgeschlagener Bewerber in seinem Wahlkreis die meisten Stimmen, so erhält er einen der über das Zweitstimmenergebnis seiner

Landesliste zugewiesenen Sitze im Bundestag. Zuvor wird ein Ranking unter den erfolgreichen Wahlkreisbewerbern einer Partei unter Berücksichtigung des ermittelten Erststimmenanteils gebildet, nach dessen Ergebnis die Sitzverteilung erfolgt. Soweit dann noch Sitze zur Verteilung verbleiben, werden diese nach der beim Wahlleiter eingereichten Reihenfolge der Listenbewerber auf der Landesliste verteilt.

Zum Zeitpunkt der Manuskripterstellung waren noch Klagen beim Bundesverfassungsgericht gegen das geänderte Bundeswahlgesetz anhängig. Vorsorglich soll daher kursorisch auf Besonderheiten bzw. Unterschiede des vorherigen Wahlsystems eingegangen werden:

Bisher konnte ein siegreicher Wahlkreisbewerber immer dann sicher in den Bundestag einziehen, wenn seine Partei über die Zweitstimme mindestens 5 % Stimmenanteil erhielt. Wurden mehr solcher Direktmandate erzielt als der Partei nach der Verteilung der Zweitstimmen zustanden, so wurde der Bundestag um die Zahl der so ermittelten Sitze vergrößert. Diese Mandate wurden als **Überhangmandate** bezeichnet. Andere Parteien erhielten hierfür wiederum **Ausgleichsmandate**. Außerdem konnten Parteien in den Bundestag unter voller Berücksichtigung ihres Stimmanteils selbst bei Verfehlung des auch bisher notwendigen 5 % Stimmanteils einziehen, wenn sie in mindestens drei Wahlkreisen in der Bundesrepublik das Direktmandat erhielten. Dies wurde als Grundmandatsklausel bezeichnet. Grundmandate und Überhangmandate führten zu der bereits beschriebenen und vielfach kritisierten Aufblähung des Bundestages auf zuletzt 630 Abgeordnete.

b) **Wahlgrundsätze des Art. 38 GG.** Wahlen haben nach Art. 38 Abs. 1 GG allgemein, unmittelbar, frei, gleich und geheim zu sein.
- **Allgemein** bedeutet, dass grundsätzlich alle Angehörigen eines Staates an der Wahl teilnehmen dürfen.
- **Unmittelbar** heißt, dass der Wähler die zukünftigen Mitglieder des Bundestages selbst bestimmen darf. Verboten ist danach die Einschaltung von Wahlmännern.
- **Frei** ist eine Wahl, wenn der Wahlberechtigte seine Stimme frei von Zwang oder sonstiger Einflussnahme ausüben kann.
- **Gleichheit** der Wahl besteht, wenn alle Stimmen gleich gewichtet werden. Dies verlangt zum einen, das jede Stimme gleich viel zählt (Zählwertgleichheit) und zum anderen, dass jeder Stimme gleich viel Gewicht für die Zusammensetzung des Parlaments zukommt (Erfolgswertgleichheit).
- **Geheim** ist eine Wahl, wenn die Stimmenabgabe unbeobachtet erfolgen kann.

c) **Rechtsstellung des Bundestagsabgeordneten. – aa) Freies Mandat.** Die Unabhängigkeit des Parlamentes wird weiter dadurch gewährleistet, dass die persönliche Stellung des einzelnen Abgeordneten besonders abgesichert ist. Zunächst sind sie nach Art. 38 Abs. 1 Satz 2 GG nicht an Aufträge und Weisungen gebunden und nur ihrem Gewissen unterworfen (**sog. freies Mandat**). Danach dürfen Abgeordnete grundsätzlich nicht dem Willen der Partei, der sie angehören, unterworfen werden. Problematisch wird dies in der Praxis dadurch, dass der Abgeordnete meistens in eine Fraktion eingebunden ist. Diese hat ein Interesse an einem einheitlichen Verhalten ihrer Mitglieder, insbesondere bei Abstimmungen. Mit dem freien Mandat unvereinbar ist es aber, wenn die Fraktion dem Abgeordneten rechtlich verbindliche Weisungen gibt (sog. **Fraktionszwang**). Zulässig sind dagegen rechtlich unverbindliche Empfehlungen, auch wenn ihre Nichteinhaltung mit Sanktionen, wie z. B. dem Rückruf aus einem Ausschuss (BVerfG v. 13.6.1989 – 2 BvE 1/88 – BVerfGE 80, 188, 233), belegt wird (sog. **Fraktionsdisziplin**). Zweifel an der freien Mandatsausübung hat das BVerfG auch bekundet, wenn die Ausgestaltung eines Gesetzgebungsverfahrens etwa durch kurz gewählte Beratungsfristen zu komplexen Fragestellungen einen Abgeordneten außerstande setzt, sich über den Beratungsgegenstand auf der Grundlage ausreichender Informationen eine eigene Meinung bilden und davon ausgehend an der Beratung und Beschlussfassung des Parlaments mitwirken zu können (BVerfG v. 5.7.2023 – 2 BvE 4/23 zum Gebäudeenergieänderungsgesetz).

77 bb) **Indemnität.** Nach Art. 46 Abs. 1 GG darf der Abgeordnete wegen seines Abstimmungsverhaltens oder wegen Äußerungen im Bundestag oder einem Ausschuss nicht dienstrechtlich, zivilrechtlich oder strafrechtlich verfolgt werden (Indemnität). Diesen Schutz genießt der Abgeordnete auch noch nach seinem Ausscheiden aus dem Bundestag.

78 cc) **Immunität.** Nach Art. 46 Abs. 2 GG darf der Abgeordnete bezüglich seines privaten Verhaltens strafrechtlich nur verfolgt werden, wenn der Bundestag dem zustimmt (Immunität). Dies gilt allerdings nicht, wenn er bei Begehung der Tat oder im Laufe des darauf folgenden Tages festgenommen wird.

79 dd) **Sonstiges.** Art. 47 GG räumt den Abgeordneten ein Zeugnisverweigerungsrecht bezüglich solcher Tatsachen, die ihnen aufgrund ihres Amtes anvertraut werden, ein. Art. 48 GG begründet einen Anspruch der Abgeordneten auf eine angemessene materielle Versorgung. Diese sogenannten **Diäten** sind für alle Abgeordneten gleich und sollen die Unabhängigkeit der Abgeordneten sicherstellen. Ihre Höhe wird durch § 11 Abgeordnetengesetz (AbgG) bestimmt. Darin ist auch vorgesehen, dass eine jährliche Anpassung nach Maßgabe der Entwicklung des vom Statistischen Bundesamt ermittelten Nominallohnindexes erfolgt.

3. Untergliederungen des Bundestages

a) Fraktionen. Eine Fraktion ist der Zusammenschluss mehrerer Abgeordneter zu einer Gruppe. Das Grundgesetz erwähnt sie nur in Art. 53a Abs. 1 Satz 2 GG, wonach ihnen das Recht zusteht, Mitglieder für den Gemeinsamen Ausschuss von Bundestag und Bundesrat zu benennen. Allerdings enthält die GeschOBT in den §§ 10 ff. Vorgaben für die Bildung und die Tätigkeit von Fraktionen. So steht das Recht zur Bildung von Fraktionen nur einer Gruppe von Abgeordneten zu, die eine Stärke von 5 % aller Bundestagsmitglieder hat (§ 10 Abs. 1 GeschOBT). Außerdem dürfen ihr nicht Mitglieder von Parteien angehören, die bei der Wahl zum Bundestag miteinander konkurrieren können. Die Aufgaben der Fraktion sind in der GeschOBT und dem AbgG nur punktuell genannt. Als Beispiele sind das Recht, die Mitglieder für Ausschüsse zu benennen oder die Berücksichtigung der Fraktionen bei der Benennung des Bundestagsvizepräsidenten, zu nennen. **80**

b) Die parlamentarische Gruppe. Nach § 10 Abs. 4 GeschOBT können sich Abgeordnete, die nicht die erforderliche Fraktionsstärke erreichen, als Gruppe anerkennen lassen. Ihnen müssen dann alle die parlamentarischen Befugnisse eingeräumt werden, die nötig sind, damit die Gruppe an der politischen Willensbildung im Parlament teilhaben kann. **81**

c) Der fraktionslose Abgeordnete. Ein fraktionsloser Abgeordneter ist ein Abgeordneter, der keiner Fraktion angehört. Abgeordnete sind nach Art. 38 Abs. 1 Satz 2 GG Vertreter des Volkes und nicht einer Partei oder Fraktion. Ein fraktionsloser Abgeordneter muss daher grundsätzlich die gleichen Rechte haben wie ein Abgeordneter, der einer Fraktion angehört. Für die Mitgliedschaft in Ausschüssen stellt dies § 57 GeschOBT ausdrücklich klar. Allerdings hat er nach dem BVerfG (BVerfG v. 13.6.1989 – 2 BvE 1/88 – BVerfGE 80, 188 ff., 223) kein volles Stimmrecht, da er sonst überproportional vertreten wäre. **82**

d) Untersuchungsausschüsse. Nach Art. 44 GG hat der Bundestag das Recht, Untersuchungsausschüsse zur Überprüfung von Sachverhalten, deren Aufklärung im öffentlichen Interesse liegt, einzusetzen. Gegenstand können dabei Regierungsentscheidungen, aber auch Vorgänge des öffentlichen Lebens sein. Grundsätzlich müssen die entsprechenden Sachverhalte bereits abgeschlossen sein. Die Einsetzung des Untersuchungsausschusses erfolgt, wenn der Bundestag sie mit seiner Mehrheit beschließt (sogenannte Mehrheitsenquete) oder wenn ein Viertel der Mitglieder des Bundestags die Einsetzung eines Untersuchungsausschusses beantragt hat (Minderheitsenquete). **83**

84 Nach Art. 44 Abs. 1 GG ist die Tätigkeit des Untersuchungsausschusses grundsätzlich öffentlich. Zur Erforschung des Sachverhalts kann der Untersuchungsausschuss Beweise erheben. Dabei gelten die Vorschriften für die Erhebung von Beweisen im Strafverfahren entsprechend. Daher ist für Durchsuchungen oder die Beschlagnahme von Unterlagen z. B. ein richterlicher Beschluss nötig und haben Zeugen unter Umständen ein Zeugnisverweigerungsrecht. Einzelheiten regelt das Gesetz über parlamentarische Untersuchungsausschüsse (PUAG).

85 Abgeschlossen wird die Tätigkeit des Untersuchungsausschusses mit einem Beschluss, in dem der untersuchte Sachverhalt abschließend bewertet wird. Dieser kann gemäß Art. 44 Abs. 4 GG nicht von einem Gericht überprüft werden.

4. Beschlussfassung im Bundestag

86 Für Beschlüsse des Bundestags ist nach Art. 42 Abs. 2 Satz 1 GG grundsätzlich die Mehrheit der abgegebenen Stimmen erforderlich (Abstimmungsmehrheit). Es gibt aber auch Fälle, für die andere Mehrheiten nötig sind. So ist die Mehrheit der Mitglieder des Bundestags erforderlich bei der Bundeskanzlerwahl (Art. 63 Abs. 2 GG) oder beim Misstrauensvotum (Art. 67 Abs. 2 GG). Eine Mehrheit von 2/3 der Mitglieder des Bundestags benötigt man nach Art. 79 Abs. 2 GG für Änderungen des Grundgesetzes oder nach Art. 61 Abs. 1 Satz 3 GG für eine Anklage gegen den Bundespräsidenten.

> **Merksätze zum Bundestag**
> - Der Bundestag ist das maßgebliche Legislativorgan, da er nach Art. 77 Abs. 1 GG die Bundesgesetze beschließt.
> - Der Bundestag setzt sich aus vom Volk gewählten Vertretern, den Abgeordneten, zusammen und ist damit unmittelbar demokratisch legitimiert.
> - Die Bundestagswahl muss nach den in Art. 38 GG niedergelegten Wahlgrundsätzen durchgeführt werden.
> - Der einzelne Bundestagsabgeordnete besitzt ein freies Mandat (Art. 38 Abs. 1 Satz 2 GG) und genießt Immunität (Art. 46 Abs. 2 GG) sowie Indemnität (Art. 47 GG).

> - **Allgemeines:**
> Kenntnisse über Zusammensetzung und Aufgaben des Bundestags sind notwendiges Grundwissen. In Fallbearbeitungen können insbesondere Streitigkeiten um die Rechtmäßigkeit einer Bundestagswahl oder um Rechte und Pflichten eines einzelnen Abgeordneten eingebaut werden.

I. Der Bundestag   **86**

- **Spezialprobleme:**
  - *Verfassungsmäßigkeit der sogenannten Sperrklausel:* Die oben erwähnte 5 %-Klausel nach § 4 Abs. 2 Satz 1 Nr. 2 BWahlG (in der bis 13.6.2023 geltenden Fassung: § 6 Abs. 6 BWahlG) ist vor dem Hintergrund des Grundsatzes der Gleichheit der Wahl (Erfolgswertgleichheit) problematisch. Die Stimmen der Wähler, die eine Partei gewählt haben, die unter der 5 %-Marke bleibt, werden nicht berücksichtigt, haben also nicht den gleichen Erfolgswert, wie die Stimmen, die auf die Parteien mit einem höheren Stimmanteil entfallen sind. Das BVerfG hält das für die Bundestagswahl aber für verfassungskonform, weil ansonsten durch das Auftreten sehr vieler kleiner Parteien im Parlament dessen Funktionsfähigkeit, insbesondere die Wahl einer funktionsfähigen Regierung, beeinträchtigt sei (BVerfG v. 29.9.1990 – 2 BvE 1/90, 2 BvE 3/90, 2 BvE 4/90, 2 BvR 1247/90 – BVerfGE 82, 322, 328). Zum Zeitpunkt der Manuskripterstellung (Stand November 2023) war eine Klage gegen die Sperrklausel nach dem geänderten BWahlG in der seit 14.6.2023 geltenden Fassung anhängig. Für das Kommunalwahlrecht und für das Europawahlrecht hat das BVerfG dagegen entschieden, dass die 5 %-Klausel unwirksam ist (BVerfG v. 13.2.2008 – 2 BvK 1/07 – BVerfGE 120, 82 ff. bzw. BVerfG v. 9.11.2011 – 2 BvC 4, 6, 8/10 – NVWZ 2012, 33 ff.). Hier griff das Argument der beeinträchtigten Funktionsfähigkeit nicht, weil diese „Parlamente" keine Regierung wählen müssen. Seit 2018 sieht der Europäische Direktwahlakt allerdings die europaweite Einführung einer solchen Sperrklausel von 2 % bis 5 % für die Wahlen zum EU-Parlament vor. Der Deutsche Bundestag hat die entsprechende Zustimmung durch Gesetz am 15.6.2023 beschlossen. Es ist daher mit Einführung einer Sperrklausel zu rechnen, die aber zum Zeitpunkt der Manuskripterstellung noch nicht vorlag.
  - *Verfassungsmäßigkeit der Änderung des Bundeswahlgesetzes:* Schon die Bildung von Überhangmandaten nach dem bisherigen Bundeswahlgesetz galt vor dem Hintergrund des Grundsatzes der Gleichheit der Wahl nicht als unproblematisch. Die Verteilung von Überhangmandaten kann dazu führen, dass die Stimmen für die großen Parteien einen größeren Erfolgswert haben. Das BVerfG hiellt das aber grundsätzlich für zulässig, da die Entstehung von Überhangmandaten eine notwendige Folge des deutschen Wahlsystems sei, bei dessen Ausgestaltung der Gesetzgeber einen großen Gestaltungsspielraum habe (BVerfG v. 10.4.1997 – 2 BvF 1/95 – BVerfGE 95, 335, 337). Allerdings dürfen nach dem BVerfG nicht zu viele Überhangmandate entstehen ohne entsprechende Ausgleichsmandate (BVerfG v. 25.7.2012 – 2 BvF 3/11, 2

BvR 2670/11, 2 BvE 9/11 – NVWZ 2012, 1101). Mit der Änderung des Bundeswahlgesetzes 2023 wurden nunmehr sowohl die Überhangmandate als auch die Grundmandatsklausel abgeschafft. Gerade kleinere Parteien sehen darin eine Verletzung des Demokratieprinzips, der Unmittelbarkeit und Gleichheit der Wahl oder gar des Bundesstaatsprinzips. Zum Zeitpunkt der Manuskripterstellung waren Verfahren beim Bundesverfassungsgericht dazu anhängig (näher *Schönberger*, Sturm in Wasserglas: Das neue Bundeswahlgesetz auf dem Prüfstand der Verfassung, NVwZ 2023, 785).

– *Abgrenzung zwischen zulässiger Fraktionsdisziplin und unzulässigem Fraktionszwang*: Unzulässiger Fraktionszwang liegt nach h. M. nur vor, wenn Maßnahmen ergriffen werden, die unmittelbar auf die Willensbildung des einzelnen Abgeordneten Einfluss nehmen sollen. Eine solche direkte Beeinflussung liegt z. B. vor, wenn der Abgeordnete eine Vereinbarung unterschreiben muss, dass das Abweichen von der Fraktionslinie bei einer Abstimmung den Verzicht auf das Mandat bedeutet. Zulässige Fraktionsdisziplin liegt dagegen vor, wenn nur mittelbar Einfluss ausgeübt wird, wie z. B. durch „Überzeugungsgespräche" mit den Abweichlern einer Probeabstimmung (vgl. zum Ganzen *Degenhart*, § 7 Rn. 677 ff.).

II. Der Bundesrat

1. Bedeutung und Aufgaben

87 Aufgabe des Bundesrates ist es, zur Vertretung der Länderinteressen an der Gesetzgebung und Verwaltung des Bundes mitzuwirken (Art. 50 GG). Die Mitwirkungsrechte werden durch spezielle Vorschriften im Grundgesetz konkretisiert. Hervorzuheben sind die Mitwirkung des Bundesrates im Gesetzgebungsverfahren (Art. 77 GG) und seine Mitwirkungsrechte bei Maßnahmen im Zusammenhang mit Angelegenheiten der Europäischen Union (Art. 23 Abs. 2 Satz 2 u. Abs. 4–6 GG, vgl. auch Art. 52 Abs. 3a GG).

2. Die Zusammensetzung des Bundesrates

88 Der Bundesrat besteht aus Mitgliedern der Regierungen der Länder (Art. 51 Abs. 1 GG). Bestellung und Abberufung der Mitglieder ist in den Landesverfassungen geregelt. Nach Art. 51 Abs. 2 GG hängt die Anzahl der Mitglieder und damit der Stimmen eines Bundeslandes von seiner Größe ab. Einzelheiten der Entsendung regelt das jeweilige Landesverfassungsrecht. Art. 52 GG bestimmt, dass an der Spitze des Bundesrates ein Präsident steht. Nach gängiger Praxis wechselt dieses Amt jährlich zwischen den Ministerpräsidenten der Bundesländer. Einzelheiten zur Tätigkeit des Bundesrates regelt die Geschäftsordnung des Bundesrates (GeschO-BR).

3. Beschlussfassung im Bundesrat

Für Abstimmungen im Bundesrat ist nach Art. 52 Abs. 3 GG grundsätzlich die Mehrheit der Stimmen der Mitglieder erforderlich. Die Stimmenabgabe eines Landes muss einheitlich erfolgen (Art. 51 Abs. 3 Satz 2 GG). Bekannt geworden ist in diesem Zusammenhang die Abstimmung im Bundesrat über das Zuwanderungsgesetz im Jahre 2005. Ein Vertreter des Landes Brandenburg hatte dem Gesetz bei der Abstimmung im Bundesrat zugestimmt, der andere Vertreter die Zustimmung verweigert. Auf Nachfrage des Bundesratspräsidenten hatte der Ministerpräsident dann die Zustimmung zum Gesetz erklärt, was der Bundesratspräsident akzeptiert hatte. Das BVerfG (BVerfG v. 18.12.2002 – 2 BvF 1/02 – BVerfGE 106, 310, 335 f.) hat die Abstimmung für verfassungswidrig gehalten, weil die eigentliche Stimmenabgabe widersprüchlich war und der Ministerpräsident die anderen Bundesratsmitglieder seines Landes nicht überstimmen durfte.

III. Der Bundespräsident

1. Bedeutung und Aufgaben

Der Bundespräsident stellt formal das Staatsoberhaupt der Bundesrepublik Deutschland dar. Die Kompetenzen des Bundespräsidenten sind gegenüber denen des Reichspräsidenten der Weimarer Reichsverfassung aber deutlich schwächer.

Die meisten Befugnisse des Bundespräsidenten sind im Grundgesetz ausdrücklich bestimmt. So vertritt er die Bundesrepublik Deutschland nach außen und unterzeichnet die Verträge mit ausländischen Staaten (Art. 59 GG). Nach den Art. 63 und 64 GG hat der Bundespräsident das Vorschlagsrecht für die Wahl des Bundeskanzlers und ernennt nach dessen Wahl durch den Bundestag den Bundeskanzler sowie nach Vorschlag des Bundeskanzlers die Bundesminister. Weiter kann er gem. Art. 68 GG auf Vorschlag des Bundeskanzlers den Bundestag auflösen, wenn der Bundeskanzler mit der Vertrauensfrage gescheitert ist und der Bundestag kein anderes Mitglied zum Bundeskanzler gewählt hat. Bei bestimmten Delikten hat der Bundespräsident schließlich nach Art. 60 Abs. 2 GG das Begnadigungsrecht. In der Öffentlichkeit bekannt wurde in diesem Zusammenhang der Fall des Terroristen Klar, dessen Begnadigung der Bundespräsident Köhler ablehnte. Problematisch ist, inwieweit sich aus der Stellung als Staatsoberhaupt unmittelbare Befugnisse ergeben. Dazu gehört insbesondere das Recht, sich öffentlich über allgemeine gesellschaftliche und politische Fragen zu äußern. So hat das BVerfG negative Äußerungen des Bundespräsidenten

Gauck über die NPD für verfassungsgemäß gehalten (BVerfG v. 10.6.2014 – 2 BvE 4/13 – NVWZ 2014, 1156).

92 Der Bundespräsident darf in seiner Amtszeit keine anderen Tätigkeiten ausüben (Art. 55 Abs. 2 GG) und genießt gem. Art. 60 Abs. 4 GG – wie die Abgeordneten des Deutschen Bundestages – Immunität, d. h. Schutz vor strafrechtlicher Verfolgung.

2. Die Wahl des Bundespräsidenten

93 Der Bundespräsident wird auf fünf Jahre von der sog. Bundesversammlung gewählt (Art. 54 Abs. 1 u. 3 GG). Eine Wiederwahl ist gemäß Art. 54 Abs. 2 Satz 2 GG nur einmal möglich. Die Bundesversammlung (Art. 54 GG) setzt sich aus den Abgeordneten des Bundestages sowie einer gleich großen Zahl von Personen, die von den Länderparlamenten gewählt sind, zusammen. Wer zur Wahl steht, wird vorher in einem politischen Prozess geklärt. Es finden maximal drei Wahlgänge statt. In den ersten beiden ist die Mehrheit der Stimmen der Mehrheit der Mitglieder der Bundesversammlung zur Wahl erforderlich (Art. 54 Abs. 6 GG).

3. Vertiefung: Das Prüfungsrecht des Bundespräsidenten bezüglich der Verfassungsmäßigkeit von Bundesgesetzen

94 Nach Art. 82 Abs. 1 GG hat der Bundespräsident die vom Bundestag beschlossenen Gesetze zu unterschreiben („Ausfertigung"). In diesem Zusammenhang ist streitig, inwieweit dem Bundespräsidenten dabei das Recht zusteht, die Unterschrift zu verweigern, falls er das Gesetz für nicht verfassungsgemäß hält. Unstreitig wird ihm ein sog. **formelles Prüfungsrecht** zugebilligt, d. h. die Möglichkeit, die Einhaltung der Verfahrensvorschriften zu kontrollieren. Seine Befugnis zur Prüfung der Frage, ob das Gesetz auch inhaltlich mit dem Grundgesetz vereinbar ist (sog. **materielles Prüfungsrecht**), wird dagegen teilweise bestritten. Hauptargument ist der Wortlaut des Art. 82 Abs. 1 GG, wonach der Bundespräsident, die „nach den Vorschriften dieses Grundgesetzes zustande gekommenen Gesetze", also die formell verfassungsgemäßen, unterzeichnet. Die wohl herrschende Meinung geht allerdings davon aus, dass der Bundespräsident zumindest bei schweren materiellen Verfassungsverstößen ebenfalls berechtigt ist, die Unterzeichnung des Gesetzes zu verweigern (sogenannte **Evidenzkontrolle**). Die Begrenzung auf offensichtliche Verfassungsverstöße berücksichtigt, dass die umfassende Prüfung der Verfassungsmäßigkeit von Gesetzen dem Bundesverfassungsgericht überlassen ist (vertiefend zum Ganzen *Ipsen/Kaufhold/Wischmeyer*, Staatsrecht I, § 9 Rn. 20 ff.).

95 In der Praxis haben sich Bundespräsidenten schon mehrfach geweigert, vom Bundestag beschlossene Gesetze zu unterzeichnen. So hatte Bundespräsident Köhler im Oktober 2006 eine Regelung zur Privatisierung der

III. Der Bundespräsident

Luftraumüberwachung und im Dezember 2006 das Verbraucherinformationsgesetz für verfassungswidrig gehalten und nicht unterzeichnet.

Fall:
Dem Bundespräsidenten liegt das sog. Flugsicherheitsgesetz vor, nachdem es möglich sein soll, entführte Flugzeuge abzuschießen. Er hat Bedenken dagegen, dass der Staat in die Grundrechte Unschuldiger (Recht auf körperliche Unversehrtheit) eingreifen darf, um andere Menschen zu retten.
Darf er die Unterschrift verweigern?

Lösung:
Nach h. M. nein. Die Bedenken richten sich nicht gegen das formale Zustandekommen des Gesetzes, sondern gegen seinen Inhalt. Die Frage, ob das Gesetz materiell mit dem Grundgesetz vereinbar ist, lässt sich hier aber nicht auf den ersten Blick beantworten, d. h. der Verfassungsverstoß ist nicht evident.

Merksätze zu Bundesrat und Bundespräsident

- Der Bundesrat besteht aus Mitgliedern der Landesregierungen (Art. 51 GG) und hat die Aufgabe, die Mitwirkung der Bundesländer an bestimmten Entscheidungen des Bundes, insbesondere der Bundesgesetzgebung, sicherzustellen (vgl. Art. 50 GG).
- Der Bundespräsident ist das formale Staatsoberhaupt der Bundesrepublik (vgl. z. B. Art. 59 Abs. 1 GG).
- Die Kompetenzen des Bundespräsidenten ergeben sich aus einzelnen, an verschiedenen Stellen des Grundgesetzes niedergelegten Vorschriften (z. B. Art. 59 Abs. 1, 63, 64, 68, 81, 82 GG).
- Eine besondere Aufgabe hat der Bundespräsident im Gesetzgebungsverfahren. Nach Art. 82 Abs. 1 GG muss er die vom Bundestag beschlossenen Gesetze ausfertigen, wobei er ein Prüfungsrecht besitzt (BVerfG v. 4.5.2012 – 1 BvR 367/12 Rn. 22 – juris, BVerfG v. 17.9.2019 – 2 BvQ 59/19 Rn. 21 – juris). Strittig ist weiterhin die Reichweite dieses Prüfungsrechts.

Hinsichtlich des Bundesrates ist insbesondere dessen Rolle beim Zustandekommen von Bundesgesetzen von Bedeutung. Kenntnisse über Stellung, Aufgaben und Wahl des Bundespräsidenten sind absolut notwendiges Grundwissen für jede Prüfung im Staatsrecht. In Klausuren dürfte regelmäßig nur das Prüfungsrecht relevant werden. Dabei kann gefragt werden, ob der Bundespräsident ein vorliegendes Gesetz unterschreiben muss oder die Frage gestellt werden, ob eine erfolgte Unterschriftsverweigerung rechtmäßig war. Hierbei werden regelmäßig jeweils auch Fragen zum Gesetzgebungsverfahren und zu den Voraussetzungen der materiellen Verfassungsmäßigkeit eines Gesetzes mit abgeprüft werden.

IV. Die Bundesregierung und der Bundeskanzler (Art. 62 ff. GG)

1. Bedeutung und Aufgaben

97 Die Bundesregierung setzt sich aus dem Bundeskanzler und aus den Bundesministern (Art. 62 GG) zusammen.

98 Die Bundesregierung ist Teil der vollziehenden Gewalt und stellt das politische Leitungsorgan des Staates dar. Besonders wichtige Befugnisse sind:
- das Recht zur Abgabe von Gesetzesvorschlägen und die Mitwirkung im Gesetzgebungsverfahren (Art. 76, 77 GG);
- das Recht nach Maßgabe des Art. 80 GG untergesetzliche Vorschriften (Rechtsverordnungen) zu erlassen;
- die Aufsicht über die Ausführung der Bundesgesetze durch die Länder und der Erlass allgemeiner Verwaltungsvorschriften (Art. 84, 85 GG);
- Zuständigkeiten im Bereich der auswärtigen Beziehungen (Art. 32 GG);
- die Mitwirkung bei der Aufstellung des Haushalts (Art. 110 GG);
- die Zuständigkeit für Maßnahmen nach dem Stabilitätsgesetz.

99 Von den Befugnissen der Regierung als Ganzes sind die Kompetenzen abzugrenzen, die das Grundgesetz einzelnen Bundesministern zuweist. Nach Art. 65a GG hat der Bundesminister für Verteidigung in Friedenszeiten die Befehls- und Kommandogewalt über die Streitkräfte, und gem. Art. 112 GG muss der Bundesfinanzminister Ausgaben, die nicht durch den Haushaltsplan gedeckt sind, zustimmen.

100 Die Verteilung der Kompetenzen innerhalb der Regierung wird nach dem Grundgesetz von drei Prinzipien geprägt, nämlich dem Kanzler-, dem Ressort- und dem Kollegialprinzip.
- Das **Kanzlerprinzip** gem. Art. 65 Satz 1 GG besagt, dass der Bundeskanzler die Richtlinien der Politik bestimmt (daher spricht man auch von Richtlinienkompetenz). Danach obliegen ihm die grundlegenden und richtungsweisenden Entscheidungen, die insbesondere für die Minister bindend sind.
- Das **Ressortprinzip** nach Art. 65 Satz 2 GG bedeutet, dass jeder Minister seinen Geschäftsbereich selbstständig und in eigener Verantwortung führt. Allerdings ist er an die vom Bundeskanzler aufgestellten Richtlinien gebunden. Eine konkrete Weisung des Bundeskanzlers an einen Minister ist aber dann unwirksam, wenn dem Minister keinerlei Handlungsspielraum mehr verbleibt.

- Das **Kollegialprinzip** bringt den in Art. 65 Satz 3 GG niedergelegten Grundsatz, dass Streitigkeiten zwischen einzelnen Ministern durch das gesamte Kabinett zu entscheiden sind, zum Ausdruck.

Einzelheiten der Regierungsarbeit sind in der Geschäftsordnung der Bundesregierung (GeschO-BReg) festgelegt. **101**

2. Ernennung und Entlassung der Bundesminister

Die Bundesminister werden auf Vorschlag des Bundeskanzlers vom Bundespräsidenten ernannt (Art. 64 GG). Dieser kann die Minister wiederum auf Vorschlag des Bundeskanzlers auch entlassen. Die Minister müssen nicht Mitglied des deutschen Bundestags sein, sind also auch nicht vom Volk gewählt. **102**

3. Der Bundeskanzler

a) **Wahl des Bundeskanzlers.** Der Bundeskanzler wird auf Vorschlag des Bundespräsidenten vom Bundestag gewählt (Art. 63 GG). Der Vorschlag des Bundespräsidenten bezieht sich dabei auf den Kandidaten, der von der Partei, die die Bundestagswahl gewonnen hat, oder einer nach der Wahl gebildeten Koalition vorgeschlagen wird. Die Wiederwahl eines Bundeskanzlers ist unbegrenzt möglich. **103**

b) **Konstruktives Misstrauensvotum und Vertrauensfrage.** Der Bundeskanzler kann abgesehen von seinem Tod oder seinem Rücktritt nur in zwei Fällen vor Ablauf seiner Amtszeit abgelöst werden: **104**

- Das konstruktive **Misstrauensvotum** nach Art. 67 Abs. 1 GG lässt die Ablösung eines Bundeskanzlers zu, wenn die Mehrheit des Bundestags einen Nachfolger wählt, der dann vom Bundespräsidenten zum Kanzler ernannt wird. In der Bundesrepublik Deutschland gab es erst ein erfolgreiches Misstrauensvotum, nämlich im Oktober 1982, als der amtierende Bundeskanzler Helmut Schmidt durch die Wahl von Helmut Kohl aus dem Amt schied. Nach Art. 69 Abs. 2 GG führt ein erfolgreiches Misstrauensvotum auch zur Aufhebung der Ämter der einzelnen Minister. **105**

- Mit der **Vertrauensfrage** nach Art. 68 Abs. 1 GG kann der Bundeskanzler erreichen, dass der Bundestag vom Bundespräsidenten aufgelöst wird und Neuwahlen stattfinden. Besonders problematisch ist das Stellen der Vertrauensfrage in Fällen, in denen ein Bundeskanzler an sich die Mehrheit des Bundestages hinter sich weiß, aber Neuwahlen erreichen will. Anlässlich der Vertrauensfrage von Bundeskanzler Gerhard Schröder im Jahre 2005 hat das BVerfG entschieden, dass neben den formellen Voraussetzungen des Art. 68 GG erforderlich ist, dass die Handlungsfähigkeit der Bundesregierung im Hinblick auf die Mehr- **106** heitsverhältnisse im Bundestag beeinträchtigt ist (BVerfG v. 25.8.2005 – 2 BvE 4/05, 2 BvE 7/05 – BVerfGE 114, 121, 152 ff.; strenger noch BVerfG v. 16.2.1983 – 2 BvE 1/83, 2 BvE 2/83, 2 BvE 3/83, 2 BvE 4/83 – BVerfGE 62, 1, 42).

Merksätze zu Bundesregierung und Bundeskanzler
- Die Bundesregierung setzt sich aus dem Bundeskanzler und den Bundesministern zusammen.
- Der Bundeskanzler wird auf Vorschlag des Bundespräsidenten vom Bundestag gewählt (Art. 63 GG).
- Die Bundesminister werden vom Bundeskanzler vorgeschlagen und unterliegen seiner Richtlinienkompetenz (Art. 65 Abs. 1 GG).
- Ein Bundeskanzler kann nur durch ein erfolgreiches konstruktives Misstrauensvotum nach Art. 67 Abs. 1 GG und eine gescheiterte Vertrauensfrage (Art. 68 GG) abgelöst werden.
- Für sämtliche Regierungsmitglieder einschließlich des Bundeskanzlers gilt im politischen Wettbewerb ein strenger Neutralitätsgrundsatz zur Wahrung der Chancengleichheit anderer Parteien (vgl. etwa BVerfG v. 15.6.2022 – 2 BvE 4/20, 2 BvE 5/20).

Kenntnisse über Aufgaben und Arbeitsweise der Bundesregierung sind unverzichtbares Grundwissen für staatsrechtliche Prüfungen. In der Fallbearbeitung wird am ehesten die Ablösung eines Bundeskanzlers nach Art. 67 oder 68 GG eine Rolle spielen.

V. Das Bundesverfassungsgericht

107 Das Bundesverfassungsgericht (BVerfG) ist nach Art. 92 GG Teil der rechtsprechenden Gewalt. Seine Zusammensetzung ist in Art. 94 GG und im Bundesverfassungsgerichtsgesetz (BVerfGG) geregelt. Das BVerfG ist vom GG als „Hüter der Verfassung" konzipiert und für die in Art. 93 GG festgelegten Verfahren zuständig. Auf diese wird in Rn. 187 ff. näher eingegangen.

4. Kapitel Das Gesetzgebungsverfahren des Bundes

I. Einführung

Wichtigstes Steuerungselement für einen Rechtsstaat sind die Gesetze. Dabei wird unter Gesetz allgemein eine Regelung verstanden, die für eine Vielzahl von Sachverhalten und für eine Vielzahl von Personen Anwendung findet (generell-abstrakte Regelung). Innerhalb der Gesetze wird unterschieden zwischen Regelungen, die vom Parlament (Bundestag oder Länderparlament) stammen und solchen, die von der Exekutive erlassen werden. Erstere sind auch Gesetze im formellen Sinne, Letztere nur Gesetze im materiellen Sinne. **108**

Die **Gesetze im formellen Sinne** haben eine besondere Bedeutung, da aufgrund des Vorbehalts des Gesetzes (Art. 20 Abs. 3 GG) Handlungen der Verwaltung grundsätzlich einer Ermächtigung durch ein Gesetz im formellen Sinne bedürfen (siehe oben Rn. 44 ff.). Dieses Gesetz kann das Handeln der Verwaltung aber nur rechtfertigen, wenn es seinerseits den Vorgaben des Verfassungsrechts entspricht. Dazu muss das Gesetz nach den Vorgaben des Grundgesetzes zustande gekommen sein (formelle Verfassungsmäßigkeit) und sein Inhalt mit dem Grundgesetz vereinbar sein (materielle Verfassungsmäßigkeit). **109**

Diese Voraussetzungen lassen sich wie folgt zusammenfassen: **110**

> I. Formelle Verfassungsmäßigkeit
>   1. Gesetzgebungskompetenz des Bundes
>   → Art. 70 ff. GG
>   2. Ordnungsgemäße Durchführung des Gesetzgebungsverfahrens
>   → Art. 76–78 GG
>   3. Ordnungsgemäßer Abschluss des Gesetzgebungsverfahrens (Art. 82 GG)
> II. Materielle Verhältnismäßigkeit
>   → Beachtung allgemeiner Verfassungsprinzipien und der Grundrechte

Abbildung 9: Überprüfung eines Bundesgesetzes auf seine Verfassungsmäßigkeit

Im Folgenden sollen zunächst die formellen Voraussetzungen für die Verfassungsmäßigkeit eines Bundesgesetzes, d. h. die Gesetzgebungskompetenz sowie der Ablauf und der Abschluss des Gesetzgebungsverfahrens näher besprochen werden.

II. Die Gesetzgebungskompetenz des Bundes (Art. 70 ff. GG)

1. Grundlagen

111 Die bundesstaatliche Struktur der Bundesrepublik Deutschland (s. o.) führt dazu, dass sowohl der Bund als auch die einzelnen Bundesländer Gesetze erlassen können. Wer jeweils für eine bestimmte Materie ein Gesetz erlassen darf, regelt das Grundgesetz in den Art. 70 ff. GG.

112 Nach Art. 70 Abs. 1 GG liegt die Gesetzgebungszuständigkeit grundsätzlich bei den Ländern. Der Bund darf danach nur in den vom Grundgesetz ausdrücklich genannten Fällen Gesetze erlassen, wobei schon nach Art. 70 Abs. 2 GG zwischen einer ausschließlichen (näher bestimmt in Art. 71 GG) und einer konkurrierenden (näher bestimmt in Art. 72 GG) Gesetzgebungskompetenz unterschieden wird. Die diesen Kompetenzen zugewiesenen Materien sind in den Katalogen der Art. 73 und 74 GG sowie vereinzelt in weiteren Vorschriften des GG (z. B. Art. 91c, 105 GG) aufgeführt.

113 Zusätzlich zu den beiden vom Grundgesetz ausdrücklich dem Bund zugewiesenen Kompetenzen werden auch ungeschriebene Kompetenzen anerkannt. Daraus ergibt sich die nachfolgende Übersicht:

Abbildung 10: Gesetzgebungskompetenzen des Bundes

Die Voraussetzungen und Reichweite dieser Kompetenzarten werden im Folgenden näher erläutert.

2. Die einzelnen Kompetenzarten

114 a) **Ausschließliche Gesetzgebungskompetenz.** Die Zuweisung von ausschließlicher Gesetzgebungskompetenz nach Art. 71 GG bedeutet, dass der Bund für die betreffenden Themenbereiche grundsätzlich die alleinige Gesetzgebungskompetenz besitzt und die Länder in den betroffenen Bereichen keine eigenen Gesetze erlassen dürfen. Eine Ausnahme gilt nur, wenn die Länder durch ein Bundesgesetz zum Erlass eines Landesgesetzes ausdrücklich ermächtigt wurden.

Die wichtigsten Fälle, in denen der Bund die ausschließliche Gesetzgebungskompetenz hat, sind in Art. 73 GG (bitte lesen) verankert. Von besonderer Bedeutung sind die Zuständigkeiten für das Staatsangehörigkeitsrecht (Nr. 2), das Währungs- und Geldwesen (Nr. 4), den grenzüberschreitenden Handel (Nr. 5), das Verkehrswesen (Nr. 6 und 6a), die Bekämpfung des internationalen Terrorismus (Nr. 9a) und die Kernenergie (Nr. 14). Außerdem begründen verschiedene Einzelbestimmungen des Grundgesetzes eine ausschließliche Gesetzgebungskompetenz des Bundes. Beispiele sind Art. 29 Abs. 7 (bestimmte Änderungen des Gebietsbestandes eines Landes), Art. 41 Abs. 3 (Regelungen zur Überprüfung der Bundestagswahl), Art. 91c Abs. 5 GG (informationstechnischer Zugang zu Verwaltungsleistungen) oder Art. 105 Abs. 1 GG (Zölle und Finanzmonopole). **115**

b) **Konkurrierende Gesetzgebungskompetenz.** Die konkurrierende Gesetzgebung des Bundes ist in den Art. 72 und 74 GG geregelt. Sie bedeutet, dass sowohl der Bund als auch die Länder berechtigt sind, Gesetze zu erlassen (vgl. Art. 72 Abs. 1 GG). Allerdings hat der Bund in den betroffenen Materien den ersten Zugriff. Die Länder dürfen ein Gesetz nur erlassen, soweit der Bund noch kein Gesetz erlassen hat oder ein entsprechendes Bundesgesetz die Materie nicht abschließend regelt. **116**

Grundsätzlich folgt aus Art. 72 Abs. 1 GG nach Kompetenzausübung durch den Bund ein Verbot für die Länder, in den betreffenden Bereichen gesetzgeberisch tätig zu werden (Sperrwirkung). Auf bestimmten Gebieten (z. B. dem Naturschutz, dem Wasserhaushalt oder der Hochschulzulassung) dürfen die Länder nach Art. 72 Abs. 3 GG trotz Bestehens eines Bundesgesetzes noch ein Landesgesetz erlassen und darin vom Bundesrecht abweichende Regelungen treffen (sogenannte **Abweichungsgesetzgebung**). Der Bund kann darauf aber reagieren, indem er selbst wieder tätig wird und die vom Land erlassene Regelung wieder in seinem Sinne ändert. Maßgeblich ist dann das jeweils jüngste Gesetz (Art. 72 Abs. 3 Satz 3 GG). In den betroffenen Bereichen kann es somit dazu kommen, dass Länder bzw. der Bund ständig neue Regelungen treffen, um ihre Vorstellungen durchzubringen („Ping-Pong-Effekt"). Bisher hatte diese rechtliche Möglichkeit aber kaum praktische Konsequenzen. **117**

Die Gebiete, die der konkurrierenden Gesetzgebung unterliegen, sind weit überwiegend in Art. 74 GG (bitte lesen!) aufgeführt. Wichtige Bereiche, die der konkurrierenden Gesetzgebung unterfallen sind das Strafrecht (Nr. 1), das Recht der Wirtschaft (Nr. 11), das Arbeitsrecht (Nr. 12) und das Steuerrecht. Die konkurrierende Gesetzgebungskompetenz hierfür ergibt **118** sich allerdings nicht aus Art. 74, sondern aus Art. 105 Abs. 2 GG (mit Abweichungsbefugnis der Länder nach Art. 72 Abs. 3 Satz 1 Nr. 7 GG).

119 Durch eine **Föderalismusreform** im Jahr 2006 entstand eine Besonderheit in der föderalen Rechtspraxis. So wurde in Art. 74 Abs. 1 Nr. 11 GG („Recht der Wirtschaft") u. a. die bisherige Regelungsbefugnis des Bundes für das Recht des Ladenschlusses und der Gaststätten beseitigt. Nach Art. 125a Abs. 1 GG gelten die für diese Bereiche bestehenden Bundesgesetze (Gaststättengesetz, Ladenschlussgesetz aber solange weiter, bis sie durch entsprechende Landesgesetze ersetzt werden. Nicht alle Bundesländer haben seither eigene Regelungen geschaffen. Der Bund hat seinerseits bisher weder das Gaststättengesetz noch das Ladenschlussgesetz aufgehoben. Daher gibt es nun unter Verdrängung der bundesrechtlichen Regelungen in manchen Bundesländern eigenes Landesrecht zu dieser Materie, in anderen Bundesländern gelten die Bundesgesetze weiter als Bundesrecht fort.

120 Eingeschränkt wird die konkurrierende Gesetzgebungskompetenz des Bundes durch die sogenannte **Bedürfnisklausel** des Art. 72 Abs. 2 GG für die darin aufgeführten Kompetenzen. Danach darf der Bund nur tätig werden, wenn und soweit die Herstellung gleichwertiger Lebensverhältnisse im Bundesgebiet oder die Wahrung der Rechts- oder Wirtschaftseinheit im gesamtstaatlichen Interesse eine bundesgesetzliche Regelung erforderlich machen. Der Bundesgesetzgeber muss damit im konkreten Einzelfall begründen, warum eine bundeseinheitliche Regelung erforderlich ist (näher dazu BVerfG v. 27.7.2004 – 2 BvF 2/02 – BVerfGE 111, 226 – Juniorprofessor).

121 c) **Ungeschriebene Gesetzgebungskompetenzen.** Zusätzlich zu den vom Grundgesetz ausdrücklich vorgesehenen Gesetzgebungskompetenzen werden von Rechtslehre und Rechtsprechung noch einige ungeschriebene Gesetzgebungskompetenzen des Bundes angenommen Diese sind:

122 aa) **Kompetenz kraft Sachzusammenhang.** Eine Kompetenz kraft Sachzusammenhang hat der Bund in Fällen, in denen eine ausdrücklich zugewiesene Materie sinnvoll nicht geregelt werden kann, ohne dass eine andere nicht ausdrücklich zugewiesene Materie mitgeregelt wird (BVerfG v. 16.6.1954 – 1 PBvV 2/52 – BVerfGE 3, 407, 421). Daher durfte der Bund nach Auffassung des BVerfG z. B. die Berufsausbildung für Altenpfleger regeln, weil insoweit ein Sachzusammenhang mit den Heilberufen (Art. 74 Abs. 1 Nr. 19 GG) besteht (BVerfG v. 24.10.2002 – 2 BvF 1/01 – BVerfGE 106, 62, 115).

123 bb) **Annexkompetenz.** Die Annexkompetenz ist strenggenommen ein Unterfall der Kompetenz kraft Sachzusammenhangs. Teilweise wird sie daher nicht als eigene Fallgruppe angesehen. Sie gibt dem Bund die Gesetzgebungskompetenz für Sachverhalte, die in einem notwendigen Zusammenhang mit einem Bereich stehen, für den dem Bund die Gesetzgebungskompetenz ausdrücklich zugewiesen ist. Daher darf ein Bundesland z. B. nicht durch Gesetz eine Volksabstimmung über die Beteiligung der Bundeswehr an Auslandseinsätzen anordnen, da insoweit ein unmittelbarer Zusammenhang mit den in Art. 73 Abs. 1 Nr. 1 und Art. 87a GG besteht (vgl. zur Frage, ob die Bundeswehr mit Atomwaffen ausgestattet werden soll, BVerfG v. 30.7.1958 – 2 BvF 3/58, 2 BvF 6/58 – BVerfGE 8, 104, 118 f.).

cc) **Kompetenz kraft Natur der Sache.** Die Kompetenz kraft Natur begründet eine Zuständigkeit des Bundes für Materien, die begriffsnotwendig nur der Regelung durch den Bund obliegen können. Frühere Beispiele waren die Bestimmung der Bundeshauptstadt oder die Festlegung der Nationalflagge (*Ipsen/Kaufhold/Wischmeyer*, Staatsrecht I, § 10 Rn. 49). Beides ist heute im Grundgesetz selbst geregelt (vgl. Art. 22 GG). Die Bedeutung dieses Konstrukts ist daher sehr gering.

3. Rechtsfolgen der Nichtbeachtung der Kompetenzverteilung

Die Missachtung der dargestellten Kompetenzverteilung führt dazu, dass das von einem unzuständigen Gesetzgeber erlassene Gesetz verfassungswidrig ist. Das Gesetz könnte dann im Rahmen eines Organstreitverfahren (Art. 93 Abs. 1 Nr. 1 GG), einer abstrakten Normenkontrolle (Art. 93 Abs. 1 Nr. 2) oder einer Verfassungsbeschwerde (Art. 93 Abs. 1 Nr. 4 GG) vom Bundesverfassungsgericht überprüft und gegebenenfalls für nichtig erklärt werden (§ 31 Abs. 2 BVerfGG). Auch kann ein kompetenzwidrig vom Bund erlassenes Gesetz nicht zur Anwendung der Vorrangklausel in Art. 31 GG führen.

III. Der Ablauf des Gesetzgebungsverfahrens

Das Gesetzgebungsverfahren für Bundesgesetze ist in den Art. 76–78 GG (bitte lesen!) geregelt. Es lässt sich zeitlich in drei Abschnitte unterscheiden, nämlich die Vorlage eines Gesetzesentwurfs, die Beratung und die Verabschiedung des Entwurfs im Bundestag einschließlich der Beteiligung des Bundesrates sowie die Ausfertigung und Verkündung des Gesetzes.

1. Die Vorlage eines Gesetzesentwurfs

Am Beginn eines Gesetzgebungsverfahrens steht die Einbringung einer Gesetzesvorlage in den Bundestag. Das Recht zu Gesetzesvorlagen, die sog. **Gesetzesinitiative**, steht nach Art. 76 Abs. 1 GG der Bundesregierung, dem Bundesrat und der Mitte des Bundestages zu. Gesetzesinitiativen aus der Mitte des Bundestages müssen nach § 76 Abs. 1 GeschOBT von einer Fraktion oder von mindestens 5 % der Abgeordneten stammen. Vorlagen der Bundesregierung sind nach Art. 76 Abs. 2 GG zunächst dem Bundesrat vorzulegen und Gesetzesvorlagen des Bundesrates können nach Art. 76 Abs. 3

GG nur bei der Bundesregierung eingebracht werden. Bundesrat bzw. Bundesregierung haben in diesen Fällen jeweils sechs Wochen Zeit, um eine Stellungnahme abzugeben. Die Nichtbeachtung der Beteiligungsrechte nach Art. 76 Abs. 2 und 3 GG kann zur Verfassungswidrigkeit des später erlassenen Gesetzes führen (*Jarass/Pierroth*, Art. 76 Rn. 2; *Degenhart*, § 3 Rn. 211 ff.).

128 Einzelne Bürger, Bürgergruppen oder die Mehrheit der Bürger können keine verbindlich zu behandelnden Gesetzesvorlagen einbringen. Die meisten Landesverfassungen sehen dagegen Möglichkeiten zur Einbringung von Vorschlägen für den Erlass von Landesgesetzen vor (*Degenhart*, § 3 Rn. 245 ff.).

2. Beratung und Beschluss eines Gesetzesentwurfs

129 **a) Behandlung des Gesetzentwurfs im Bundestag.** Über die Behandlung des Gesetzesentwurfs im Bundestag findet sich im Grundgesetz nur die Aussage, dass der Beschluss des Gesetzes im Bundestag erfolgt. Näheres bestimmen aber §§ 78 ff. GeschOBT. Danach finden im Bundestag drei Beratungen über den Gesetzesentwurf statt, die sog. **Lesungen**. In der ersten Lesung findet eine allgemeine Aussprache statt und wird der Entwurf zur weiteren Beratung an einen Ausschuss verwiesen, in dem sich Experten der verschiedenen Fraktionen fachlich mit dem Entwurf auseinandersetzen (§§ 79, 80 GeschOBT). Dieser Ausschuss kann auch einen Auftrag zur Prüfung auf sprachliche Richtigkeit und Verständlichkeit an einen eigens beim Bundestag eingerichteten Redaktionsstab erteilen (§ 80a GeschOBT). In der zweiten Lesung wird erneut über den Gesetzesentwurf, insbesondere über die Empfehlungen des Ausschusses, beraten (§§ 81, 82 GeschOBT). In der dritten Lesung erfolgt dann die Schlussabstimmung (§ 86 GeschOBT).

130 **b) Die Beteiligung des Bundesrates.** Eine ganz wesentliche Phase des Gesetzgebungsverfahrens stellt die Beteiligung des Bundesrates dar. Diese stellt das Mitspracherecht der Länder beim Erlass von Bundesgesetzen sicher. Der Bundesrat hat die in Art. 77 Abs. 2–4 GG festgelegten Befugnisse. der Einfluss des Bundesrates auf das Zustandekommen eines Bundesgesetzes hängt davon ab, ob ein sog. Einspruchsgesetz oder ein sog. Zustimmungsgesetz vorliegt.

131 Ein **Einspruchsgesetz** ist jedes Gesetz, das nicht Zustimmungsgesetz ist.

Hat der Bundesrat Einwände gegen ein solches Gesetz muss er nach Art. 77 Abs. 2 GG den **Vermittlungsausschuss** einberufen. Der Vermittlungsausschuss setzt sich nach Maßgabe der Geschäftsordnung des Vermittlungsausschusses aus je 16 Mitgliedern des Bundestages und des Bundesrates zusammen und hat Einigungsvorschläge zu erarbeiten. Schlägt der Ver-

III. Der Ablauf des Gesetzgebungsverfahrens

mittlungsausschuss eine Änderung des Gesetzes vor, muss gem. Art. 77 Abs. 2 Satz 5 GG der Bundestag noch einmal darüber beschließen, bevor der Bundesrat zustimmen kann. Kommt es im Vermittlungsverfahren zu keiner Einigung, kann der Bundesrat nach Art. 77 Abs. 3 GG gegen den fraglichen Gesetzesentwurf Einspruch einlegen. Nach Art. 77 Abs. 4 GG kann dieser vom Bundestag aber zurückgewiesen werden.

> Ein **Zustimmungsgesetz** liegt vor, wenn das Grundgesetz die Zustimmung des Bundesrates ausdrücklich vorsieht.

132

Die Zustimmung des Bundesrates ist z. B. in
- Art. 79 Abs. 2 GG (Änderung des Grundgesetzes),
- Art. 91c Abs. 4 Satz 2, Abs. 5 GG (Errichtung eines Verbindungsnetzes und Zugang zu Verwaltungsleistungen),
- Art. 104a Abs. 4 GG (Gewährung von Finanzhilfen) oder
- Art. 106 Abs. 3 Satz 2 GG (Festlegung der Anteile von Bund und Ländern an der Umsatzsteuer)

vorgesehen.

Lehnt der Bundesrat ein Zustimmungsgesetz ab, können Bundestag, Bundesregierung oder Bundesrat den Vermittlungsausschuss anrufen (Art. 77 Abs. 2 Satz 1 und 4 GG). Kommt es im Vermittlungsverfahren zu Änderungen des Gesetzentwurfs, muss dieser nochmals dem Bundestag zur Abstimmung vorgelegt werden (Art. 77 Abs. 2 Satz 5 GG). Ist das Vermittlungsverfahren erfolglos geblieben, kann der Bundesrat die Zustimmung zum Gesetz verweigern und dieses damit endgültig zum Scheitern bringen. Hier hat er also ein echtes **Vetorecht**.

133

134 Zusammenfassend lässt sich das Gesetzgebungsverfahren nach dem Grundgesetz wie folgt darstellen:

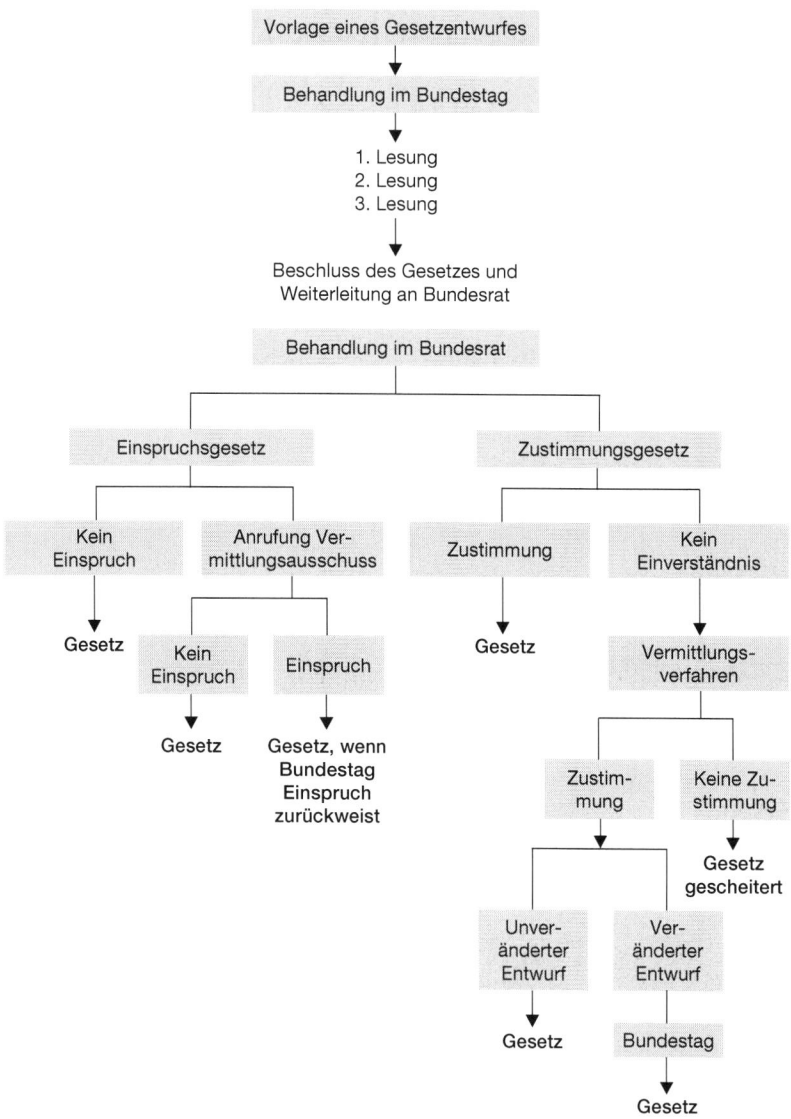

Abbildung 11: Zustandekommen von Bundesgesetzen

3. Ausfertigung und Verkündung des Gesetzes

An den Beschluss des Gesetzes durch den Bundestag schließt sich das sogenannte Abschlussverfahren an. Nach Art. 82 Abs. 1 GG muss das Gesetz zunächst gegengezeichnet, d. h. gem. Art. 58 GG durch ein Mitglied der Bundesregierung unterschrieben werden, und danach vom Bundespräsidenten ausgefertigt, d. h. ebenfalls unterschrieben werden. Wie bereits in Rn. 94 dargelegt, hat der Bundespräsident dabei das Recht, die Unterschrift zu verweigern, falls er das Gesetz formell verfassungswidrig hält oder evidente materielle Fehler sieht. **135**

Letzter notwendiger Akt ist die Verkündung des Gesetzes im Bundesgesetzblatt. Fehlt im Gesetz eine Angabe zu dem Tag, an dem das Gesetz in Kraft treten soll, tritt es mit dem vierzehnten Tage nach Ablauf des Tages, an dem das Bundesgesetzblatt ausgegeben worden ist, in Kraft (Art. 82 Abs. 2 Satz 2 GG). **136**

4. Rechtsfolgen von Verfahrensverstößen

Verstöße gegen das vom Grundgesetz vorgegebene Verfahren führen zur Verfassungswidrigkeit des Gesetzes. Das BVerfG kann diese in einem der oben (vgl. Rn. 125) genannten Verfahren feststellen. **137**

5. Besonderheiten bei verfassungsändernden Gesetzen

Einige Besonderheiten für die Verfassungsmäßigkeit gelten, wenn ein Gesetz eine Verfassungsänderung zum Gegenstand hat. Zunächst ist es nach Art. 79 Abs. 2 GG erforderlich, dass der Bundestag den Gesetzesentwurf mit einer 2/3 Mehrheit verabschiedet und auch 2/3 des Bundesrates dem Gesetz zustimmen. Außerdem muss das Gesetz die Ewigkeitsgarantie des Art. 79 Abs. 3 GG beachten. Danach dürfen die in Art. 1 und 20 GG niedergelegten Grundsätze, die Gliederung der Bundesrepublik Deutschland in Bund und Länder sowie die Mitwirkung der Bundesländer am Erlass von Bundesgesetzen nicht abgeschafft werden. Wie weit dieses Änderungsverbot reicht, ist umstritten. Es betrifft jedenfalls nach h. M. nicht die Abschaffung einzelner Grundrechte. Deren Bestand ist nur gesichert, soweit der sich aus Art. 1 Abs. 1 ergebende Menschenwürdegehalt betroffen ist (*Degenhart*, § 3 Rn. 244). **138**

6. Exkurs: Rechtsverordnungen (Art. 80 GG)

Wie in der Einleitung dieses Kapitels ausgeführt, gibt es auch abstraktgenerelle Regelungen, die nicht vom Parlament verabschiedet wurden (**Gesetze im materiellen Sinne**). Auf Bundesebene sind das insbesondere die Rechtsverordnungen. Art. 80 GG bestimmt für deren Erlass gewisse Mindestvoraussetzungen: **139**

- Berechtigt zum Erlass von Rechtsverordnungen sind nur Exekutivorgane, also insbesondere die Bundesregierung oder einzelne Bundesministerien.
- Eine Rechtsverordnung darf nur erlassen werden, wenn ein Gesetz im formellen Sinn eine entsprechende Ermächtigung enthält (Art. 80 Abs. 2 GG).
- Die notwendige Ermächtigungsgrundlage muss hinsichtlich Inhalt, Ausmaß und Ziel der Ermächtigung hinreichend bestimmt sein.

140 Rechtsverordnungen spielen in der Praxis eine große Rolle. Sie werden eingesetzt, um die notwendigerweise häufig sehr abstrakt gefassten gesetzlichen Bestimmungen für ihren Vollzug zu konkretisieren.

141 **Beispiel:**
§ 4 Abs. 1 Satz 1 BImSchG bestimmt, dass ein Betrieb einer Genehmigung bedarf, wenn er in besonderem Maße dazu geeignet ist, sog. schädliche Umwelteinwirkungen zu verursachen. Nach § 4 Abs. 1 Satz 3 BImSchG ist das Bundesumweltministerium dazu ermächtigt, den Kreis der betroffenen Betriebe durch Rechtsverordnung näher zu bestimmen. Durch die 4. Verordnung zum BImSchG (4. BImSchV) ist dies geschehen.

Merksätze zum Gesetzgebungsverfahren des Bundes
- Nach Art. 30 und 70 GG hat der Bund nur die Gesetzgebungskompetenz, wenn das GG dies ausdrücklich bestimmt.
- Es werden drei Kompetenzarten des Bundes unterschieden, die ausschließliche Gesetzgebungskompetenz (Art. 73 GG), die konkurrierende Gesetzgebungskompetenz (Art. 74 GG) und die ungeschriebenen Gesetzgebungskompetenzen.
- Das Gesetzgebungsverfahren beinhaltet vier Abschnitte, die Einbringung eines Gesetzentwurfes (Art. 76 GG), die Beratung und den Beschluss des Gesetzes im Bundestag, die Mitwirkung des Bundesrats sowie die Ausfertigung und Verkündung des Gesetzes.
- Bezüglich der Mitwirkung des Bundesrates ist zwischen Einspruchs- und Zustimmungsgesetzen zu unterscheiden. Bei letzterem besitzt der Bundesrat ein echtes Vetorecht.
- Zum Inkrafttreten eines Gesetzes ist neben dem Beschluss durch den Bundesrat die Unterzeichnung durch den Bundespräsidenten und die Bekanntmachung im Bundesgesetzblatt notwendig (Art. 82 GG).
- Rechtsverordnungen sind Rechtssätze der Exekutive. Für Ihre Rechtmäßigkeit sind insbesondere die Vorgaben des Art. 80 GG zu beachten.

- **Allgemeines:**
  Die Gesetzgebungskompetenzen des Bundes und ihre Reichweite, sowie der Ablauf des Gesetzgebungsverfahrens sind absolutes Grundwissen. In der Fallbearbeitung können die beiden Bereiche entweder im Rahmen der Überprüfung der Verfassungsmäßigkeit eines Gesetzes (s. Rn. 110) oder bei der Frage, ob ein Gesetz ein Grundrecht verletzt (s. Rn. 244 ff.) abgefragt werden.
- **Spezialprobleme:**
  - *Prüfung der Erforderlichkeit einer bundesgesetzlichen Regelung nach Art. 72 Abs. 2 GG:* Soweit Art. 72 Abs. 2 GG einschlägig ist, muss der Bund darlegen, dass die Herstellung gleichwertiger Lebensverhältnisse, die Wahrung der Rechtseinheit oder die Wahrung der Wirtschaftseinheit eine bundeseinheitliche Regelung durch Bundesgesetz notwendig machen. Kein entsprechendes Bedürfnis besteht z. B. bezüglich der Einführung eines bundesweiten Verbots der Einführung von Studiengebühren. Ein solches Verbot ist nach Auffassung des BVerfG zur Herstellung gleichwertiger Lebensverhältnisse nicht notwendig, da finanzielle Aspekte für die Wahl des Studienortes nur eine untergeordnete Rolle spielen (BVerfG NVwZ 2005, 46).
  - *Reichweite der Sperrwirkung des Art. 74 Abs. 1 GG:* Besonders problematisch ist die Frage, inwieweit die Länder keine Gesetzgebungskompetenz haben, wenn der Bund zwar ein Bundesgesetz erlassen hat, die entsprechende Materie aber nicht umfassend geregelt hat. Entscheidend ist, ob das Bundesgesetz eine abschließende Regelung getroffen hat. Dies ist allerdings nicht nur der Fall, wenn der Bund keine Regelungslücken gelassen hat, sondern auch dann, wenn eine Regelungslücke besteht, weil der Bund bewusst einen bestimmten Aspekt nicht regeln wollte. So hatte das BVerfG eine landesrechtliche Regelung über eine Sonderabgabe für Einwegverpackungen für verfassungswidrig erachtet, weil der Bund im damaligen Kreislaufwirtschafts- und Abfallgesetz bewusst auf dieses Instrument zur Regelung des Umgangs mit Abfall verzichtet habe (vgl. BVerfG DStRE 1998, 405; zur Zulässigkeit als kommunale Verpackungssteuer jetzt aber BVerwG v. 24.5.2023 – 9 CN 1.22). Der Bund kann aber auch eine unvollständige bzw. nicht abschließend gemeinte Regelung vornehmen. Mit dem in § 17 Abs. 4 LadSchlG aufgeführten Anspruch eines Arbeitnehmers auf Freistellung an mindestens einem Samstag im Monat hat der Bund nach Ansicht des BVerfG von seiner konkurrierenden Gesetzgebungskompetenz nicht erschöpfend Gebrauch gemacht, so dass Landesgesetzgeber strengere Regelungen zugunsten des Arbeitnehmerschutzes treffen können (BVerfG v. 14.1.2015 – 1 BvR 931/12).

- *Abweichungskompetenz der Länder (Art. 72 Abs. 3 GG)*: Wie bereits erwähnt, können die Länder in bestimmten Bereichen der konkurrierenden Gesetzgebungskompetenz des Bundes von der bundesrechtlichen Regelung abweichen. Entsprechende Bundesgesetze treten daher erst sechs Monate nach Verkündung in Kraft. Macht ein Land von der Abweichungskompetenz Gebrauch, kann der Bundesgesetzgeber die landesrechtliche Regelung wieder verdrängen. In der Klausur könnte dieses Wechselspiel zwischen Bund und Ländern eine Rolle spielen.
- *Zustimmungspflichtigkeit von Änderungsgesetzen:* Umstritten ist die Frage, inwieweit ein Gesetz, das ein bestehendes Gesetz, das Zustimmungsgesetz ist, ändert, selbst zustimmungspflichtig ist. Zu bejahen ist dies jedenfalls dann, wenn das Änderungsgesetz selbst zustimmungspflichtige Teile enthält. Ansonsten geht die h. M. davon aus, dass nicht jedes Änderungsgesetz zustimmungspflichtig ist, sondern nur, wenn die Änderung Vorschriften betrifft, die die Ursache für die Zustimmungsbedürftigkeit des Ausganggesetzes sind, oder solche Vorschriften durch die Änderung eine andere Bedeutung erlangen (näher *Detterbeck*, Rn. 171).
- Bestimmtsheitsgebot beim Erlass von Rechtsverordnungen (Art. 80 Abs. 1 GG): Die von 2020 bis 2023 andauernde COVID-19-Pandemie rückte das Bestimmtheitsgebot aus Art. 80 Abs. 1 GG in den Fokus der verfassungsrechtlichen Debatte. Das Bundesinfektionsschutzgesetz (IfSG) sah in der zunächst bis 18.11.2020 geltenden Fassung eine Ermächtigungsgrundlage zum Erlass von Maßnahmen der Pandemiebekämpfung vor, die sehr weit reichten. Mit zunehmendem Erkenntnisgewinn über Prävention und Folgen der COVID-19-Infektion wurde diese Ermächtigung als zu unbestimmt und weitreichend im Hinblick auf die Schwere der ermöglichten Grundrechtseingriffe erkannt. Mit Einführung des § 28a IfSG wurde darauf reagiert. Auch diese Vorschrift ist nicht unumstritten, da sie nun andererseits sehr detaillierte Maßnahmen vorgibt und so der vollziehenden Gewalt geringere Spielräume zur Umsetzung verbleiben. Das wiederum ist unter dem Aspekt der Gewaltenteilung (Rn. 37) fraglich (vgl. näher Klafki, Differenzierte Rechtsgrundlagen als Gebot effektiver Krisenbewältigung, NJW 2023, 1340 ff).

Prüfungsschema 1

Fall 1

5. Kapitel Ausführung von Bundesgesetzen und Bundesverwaltung

I. Die Ausführung von Bundesgesetzen durch die Länder (Art. 83 ff. GG)

1. Allgemeines

Die Art. 83 ff. GG betreffen die Verwaltung. Vereinfacht gesagt ist Verwaltung jede staatliche Tätigkeit, die nicht Gesetzgebung oder Rechtsprechung ist. Inhaltliche Grenzen für die Verwaltungstätigkeit ergeben sich aus dem Vorbehalt und dem Vorrang des Gesetzes sowie aus dem Bestimmtheits- und dem Verhältnismäßigkeitsgrundsatz, die auch für die Verwaltung gelten. **142**

Die Art. 83 ff. GG betreffen dagegen formelle Aspekte, nämlich die Frage, wer die Bundesgesetze vollzieht. Schon nach Art. 30 GG werden die staatlichen Befugnisse grundsätzlich von den Ländern ausgeübt. Die Art. 83 ff. GG konkretisieren das für den Vollzug von Bundesgesetzen. **143**

Danach besteht folgende Verteilung zwischen Bund und Ländern: **144**

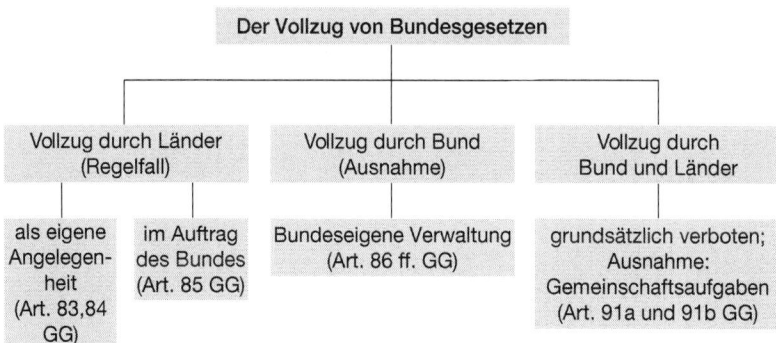

Abbildung 12: Der Vollzug von Bundesgesetzen

Zusätzlich zu den Bundesgesetzen vollziehen die Länder die in eigener Kompetenz erlassenen Gesetze selbst. Gelegentlich übertragen Bundeslän- **145** der durch Staatsvertrag die Ausführung einem einzelnen Bundesland, welches dann eine zentrale Stelle zum Vollzug errichtet. Ein Beispiel dafür ist die „Zentralstelle der Länder für Sicherheitstechnik" mit Sitz in München als Organisationseinheit eines Bayerischen Ministeriums.

2. Die Ausführung von Bundesgesetzen als eigene Angelegenheit der Länder

146 Art. 83 GG bestimmt zunächst, dass die Länder für den Vollzug von Bundesgesetzen zuständig sind. Außerdem legt er fest, dass dieser Gesetzesvollzug **eigene Angelegenheit** der Länder ist. Daraus folgt, dass die Einrichtung von Behörden und das Verwaltungsverfahren allein von den Ländern geregelt werden (Art. 84 Abs. 1 Satz 1 GG). Vereinfacht gesagt legen die Länder damit alleine fest, **wer** auf Landesebene ein Bundesgesetz **wie** vollzieht.

147 Der Bund kann nach Art. 84 Abs. 1 Satz 2 GG durch Bundesgesetz den Vollzug eines Gesetzes anders regeln. Seit der Föderalismusreform können die Länder nach Art. 84 Abs. 1 Satz 2 GG von solchen bundesgesetzlichen Vorgaben aber ihrerseits abweichen. Dies gilt allerdings nicht für Regelungen zum Verwaltungsverfahren, wenn der Bund nach Art. 84 Abs. 1 Satz 5 GG das Abweichungsrecht der Länder mit Zustimmung des Bundesrates ausgeschlossen hat.

148 Grundsätzlich hat der Bund im Bereich der ländereigenen Verwaltung nur geringen Einfluss. Nach Art. 84 Abs. 3 und 4 GG besitzt er lediglich die **Rechtsaufsicht**, nicht die Fachaufsicht. Daher kann er zwar in bestimmten Grenzen gegen einen rechtswidrigen Vollzug von Gesetzen vorgehen, hat aber keine Befugnis, Entscheidungen der Landesbehörden mit Weisungen inhaltlich zu beeinflussen. Wichtigstes Mittel der Rechtsaufsicht ist die **Mängelrüge** nach Art. 84 Abs. 4 Satz 1 GG. Sie hat zur Folge, dass die Bundesregierung, wenn der gerügte Mangel nicht beseitigt wird, beim Bundesrat die Feststellung einer Rechtsverletzung durch das gerügte Land beantragen kann.

3. Die Ausführung von Bundesgesetzen durch die Länder im Auftrag des Bundes

149 Bei der Bundesauftragsverwaltung gem. Art. 85 GG handeln die Länder beim Vollzug der Bundesgesetze im Auftrag des Bundes. Folge ist, dass die Länder zwar auch wieder Fragen der Organisation und des Verfahrens selbst regeln dürfen, der Bund hier aber nicht nur die Rechtmäßigkeit des Vollzugs kontrollieren, sondern gem. Art. 85 Abs. 3 GG Weisungen erteilen und nach Art. 85 Abs. 4 GG die Zweckmäßigkeit der Ausführung überprüfen kann (*Oberrath*, Kapitel 1 Rn. 90), also die **Fachaufsicht** hat. Gegenstände der Bundesauftragsverwaltung sind z. B. die Ausführungen der Regelungen zur Kernenergie (Art. 87c GG).

II. Die Ausführung von Bundesgesetzen durch den Bund

Bei der bundeseigenen Verwaltung nach Art. 86 GG führt der Bund den Vollzug der Gesetze selbst durch. Er bedient sich dazu eigener Behörden, wie z. B. dem Statistischen Bundesamt (sog. **unmittelbare Bundesverwaltung**) oder bundesunmittelbarer Körperschaften bzw. Anstalten des öffentlichen Rechts (sog. **mittelbare Bundesverwaltung**). Landesbehörden können in den Bereichen der bundeseigenen Verwaltung nicht tätig werden. Beispiele für bundeseigene Verwaltung sind Art. 87 GG (Auswärtiger Dienst, Bundesfinanzverwaltung), Art. 87b GG (Bundeswehrverwaltung), Art. 87d GG (Luftverkehrsverwaltung), Art. 89 GG (Bundeswasserstraßen) sowie Art. 90 Abs. 2 GG (Bundesautobahnen).

150

III. Gemeinschaftsaufgaben und Mischverwaltung

Bei den Gemeinschaftsaufgaben gem. Art. 91a bis 91e GG findet eine Zusammenarbeit von Bund und Ländern statt, d. h. der Gesetzesvollzug kann sowohl von Bundes- als auch von Landesbehörden vorgenommen werden. Gemeinschaftsaufgaben sind z. B. die Verbesserung der regionalen Wirtschaftsstruktur oder die Finanzverwaltung (Art. 108 Abs. 4 GG).

151

In anderen Fällen ist nach h. M. eine **Mischverwaltung** grundsätzlich nicht zulässig. Anderenfalls würde die von Art. 83 ff. GG aufgestellte Verteilung zwischen Bund und Ländern umgangen und es bestünde die Gefahr, dass es zu Widersprüchen in der Anwendung der Gesetze kommt, wodurch die Rechtssicherheit beeinträchtigt würde (vgl. *Ipsen/Kaufhold/Wischmeyer*, Staatsrecht I, § 11 Rn. 64 ff.). Problematisch war dies etwa bei den sog. Arbeitsgemeinschaften (jetzt Gemeinsame Einrichtung) nach § 44b SGB II, die für die Gewährung von Bürgergeld und Grundsicherungsleistungen für Arbeitssuchende zuständig sind (Vgl. dazu BVerfG v. 20.12.2007 – 2 BvR 2433/04, 2 BvR 2434/04 – JA 2008, 317). Durch die inzwischen erfolgte Regelung des Art. 91c GG ist ein Zusammenarbeiten von Bund, Ländern und Gemeinden/Gemeindeverbänden auf dem Gebiet der Grundsicherung für Arbeitssuchende nun aber möglich.

152

Merksätze zum Vollzug von Bundesgesetzen
- Nach Art. 30, 83 GG werden die Bundesgesetze in der Regel durch die Länder vollzogen.
- Die Länder können dabei selbst die zuständigen Behörden und das anzuwendende Verfahren bestimmen (Vollzug als eigene Angelegenheit).
- Der Bund kann den Ländern Vorgaben zu den zuständigen Behörden und das durchzuführende Verfahren machen. Allerdings können die Länder davon abweichen, sofern diese Abweichungskompetenz nicht von einem mit Zustimmung des Bundesrates zustande gekom-

menen Bundesgesetz ausgeschlossen wurde (Art. 84 Abs. 1 Satz 2–5 GG).
- Bei bestimmten Gesetzen vollziehen die Länder die Bundesgesetze im Auftrag des Bundes, der dann weitgehende Aufsichts- und Einwirkungsbefugnisse hat (Art. 85 GG).
- Bei bestimmten Materien vollzieht der Bund die Bundesgesetze selber (Art. 86–90 GG).
- Eine Zusammenarbeit von Bund und Ländern findet bei den Gemeinschaftsaufgaben und Art. 91a bis 91e GG statt. Ansonsten ist eine Mischverwaltung unzulässig.

- **Allgemeines:**
Die Art. 83 ff. GG werden selten im Mittelpunkt einer Prüfung stehen. Sie eignen sich für die mündliche Prüfung. In der Fallbearbeitung können sie die materielle Basis für die Prüfung der Erfolgsaussichten einer Bund-Länder-Streitigkeit (Art. 93 Abs. 1 Nr. 3 GG) sein. Außerdem könnten sie für die materielle Verfassungsmäßigkeit eines Gesetzes eine Rolle spielen, weil ein Bundesgesetz, das eine Vollzugsregelung vorsieht, die den Art. 83 ff. GG nicht entspricht, verfassungswidrig wäre.
- **Spezialproblem:**
Anweisungen des Bundes an die Länder nach Art. 85 Abs. 3 GG: Im Rahmen der bei der Auftragsverwaltung bestehenden Fachaufsicht kann der Bund den Ländern Weisungen für den Vollzug eines Bundesgesetzes geben. Mit diesen Weisungen kann er das „Wie" des Vollzugs bestimmen (sog. Sachkompetenz). Er darf das Gesetz aber nicht selbst ausführen d. h. die Wahrnehmungskompetenz bleibt beim Land. Das Land muss einer entsprechenden Weisung nachkommen. Dies gilt grundsätzlich auch für rechtswidrige Weisungen, es sei denn, die Rechtswidrigkeit ergibt sich daraus, dass gar kein Fall der Auftragsverwaltung vorliegt oder dass zu grob verfassungswidrigem Verhalten angewiesen wird. Einzelheiten dazu hat das BVerfG in dem Fall, dass der Bund das Land Niedersachsen zur Einleitung eines Planfeststellungsverfahrens zur Genehmigung eines Endlagers für Atommüll angewiesen hat, entschieden (vgl. BVerfG v. 10.4.1991 – 2 BvG 1/91 – BVerfGE 84, 25, 31 ff.; s. zum Ganzen auch *Detterbeck*, Rn. 201).

6. Kapitel Die Wirtschaftsverfassung (Grundzüge)

I. Einführung

Das Wohlergehen der Gesamtwirtschaft und damit auch die wirtschaftliche Situation des Staates als Ganzes und seiner Bürger hängen stark von den rechtlichen Rahmenbedingungen ab. Auch in der Verfassung als Grundordnung eines Staates können dazu Aussagen enthalten sein. Im Folgenden wird kurz dargestellt, welche Grundaussagen das Grundgesetz für die Wirtschaft trifft. **153**

II. Die Wirtschaftsordnung des Grundgesetzes

1. Allgemeines

In der Volkswirtschaftslehre werden verschiedene Wirtschaftssysteme und -ordnungen diskutiert. Diese unterscheiden sich vor allem danach, in welchem Umfang der Staat auf die wirtschaftliche Betätigung Einfluss nehmen darf. Insbesondere stehen sich insoweit die **Plan- oder Zentralwirtschaft** und die **freie Marktwirtschaft** gegenüber. Bei der Zentral- oder Planwirtschaft ist der Staat entweder selbst Träger der Wirtschaft oder er macht ihr strenge Vorgaben. Dagegen ist die freie Marktwirtschaft dadurch gekennzeichnet, dass sich der Staat aus der Wirtschaft heraushält und sie allein dem Spiel der freien Kräfte überlässt. **154**

Das Grundgesetz nennt an keiner Stelle eine bestimmte Wirtschaftsordnung. **155**
Übereinstimmend wird aber davon ausgegangen, dass in der Bundesrepublik Deutschland das **Prinzip der Sozialen Marktwirtschaft** gilt. Dieses bedeutet, dass an sich freier Wettbewerb herrscht, der Staat aber das Recht hat, zur Schaffung sozialer Gerechtigkeit in das Wirtschaftsleben einzugreifen. Beispiele dafür sind das Kartellrecht oder das Wettbewerbsrecht. Zu beachten ist auch Art. 119 Abs. 1 AEUV, der die Bundesrepublik Deutschland als Mitglied der EU zu einer offenen Marktwirtschaft mit freiem Wettbewerb verpflichtet. Im Bereich sogenannter natürlicher Monopole (Eisenbahn, Energieversorgung, Telekommunikation) und beschränkter Ressourcen ist allerdings eine

stärkere Beschränkung des freien Wettbewerbs als in anderen Bereichen zur dauerhaften Sicherstellung einer geordneten Infrastruktur des Gemeinwesens erforderlich. Diese Regelungsbereiche werden unter dem Stichwort der „Regulierung" zusammengefasst. Der Staat stellt durch gesetzliche Vorgaben und die Einrichtung von zentralen Behörden im Wege der „Regulierung" die Aufrechterhaltung der Infrastruktur sicher. Beispiel für eine solche zentrale Behörde ist die Bundesnetzagentur mit ihren vielfältigen Aufgaben.

156 Diskutiert wird, ob die Soziale Marktwirtschaft die einzige nach dem Grundgesetz zulässige Wirtschaftsform ist oder ob auch eine Veränderung der Wirtschaftsordnung in die eine oder andere Richtung möglich wäre. Die h. M. geht davon aus, dass das Grundgesetz andere Wirtschaftssysteme als die Soziale Marktwirtschaft nicht generell ausschließt. Zwar lasse sich aus verschiedenen Vorschriften, wie z. B. dem Sozialstaatsprinzip (Art. 20 Abs. 1 GG), der Berufsfreiheit (Art. 12 Abs. 1 GG) oder der Eigentumsgarantie (Art. 14 GG) entnehmen, dass das Grundgesetz zur sozialen Marktwirtschaft tendiere. Auf der anderen Seite zeige aber z. B. Art. 15 GG, der in gewissem Umfang eine Verstaatlichung von Unternehmen (sog. Sozialisation), zulässt, dass das GG auch für andere Wirtschaftsordnungen offen ist (sog. **wirtschaftspolitische Neutralität des Grundgesetzes**). Nach dem BVerfG (z. B. BVerfG v. 20.7.1954 – 1 BvR 459/52, 1 BvR 484/52, 1 BvR 55/52, 1 BvR 623/52, 1 BvR 651/52, 1 BvR 748/52, 1 BvR 783/52, 1 BvR 801/52, 1 BvR 5/53, 1 BvR 9/53, 1 BvR 6/54, 1 BvR 114/54 – BVerfGE 4, 7, 17 f.) hat der Gesetzgeber in der Wirtschaftspolitik daher eine weitgehende Gestaltungsfreiheit, sofern er dabei das Grundgesetz, insbesondere die Grundrechte beachtet.

2. Die Verpflichtung auf das gesamtwirtschaftliche Gleichgewicht

157 Art. 109 Abs. 2 GG verpflichtet Bund und Länder auf die Einhaltung des sog. gesamtwirtschaftlichen Gleichgewichts. Dieser Grundsatz bestimmt die gesamte Wirtschaftspolitik. Der Begriff des gesamtwirtschaftlichen Gleichgewichts wird nicht durch das Grundgesetz selbst, sondern durch das Gesetz zur Förderung der Stabilität und des Wachstums der Wirtschaft, dem Stabilitätsgesetz (StabG), das aufgrund der Ermächtigung des Art. 109 Abs. 4 GG ergangen ist, festgelegt.

158 Nach § 1 StabG sind folgende vier Ziele (sog. **magisches Viereck**) zu beachten:

- Stabilität des Preisniveaus
- Hoher Beschäftigungsgrad
- Außenwirtschaftliches Gleichgewicht
- Angemessenes und stetiges Wirtschaftswachstum

159 Die **Stabilität des Preisniveaus** verlangt, dass die Preise insgesamt gesehen immer auf dem gleichen Niveau bleiben sollen. Preiserhöhungen in einem

Bereich müssen daher durch Preissenkungen in einem anderen Bereich ausgeglichen werden. Die Verpflichtung auf einen **hohen Beschäftigungsgrad** verlangt von der Bundesregierung, dass sie Vollbeschäftigung anstrebt. **Außenwirtschaftliches Gleichgewicht** ist gegeben, wenn die Zahlungsströme vom Inland ins Ausland und vom Ausland ins Inland etwa gleich hoch sind. Ein **angemessenes und stetiges Wirtschaftswachstum** liegt vor, wenn das Bruttosozialprodukt stetig zunimmt.

Zur Erreichung bzw. zur Abwehr von Störungen des gesamtwirtschaftlichen Gleichgewichts sieht das StabG verschiedene Maßnahmen vor, wie z. B. die Vorlage eines Jahreswirtschaftsberichts, die Vorlage mittelfristiger Finanzplanungen von Bund und Ländern und die Befugnis der Bundesregierung zum Erlass konjunkturpolitischer Maßnahmen.

III. Die Finanzordnung des Grundgesetzes

Eine Verfassung muss auch gewisse Vorgaben für die Staatsfinanzen treffen, da gesunde Staatsfinanzen Grundvoraussetzung für eine funktionierende Gesamtwirtschaft, die Umsetzung des Sozialstaatsprinzips und das Funktionieren einer föderalen Struktur ist.

Das Grundgesetz enthält in den Art. 104a–108 Regelungen zum Finanzwesen. Art. 109 Abs. 3 GG enthält darüber hinaus die Vorgabe für Bund und Länder, die Haushalte ohne Einnahme aus Krediten auszugleichen (Schuldenbremse).

1. Grundlagen

Nach Art. 104a GG tragen Bund und Länder jeweils die Ausgaben, die zur Erfüllung der jeweiligen Aufgaben nötig sind. Dies bedeutet, dass die Ausgabenverteilung der Aufgabenverteilung folgt. Wer eine Aufgabe wahrnimmt soll auch die damit verbundenen Ausgaben tragen (Grundsatz der Konnexität).

2. Die Kompetenz zur Erhebung von Geldleistungen

a) Die Erhebung von Steuern

> **Steuern** sind nach § 3 Abgabenordnung (AO) Geldleistungen, die nicht eine Gegenleistung für eine besondere Leistung darstellen und von einem öffentlich-rechtlichen Gemeinwesen zur Erzielung von Einnahmen allen auferlegt werden, bei denen der Tatbestand vorliegt, an den das Gesetz die Leistungspflicht anknüpft.

Die Zuständigkeit für die Einführung von Steuern liegt nach Art. 105 Abs. 1 und Abs. 2 GG weitgehend beim Bund. Für Zölle hat er nach

Art. 105 Abs. 1 GG die ausschließliche Zuständigkeit. Für andere Steuern hat er gem. Art. 105 Abs. 2 GG die konkurrierende Gesetzgebungskompetenz, wenn die Voraussetzungen des Art. 72 Abs. 2 GG vorliegen oder wenn das Aufkommen aus der Steuer ihm nach Art. 106 GG zustehen würde (*Oberrath*, 2. Kapitel Rn. 18). Ausdrücklich den Ländern zugewiesen ist die Kompetenz für örtliche Verbrauchs- und Aufwandssteuern, die nicht mit bundesgesetzlich geregelten Steuern gleichartig sind (Art. 105 Abs. 2a GG). Beispiele sind die Bettensteuer, die Getränkesteuer sowie die Hundesteuer.

165 Der zuständige Gesetzgeber hat bezüglich der Schaffung neuer Steuern bzw. der Gestaltung bestehender Steuern weitgehende Gestaltungsfreiheit und kann Steuern auch als wirtschaftspolitisches Instrument (Lenkungssteuer) einsetzen. Verfassungsrechtliche Grenzen setzen allerdings die Grundrechte und der Grundsatz der Verhältnismäßigkeit.

166 b) **Die Auferlegung sonstiger Zahlungspflichten.** Neben den Steuern kann der Staat seinen Bürgern weitere Zahlungspflichten auferlegen, nämlich Abgaben, Gebühren und Beiträge.

167 **Abgaben** sind Zahlungspflichten, die nicht den Steuerbegriff erfüllen und keine Gegenleistung für eine besondere Leistung darstellen. Besonders häufig werden sie eingesetzt, um bestimmte Zwecke zu verfolgen (sogenannte Sonderabgaben).

Ein Beispiel für eine **Sonderabgabe** ist die Abwasserabgabe, die nach dem Abwassergesetz erhoben wird, wenn jemand sein Abwasser direkt in einen Fluss, d. h. ohne den Umweg über die gemeindliche Kläranlage einleitet.

168 **Gebühren** und **Beiträge** sind Zahlungspflichten, die für die tatsächliche (Gebühren) oder mögliche Inanspruchnahme (Beiträge) staatlicher Leistungen erhoben werden.

169 Beispiele für Gebühren sind die Entgelte, die von Behörden für konkrete Verwaltungsleistungen (Ausstellen eines Ausweises, Erteilung einer Genehmigung) erhoben werden. Beispiele für Beiträge sind Entgelte, die für den Anschluss an öffentliche Einrichtungen (Müllentsorgung, Wasserversorgungsnetz, Abwasserentsorgungsnetz) erhoben werden. Ein besonders umstrittenes Entgelt in diesem Sinne ist der auf Grundlage von Staatsverträgen erhobene Rundfunkbeitrag, über den sich der öffentlich-rechtliche Rundfunk finanziert (dazu BVerfG v. 18.7.2018 – 1 BvR 1675/16).

170 Die Erhebung solcher Zahlungspflichten liegt grundsätzlich bei den Ländern (Art. 30, 70 GG). Etwas anderes gilt dann, wenn der Lebensbereich, dem die Leistung angehört, in die Kompetenz des Bundes fällt.

3. Die Ertragshoheit

171 Die Ertragshoheit betrifft die Frage, wie die Steuereinnahmen zwischen Bund, Ländern und Gemeinden verteilt werden. Sie ist in Art. 106 GG geregelt. Für einen Teil der Steuern gilt der sogenannte **Trennungsgrundsatz**, d. h. die Einnahmen fließen entweder nur dem Bund, nur den Ländern oder nur den Gemeinden zu. Die insoweit erfassten Steuern sind in Art. 106 Abs. 1, 2 und 6 GG benannt. Andere Steuern stehen nach dem sog. Verbundsystem Bund, Ländern und Gemeinden gemeinsam zu (**Gemeinschaftssteuern**). Dies sind insbesondere die Einkommen-, die Körperschafts- und die Umsatzsteuer. So stehen die Einnahmen aus der Einkommensteuer und der Körperschaftsteuer nach Art. 106 Abs. 3 GG dem Bund und den Ländern je zur Hälfte zu und müssen die Länder nach Maßgabe des Art. 106 Abs. 5 GG einen Anteil der Einkommensteuereinnahmen an die Gemeinden weiterleiten. Nach Art. 106b GG steht ein Teil der KfZ-Steuer den Bundesländern zu.

172 Die Ertragshoheit ist auch für die Frage, wer für die Verwaltung der Steuern zuständig ist, maßgebend. Einzelheiten dazu regelt Art. 108 GG.

4. Der Finanzausgleich zwischen Bund und Ländern

173 Die Verteilung der Steuereinnahmen zwischen Bund und Ländern sowie die in Art. 107 Abs. 1 GG festgelegte Verteilung der Steuereinnahmen unter den Ländern kann aufgrund der ungleichen Wirtschaftskraft der einzelnen Bundesländer (Stichwort: reicher Süden – armer Osten) dazu führen, dass ein Länderhaushalt nicht groß genug ist, um alle Aufgaben zu bewältigen. Daher sieht das GG entsprechende Ausgleichmöglichkeiten vor.

174 a) **Horizontaler Finanzausgleich.** Der horizontale Finanzausgleich betrifft die Unterstützung leistungsschwächerer Bundesländer durch leistungsstärkere. Er ist in Art. 107 Abs. 2 GG vorgesehen. Einzelheiten dieses Ausgleichsanspruchs, der immer wieder zu Streitigkeiten vor dem BVerfG führt, regelt das sog. **Maßstäbegesetz** (näher *Degenhart*, § 5 Rn. 559).

175 b) **Vertikaler Finanzausgleich.** Der vertikale Finanzausgleich betrifft die finanzielle Unterstützung einzelner Bundesländer durch den Bund. Dieser kann nach Art. 107 Abs. 2 Satz 3 GG an leistungsschwache Länder besondere Zuweisungen machen, sogenannte **Ergänzungszuweisungen**. Dabei muss er aber darauf achten, dass er den Grundsatz, dass alle Bundesländer gleich zu behandeln sind, nicht verletzt. Auch hierüber gibt es immer wieder Streitigkeiten, die vom BVerfG zu entscheiden sind (ausführlich *Selmer*, Jus 2007, 113).

IV. Das Haushaltsrecht

176 Zweiter Schwerpunkt der finanzverfassungsrechtlichen Bestimmungen des Grundgesetzes ist das Haushaltsrecht des Bundes. Das Haushaltsrecht der Länder ist im Grundgesetz, abgesehen von der Verpflichtung auf das gesamtwirtschaftliche Gleichgewicht, nicht geregelt, da Art. 109 Abs. 1 GG bestimmt, dass Bund und Länder in ihrer Haushaltswirtschaft selbstständig und unabhängig voneinander sind.

177 Art. 110 GG gibt genaue Vorgaben für die Aufstellung des Bundeshaushalts. Der Haushaltsplan wird von der Bundesregierung erstellt und muss vom Bundestag als Gesetz verabschiedet werden (sog. **Budgetrecht des Parlaments**). Einzelheiten regelt Art. 110 Abs. 2 und 3 GG.

178 Für die Aufstellung des Haushalts gelten bestimmte Grundsätze. Diese ergeben sich teilweise bereits aus Art. 110 GG. Andere sind im Haushaltsgrundsätze-Gesetz (HGrG) und in der Bundeshaushaltsordnung (BHO) festgelegt. Danach sind die Einnahmen und Ausgaben zu trennen (sog. Bruttoprinzip), müssen alle Einnahmen und Ausgaben in einem einzigen Haushaltsplan erfasst werden (Art. 110 Abs. 1 Satz 1 GG), muss der Haushalt ausgeglichen sein und dürfen im Haushaltsgesetz keine Dinge geregelt werden, die nicht unmittelbar etwas mit dem Haushalt zu tun haben (Art. 110 Abs. 4 GG, sogenanntes Bepackungsverbot).

179 Soweit die im Haushaltsplan angegebenen Einnahmen die veranschlagten Ausgaben nicht decken, werden in der Regel **Kredite** aufgenommen, um den Haushalt auszugleichen. Nach Art. 115 GG muss dafür eine entsprechende gesetzliche Ermächtigung bestehen. Nach Art. 109 Abs. 3 GG ist die Kreditaufnahme nur ausnahmsweise zulässig und die jährliche Kreditaufnahme darf lediglich 0,35 % des Bruttoinlandsprodukts betragen (sog. **Schuldenbremse**, dazu und zur Umgehung durch „Sondervermögen" *Degenhardt*, Rn. 575 f.).

180 Überplanmäßige und außerplanmäßige Ausgaben können nach Art. 112 GG vom Bundesfinanzministerium bewilligt werden. Außerdem kann der Haushalt nach Maßgabe von Art. 110 Abs. 3 GG geändert werden (**Nachtragshaushalt**).

181 Zur Kontrolle der Einhaltung des Haushalts muss die Bundesregierung durch den Finanzminister dem Bundestag und dem Bundesrat Rechenschaft über Einnahmen, Ausgaben und Schulden machen (Art. 114 Abs. 1 GG) Außerdem wird die Haushaltsführung der Exekutive nach Art. 114 Abs. 2 GG durch den **Bundesrechnungshof** überprüft (allgemein zu dessen Tätigkeit *Albrecht/Küchenhoff*, § 19).

V. Die Geldpolitik

V. Die Geldpolitik

182 Die Geldpolitik betrifft insbesondere die Frage, wie groß das zur Verfügung stehende Geldvolumen oder das Zinsniveau ist.

183 Zuständig für die Geldpolitik ist gem. Art. 88 Satz 1 GG an sich die **Bundesbank**. Allerdings sind die meisten Aufgaben und Befugnisse inzwischen aufgrund der Ermächtigung in Art. 88 Satz 2 GG auf die Europäische Zentralbank übergegangen.

184 Einzelheiten zur Bundesbank regelt das **Bundesbankgesetz** (BBankG). Danach ist die Bundesbank eine bundesunmittelbare juristische Person des öffentlichen Rechts mit Sitz in Frankfurt (§ 2 BBankG) und wird von einem Vorstand geleitet (§ 7 BBankG). Nach § 8 BBankG hat sie 9 Hauptverwaltungen, die für ein oder mehrere Bundesländer zuständig sind. Beispiele für Befugnisse, die der Bundesbank seit der Gründung des Europäischen Systems der Zentralbanken (ESZB) geblieben sind, sind die Ausgabe von Euro-Banknoten (§ 14 BBankG) oder das Recht, bestimmte Geschäfte mit anderen Banken oder Marktteilnehmern vorzunehmen (§ 19 BBankG). Bei der Ausübung Ihrer Befugnisse ist die Bundesbank nach § 12 BBankG von Weisungen der Bundesregierung frei.

> **Merksätze zur Wirtschaftsverfassung**
> - Nach h. M. gilt in der Bundesrepublik Deutschland eine soziale Marktwirtschaft. Andere Wirtschaftsordnungen sind aber nicht grundsätzlich verfassungswidrig (sog. wirtschaftspolitische Neutralität des Grundgesetzes).
> - Die Wirtschaftspolitik der Bundesrepublik Deutschland hat sich an folgenden Zielen auszurichten: der Stabilität des Preisniveaus, einem hohen Beschäftigungsgrad, dem außenwirtschaftlichen Gleichgewicht und einem angemessenen und stetigem Wirtschaftswachstum (sog. Magisches Viereck).
> - Hauptprinzip der Finanzverfassung ist die sog. Konnexität, d. h. dass Bund und Länder ihre Ausgaben jeweils alleine tragen (Art. 104a GG).
> - Die Gesetzgebungszuständigkeit für die Erhebung von Steuern ist in Art. 105 GG (lex specialis zu Art. 70 ff. GG) geregelt und liegt überwiegend beim Bund.
> - Die Ertragshoheit betrifft die Frage, wer die eingenommenen Steuern bekommt und ist in Art. 106 Abs. 3 GG geregelt. Die Einnahmen können Bund und Länder jeweils allein oder beiden gemeinsam zustehen.
> - Art. 110 GG regelt das Haushaltsrecht des Bundes und sieht unter anderem vor, dass der Haushaltsplan als Gesetz vom Parlament verabschiedet wird.

- Die Geldpolitik liegt heute weitgehend nicht mehr bei der Bundesbank, sondern wird durch das Europäische System der Zentralbanken (ESZB – Art. 282 AEUV) wahrgenommen.

Fragen der Wirtschaftsverfassung werden in der Regel keine große Rolle in der Prüfung spielen. Der Begriff des gesamtwirtschaftlichen Gleichgewichts sollte aber beherrscht werden, weil er fast schon zum Allgemeinwissen zählt. Für eine Klausur könnten die steuerrechtlichen Gesetzgebungskompetenzen für die Überprüfung der Verfassungsmäßigkeit eines Steuergesetzes eine Rolle spielen.

7. Kapitel Die Rechtsprechung

I. Allgemeines

1. Funktion und Stellung der Rechtsprechung

Die Rechtsprechung stellt die dritte staatliche Gewalt neben der Gesetzgebung und der vollziehenden Gewalt dar. Sie ist nach Art. 20 Abs. 3 GG an die Gesetze gebunden. Ihre Existenz wird vom Grundgesetz vorausgesetzt, wie außer Art. 20 Abs. 3 GG auch die Rechtsschutzgarantie des Art. 19 Abs. 4 GG und die Justizgrundrechte der Art. 101 ff. GG zeigen. **185**

2. Die Aufteilung der Rechtsprechung auf Bund und Länder

Nach den Art. 93 ff. GG sieht das GG die Einrichtung des BVerfG und von fünf obersten Bundesgerichten vor. Durch einfaches Gesetz sind daher der BGH (ordentliche Gerichtsbarkeit, d. h. Zivil- und Strafsachen), das BAG (Arbeitsgerichtsbarkeit), das BSG (Sozialgerichtsbarkeit), das BVerwG (Verwaltungsgerichtsbarkeit) sowie der BFH (Finanz- und Steuerangelegenheiten) geschaffen worden. Diese Gerichte bilden für die entsprechenden Gerichtsbarkeiten die oberste Instanz. Für die erste und zweite Instanz sind Gerichte der Länder geschaffen worden. Für sämtliche dieser Gerichtszweige bestehen eigene, bundesrechtliche Prozessordnungen (ZPO, StPO, ArbGG, VwGO, SGG, FGO). Daneben gibt es in den einzelnen Bundesländern Länderverfassungsgerichte mit eigener Prozessordnung, die sich mit Streitigkeiten im Zusammenhang mit den jeweils geltenden Landesverfassungen befassen. Im Folgenden soll nur das Bundesverfassungsgericht näher behandelt werden. **186**

II. Die Verfahren vor dem BVerfG

1. Überblick

Das BVerfG in Karlsruhe hat zwei Senate, die aus je acht Richtern bestehen. Die Richter werden nach Art. 94 Abs. 1 GG je zur Hälfte vom Bundestag und vom Bundesrat gewählt. Näheres zu Besetzung und Tätigkeit des BVerfG regelt das BVerfGG. **187**

188 Die wichtigsten prüfungsrelevanten Verfahren, die in die Zuständigkeit des BVerfG fallen, sind in Art. 93 GG aufgeführt. Alle Verfahren, die in die Zuständigkeit des BVerfG fallen, regelt § 13 BVerfGG. Einzelheiten zu den einzelnen Verfahren enthält das BVerfGG. Allen Verfahren ist gemeinsam, dass sie dann erfolgreich sind, wenn ihre Zulässigkeitsvoraussetzungen vorliegen und der vom Streitführer behauptete Rechtsverstoß tatsächlich vorliegt (sog. Begründetheit).

189 Wichtige Verfahren außerhalb von Art. 93 GG (siehe hierzu *Albrecht/Küchenhoff*, § 28 und § 29) sind die Präsidentenanklage (Art. 61 GG, §§ 49 ff. BVerfGG), das Parteiverbotsverfahren (Art. 21 Abs. 2 Satz 2 GG, §§ 43 ff. BVerfGG) und die Überprüfung einer Bundestagswahl (Art. 41 Abs. 2 GG, §§ 48 ff. BVerfGG).

190 Die folgenden Ausführungen beschränken sich auf die in Art. 93 GG und Art. 100 GG genannten Verfahren, die wie folgt zusammengefasst werden können:

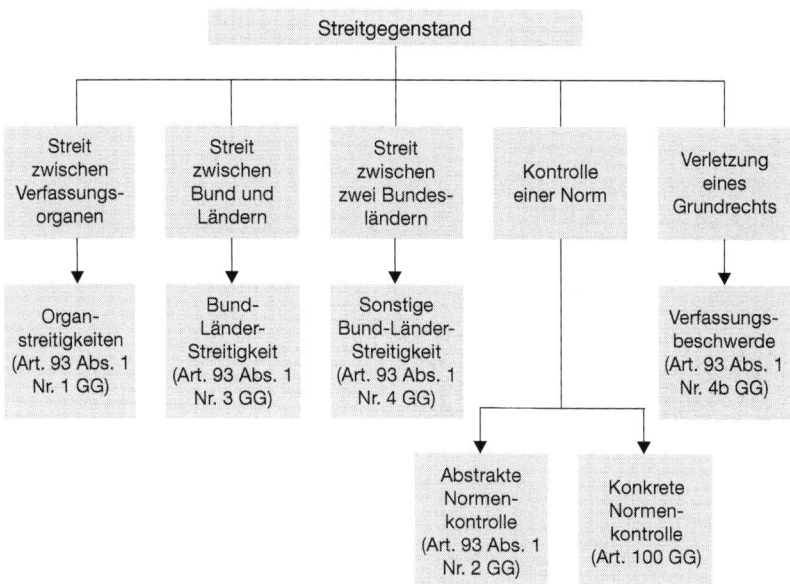

Abbildung 13: Die Zuständigkeiten des BVerfG nach Art. 93 GG

2. Organstreitverfahren (Art. 93 Abs. 1 Nr. 1 GG, §§ 63 ff. BVerfGG)

191 Beim Organstreitverfahren geht ein oberstes Bundesorgan oder ein Teil eines solchen gegen eine Maßnahme oder Unterlassen eines anderen obersten Bundesorgans vor. Gegenstand sind dabei die Rechte und Pflichten, die das Grundgesetz den einzelnen Organen einräumt (siehe dazu oben Kapitel 3). Ein Beispiel wäre ein Antrag des Bundestages auf Feststellung, dass die Weigerung des Bundespräsidenten, ein erlassenes Gesetz zu unterzeichnen, verfassungswidrig ist. Neben den o. g. Bundesorganen und den verschiedenen mit Rechten ausgestatteten Gruppen des Bundestags, wie den Fraktionen, können auch einzelne Abgeordnete und nach dem BVerfG (z. B. BVerfG v. 9.4.1992 – 2 BvE 2/89 – BVerfGE 85, 264, 284) auch die Parteien ein Organstreitverfahren anstrengen (näher *Ipsen/Kaufhold/Wischmeyer*, Staatsrecht I, § 18 Rn. 13 f.). Stellt das BVerfG fest, dass die angegriffene Maßnahme oder ein Unterlassen gegen das Grundgesetz verstößt, stellt es die entsprechende Rechtsverletzung fest (Art. 67 BVerfGG).

Prüfungsschema 2

3. Abstrakte Normenkontrolle (Art. 93 Abs. 1 Nr. 2 GG, §§ 76 ff. BVerfGG)

Die abstrakte Normenkontrolle hat die Überprüfung von Bundes- oder Landesgesetzen im formellen oder im materiellen Sinne zum Gegenstand. Von einer abstrakten Normenkontrolle wird gesprochen, weil die Norm losgelöst von einem konkreten Rechtsstreit über ihren Vollzug überprüft wird. Eingelegt werden kann die abstrakte Normenkontrolle nur von der Bundesregierung, der Landesregierung oder einem Drittel der Mitglieder des Bundestags. Begründet ist die abstrakte Normenkontrolle, wenn das BVerfG feststellt, dass ein Bundesgesetz gegen das Grundgesetz oder ein Landesgesetz gegen das Grundgesetz oder ein Bundesgesetz verstößt. Das BVerfG erklärt die Norm dann für nichtig. Diese Entscheidung hat nach § 31 Abs. 2 BVerfGG Gesetzeskraft.

Prüfungsschema 3

4. Bund-Länder-Streitigkeit (Art. 93 Abs. 1 Nr. 3 GG, §§ 68 ff. BVerfGG)

Bei der Bund-Länder-Streitigkeit geht es um einen Streit zwischen einem Bundesland und dem Bund um die jeweiligen Rechte und Pflichten, die ihnen das GG zuweist. Antragsteller bzw. Antragsgegner sind die jeweiligen Regierungen. Streitgegenstand ist eine Maßnahme oder Unterlassung des Antragsgegners, z. B. eine Weisung des Bundes zum Vollzug eines Gesetzes im Wege der Bundesauftragsverwaltung. Ergibt die Prüfung des BVerfG, dass die vom Antragsteller gerügte Rechtsverletzung vorliegt, stellt es den entsprechenden Rechtsverstoß fest (§ 69, 67 BVerfGG).

Prüfungsschema 4

5. Sonstige Bund-Länder-Streitigkeit (Art. 93 Abs. 1 Nr. 4 GG, §§ 76 ff. BVerfGG)

194 Eine sonstige Bund-Länder-Streitigkeit liegt insbesondere vor, wenn ein Bundesland geltend macht, der Bund oder ein anderes Bundesland verletzte seine verfassungsrechtlichen Kompetenzen. Diese Zuständigkeit des BVerfG hat wenig praktische Bedeutung. Die Streitigkeiten zwischen dem Bund und einem Bundesland fallen regelmäßig unter Art. 93 Abs. 1 Nr. 3 GG. Streitigkeiten zwischen Bundesländern fallen nur unter Art. 93 Abs. 1 Nr. 4 GG, wenn sie verfassungsrechtlicher Art sind (*Albrecht/Küchenhoff*, § 30 Rn. 493 ff.).

6. Konkrete Normenkontrolle (Art. 100 Abs. 1 GG, §§ 80 ff. BVerfGG)

195 Gegenstand der konkreten Normenkontrolle sind wiederum Gesetze, aber nur solche im formellen Sinn. Diese können von einem Gericht nicht einfach nicht angewandt werden, wenn das Gericht Zweifel an der Verfassungsmäßigkeit der Norm hat. Die sogenannte **Normverwerfungskompetenz** für Gesetze im formellen Sinne hat nämlich das BVerfG. Deshalb sind die Gerichte berechtigt, im Rahmen eines konkreten Rechtsstreites die Frage, ob eine Norm verfassungsgemäß ist, dem BVerfG zur Entscheidung vorzulegen. Voraussetzung dafür ist allerdings, dass das Gericht die Gültigkeit der fraglichen Norm für entscheidungserheblich hält. Kommt das BVerfG zur Überzeugung, dass das vorgelegte Gesetz gegen die Verfassung verstößt, stellt es die Nichtigkeit des Gesetzes fest (§§ 78, 79 BVerfGG).

7. Die Verfassungsbeschwerde

196 **a) Allgemeines.** Die Verfassungsbeschwerde stellt den Schwerpunkt der Tätigkeit des BVerfG dar. Sie macht ca. 90 % aller beim BVerfG anhängig gemachten Verfahren aus. Die Verfassungsbeschwerde kann von „jedermann" erhoben werden, der sich durch eine staatliche Entscheidung in seinen Grundrechten verletzt fühlt. Einzelheiten zur Verfassungsbeschwerde regeln Art. 93 Abs. 1 Nr. 4a GG und die §§ 90 ff. BVerfGG.

197 Erfolg hat eine Verfassungsbeschwerde, wenn sie zulässig und begründet ist. Die entsprechenden Voraussetzungen sind in folgendem Schema zusammengefasst:

> **I. Zulässigkeit (Art. 93 Abs. 1 Nr. 4a GG, §§ 90 ff. BVerfGG)**
> **1. Beschwerdeberechtigung/Beschwerdefähigkeit (§ 90 Abs. 1 BVerfGG)**
> – jedermann, der fähig ist, Träger von Grundrechten zu sein
> – bei juristischen Personen Art. 19 Abs. 3 GG

II. Die Verfahren vor dem BVerfG

2. **Prozessfähigkeit**
   - = prozessuale Geschäftsfähigkeit
   - bei Minderjährigen abhängig von Einsichtsfähigkeit bezogen auf das konkrete Grundrecht
3. **Beschwerdegegenstand (§ 90 Abs. 1 BVerfGG)**
   - = Akt öffentlicher Gewalt
   - insbes. Gesetze, Rechtsverordnungen, Bescheide, Urteile
4. **Beschwerdebefugnis (§ 90 Abs. 1 BVerfG)**
   - Behauptung einer Grundrechtsverletzung oder der Verletzung eines grundrechtsgleichen Rechts
   - Beschwerdeführer nach Vortrag selbst, unmittelbar und gegenwärtig betroffen
5. **Rechtswegerschöpfung (§ 90 Abs. 2 BVerfGG)**
   - = keine andere Rechtsschutzmöglichkeit gegeben
   - gilt nicht für formelle Gesetze
6. **Subsidiarität der Verfassungsbeschwerde gegen Gesetze**
   - = kein fachgerichtlicher Rechtsschutz (mehr) möglich
   - Ausnahme:
     - Inanspruchnahme der Fachgerichte unzumutbar
     - Entscheidung hat allgemeine Bedeutung
7. **Ordnungsgemäßer Antrag**
   - Schriftform und Begründung: § 23, 92 BVerfGG
   - fristgerechte Einlegung: § 93 BVerfGG

II. **Begründetheit**
(+), wenn tatsächlich Grundrechtsverletzung gegeben ⇨
   - Schutzbereich eines Grundrechts berührt
   - Eingriff in Schutzbereich
   - keine Rechtfertigung des Eingriffs

Abbildung 14: Überprüfung einer Verfassungsbeschwerde

Fall 6

Zu beachten ist noch, dass es trotz Erfüllung der Zulässigkeitsvoraussetzungen nicht zu einer sachlichen Auseinandersetzung mit der Verfassungsbeschwerde kommen muss. Das BVerfG trifft nämlich nur eine Entscheidung wenn die Verfassungsbeschwerde durch ein Gremium aus drei Bundesverfassungsrichtern zur Entscheidung angenommen wird (§§ 93a, 93b BVerfGG). Voraussetzung für eine Annahme ist, dass die Verfassungsbeschwerde grundsätzliche Bedeutung hat oder wenn ihre Behandlung zur Durchsetzung von Grundrechten oder grundrechtsgleichen Rechten angezeigt ist. Im Falle, dass die Erhebung der Verfassungsbeschwerde sogar missbräuchlich erscheint, kann das BVerfG nach § 34 Abs. 2 BVerfGG eine sog. Missbrauchsgebühr erheben.

199 b) **Die Zulässigkeit einer Verfassungsbeschwerde.** – aa) Die **Beschwerdeberechtigung** – synonym werden die Begriffe Antragsberechtigung oder Beschwerdefähigkeit verwendet – betrifft die Frage, wer berechtigt ist, Verfassungsbeschwerde zu erheben. Nach Art. 93 Abs. 1 Nr. 4a GG ist das „jedermann". Da es bei der Verfassungsbeschwerde aber um den Schutz von Grundrechten geht, kann „jedermann" jedoch nur derjenige sein, der grundrechtsfähig ist. Uneingeschränkt grundrechtsfähig sind alle deutschen natürlichen Personen sowie Unionsbürger (Art. 20 AEUV). Das gilt auch im Fall der Minderjährigkeit, eine Altersgrenze besteht nicht. Ausländer sind nur bezüglich derjenigen Grundrechte grundrechtsfähig, die sich nicht auf Deutsche beschränken. Inländische juristische Personen des Privatrechts sind beschwerdeberechtigt, soweit das entsprechende Grundrecht seinem Wesen nach auf sie anwendbar ist (vgl. Art. 19 Abs. 3 GG).

200 bb) Die sogenannte **Prozess- oder Verfahrensfähigkeit** betrifft die Fähigkeit, im Verfahren vor dem BVerfG selbst Verfahrenshandlungen vornehmen zu können. Sie knüpft grundsätzlich an die volle Geschäftsfähigkeit nach dem BGB an. Daher muss sich ein Minderjähriger bei der Erhebung einer Verfassungsbeschwerde grundsätzlich von seinen Eltern vertreten lassen. Etwas anderes gilt, wenn der Minderjährige in Bezug auf den konkreten Streitfall hinreichend einsichtsfähig erscheint (sog. **Grundrechtsmündigkeit**). Ausdrücklich geregelt ist dieser Aspekt in § 5 Gesetz über die religiöse Kindererziehung (RelKErzG), wonach Kinder ab dem 14. Lebensjahr das Entscheidungsrecht bezüglich ihres religiösen Bekenntnisses haben.

201 cc) Die Frage nach dem geeigneten **Beschwerdegegenstand** beantwortet Art. 93 Abs. 1 Nr. 4a GG i. V. m. §§ 93 ff. BVerfGG. Danach kann Verfassungsbeschwerde gegen jeden Akt öffentlicher Gewalt eingelegt werden sein. In Betracht kommen also insbesondere förmliche Gesetze, Gerichtsurteile und Rechtsakte der Verwaltung.

202 dd) Das Erfordernis einer **Beschwerdebefugnis** soll verhindern, dass jemand gegen einen staatlichen Akt Verfassungsbeschwerde einlegt, von dem er gar nicht **persönlich betroffen** ist. Nach § 90 Abs. 1 BVerfGG muss der Beschwerdeführer daher darlegen, in welchem Grundrecht oder in welchem der in Art. 93 Abs. 1 Nr. 4a GG genannten Rechte er sich verletzt fühlt. Es reicht dabei aber, dass sich aus dem Vortrag des Beschwerdeführers die Möglichkeit einer Rechtsverletzung ergibt. Die Frage, ob sie tatsächlich vorliegt, wird erst bei der Begründetheit untersucht.

203 Weitere Voraussetzung für die Beschwerdebefugnis ist, dass der Beschwerdeführer durch die staatliche Maßnahme selbst, gegenwärtig und unmittelbar betroffen ist:

204 • Die **Selbstbetroffenheit** verlangt, dass ein staatlicher Akt Rechte des Beschwerdeführers selbst betrifft und nicht solche eines Dritten. Ein

Gesetz, dass nur Bauarbeiter betrifft, könnte daher z. B. nicht von einem Lehrer angegriffen werden. Ein **Verband** hat nur die Beschwerdebefugnis, wenn er eigene Rechte geltend macht und nicht nur solche seiner Mitglieder.

- Die **unmittelbare Betroffenheit** liegt nur vor, wenn der Beschwerdeführer direkt durch den angegriffenen Akt in seinen Rechtspositionen berührt wird. Bei Gesetzen ist dies nicht der Fall, wenn das Gesetz der Exekutive lediglich das Recht einräumt, eine den Beschwerdeführer belastende Maßnahme in Zukunft zu erlassen. Keine unmittelbare Betroffenheit liegt daher durch § 35 GewO vor, der die zuständige Behörde dazu ermächtigt, ein Gewerbe wegen Unzuverlässigkeit des Gewerbetreibenden zu untersagen. Unmittelbar betroffen ist dagegen eine Hebamme, wenn ein Gesetz vorschreibt, dass sie mit 65 Jahren ihren Beruf nicht mehr ausüben darf.
- Die **gegenwärtige Betroffenheit** setzt in erster Linie voraus, dass die angegriffene Maßnahme aktuell Wirkung entfaltet. Bei Gesetzen, die erst erlassen werden sollen, ist dies nicht der Fall. Bereits erledigte staatliche Akte können angegriffen werden, wenn eine Wiederholungsgefahr besteht.

ee) Das Gebot der sog. **Rechtswegerschöpfung** (Art. 94 Abs. 2 Satz 2 GG, § 90 Abs. 2 Satz 1 BVerfGG) soll das Bundesverfassungsgericht entlasten und die Bedeutung der Fachgerichte stärken. Der Beschwerdeführer muss erst den gegen die fragliche staatliche Entscheidung zulässigen Rechtsweg beschritten haben, bevor er sich an das Bundesverfassungsgericht wenden darf. Daher muss er, wenn er sich durch ein Urteil verletzt fühlt, erst den Instanzenweg beschreiben, also z. B. Berufung und Revision einlegen. Will er sich gegen einen Entscheidung einer Behörde wehren, muss er zunächst Rechtsschutz bei den Verwaltungsgerichten suchen. Eine Ausnahme vom Erfordernis der Rechtswegerschöpfung besteht nach § 90 Abs. 2 BVerfGG. Danach kann man sich direkt an das Bundesverfassungsgericht wenden, wenn die Sache von allgemeiner Bedeutung ist oder wenn einem durch die Nichterhebung der Verfassungsbeschwerde ein schwerer und unabwendbarer Nachteil entstehen würde.

ff) Die sogenannte **Subsidiarität** bei Verfassungsbeschwerden gegen Gesetze bedeutet, dass sich der Beschwerdeführer selbst dann erst um anderen wirkungsvollen Rechtsschutz bemühen muss, wenn er den Beschwerdegegenstand nicht unmittelbar angreifen kann. Eine solche andere Rechtsschutzmöglichkeit kann z. B. eine Feststellungsklage nach § 43 VwGO, ein Antrag auf vorläufigen Rechtsschutz (z. B. § 123 VwGO) oder das Vorgehen gegen den ein Gesetz vollziehenden Bescheid der Verwaltung sein (ausführlich *Detterbeck*, Rn. 616 ff.) Nicht erforderlich ist der Versuch, anderweitigen Rechtsschutz zu erlangen, in den von § 90 Abs. 2 BVerfGG genannten Fällen.

208 gg) Ein **ordnungsgemäßer Antrag** liegt vor, wenn die Verfassungsbeschwerde schriftlich (§ 23 Abs. 1 BVerfGG) und fristgerecht eingelegt worden ist. Nach § 93 BVerfGG muss die Verfassungsbeschwerde gegen Gerichtsurteile und Verwaltungsentscheidungen innerhalb eines Monats nach Zustellung des Urteils bzw. des Bescheids und gegen förmliche Gesetze innerhalb eines Jahres nach ihrem Inkrafttreten eingelegt werden.

> **Fall:**
> K möchte eine private Spielbank eröffnen. Die zuständige Behörde des Bundeslandes B lehnt dies durch Bescheid ab, weil er die nach § 1 des Landesspielbankgesetzes erforderliche Sicherheit in Höhe von € 25000,- nicht hinterlegt habe. K meint der Bescheid sei rechtswidrig und legt gegen den Bescheid sofort Verfassungsbeschwerde beim Bundesverfassungsgericht ein.
> *Aus welchem Grund ist die Verfassungsbeschwerde des K unzulässig?*
>
> **Lösung:**
> Es fehlt die Zulässigkeitsvoraussetzung der Erschöpfung des Rechtswegs. Gegen einen Bescheid einer Behörde kann der Verwaltungsgerichtsweg nach der VwGO (Klage, Berufung, Revision) beschritten werden. Erst wenn alle Rechtsbehelfe erfolglos waren bzw. keiner mehr zur Verfügung steht, darf das BVerfG angerufen werden.
>
> **Fall:**
> Der Bundestag verabschiedet, nachdem das Gesetzgebungsverfahren ordnungsgemäß abgelaufen ist, ein Gesetz zur Änderung des Betriebsverfassungsgesetzes. Als das Gesetz noch beim Bundespräsidenten liegt, erhebt der Bundesverband der Industrie (BDI) Verfassungsbeschwerde gegen das Gesetz. Diese richtet sich vor allem dagegen, dass in Zukunft bereits in Betrieben mit 200 Mitarbeitern ein Betriebsratsmitglied ganz von seiner beruflichen Tätigkeit freigestellt werden muss. Dadurch würden Betriebe mit 200 bis 300 Mitarbeitern unzumutbar belastet.
> *Aus welchem Grund wäre die Verfassungsbeschwerde des BDI unzulässig?*
>
> **Lösung:**
> Die Zulässigkeit scheitert daran, dass die mögliche Verletzung von Grundrechten des Beschwerdeführers, d. h. des BDI, fehlt. Er macht nämlich nicht die Verletzung eigener Rechte geltend, sondern die seiner Mitglieder, nämlich von Betrieben mit mehr als 200, aber weniger als 300 Mitarbeiter. Die Zulässigkeit scheitert dagegen nicht an dem Erfordernis der gegenwärtigen Betroffenheit. Zwar ist das Gesetz noch nicht in Kraft getreten, aber dies steht unmittelbar bevor, da nur noch die Unterzeichnung durch den Bundespräsidenten und die Veröffentlichung im Bundesgesetzblatt fehlt (Vgl. Art. 82 GG).

c) **Die Begründetheit der Verfassungsbeschwerde.** Begründet ist die Verfassungsbeschwerde, wenn der angegriffene staatliche Akt den Beschwerdeführer tatsächlich in einem der in Art. 93 Abs. 1 Nr. 4a GG genannten Rechte verletzt. Dabei prüft das Bundesverfassungsgericht den vorgelegten Fall umfassend und beschränkt sich nicht auf die vom Beschwerdeführer vorgetragene Begründung.

Eine Besonderheit gilt für die Überprüfung von Gerichtsentscheidungen. Das Bundesverfassungsgericht weist daraufhin, dass es keine Superrevisionsinstanz sei und beschränkt seine Prüfung daher auf die Verletzung **spezifischen Verfassungsrechts**. Eine solche liegt insbesondere vor, wenn eine verfassungswidrige Norm angewandt wurde oder sich die Rechtsanwendung als willkürlich darstellt (Einzelheiten dazu und zur Anwendung dieser Grundsätze auch auf die Überprüfung von Verwaltungsentscheidungen *Sodan/Ziekow*, § 51 Rn. 60 ff.).

Hält das BVerfG die Verfassungsbeschwerde für begründet, hebt es die angegriffene Entscheidung (§ 95 Abs. 2 GG) auf. Soweit es um ein Gesetz ging, erklärt das BVerfG dieses für nichtig (§ 95 Abs. 3 BVerfGG).

> **Merksätze zum Bundesverfassungsgericht**
> - Das BVerfG ist das oberste Gericht der Bundesrepublik.
> - Die wesentlichen Verfahrensarten, für die das BVerfG zuständig ist, sind in Art. 93 GG aufgezählt.
> - Ein Verfahren vor dem BVerfG hat Erfolg, wenn es zulässig und begründet ist.
> - Für die Zulässigkeit einer Verfassungsbeschwerde (Art. 93 Abs. 1 Nr. 4a GG) sind erforderlich: Antrags- und Prozessfähigkeit des Beschwerdeführers, eine Maßnahme einer der drei staatlichen Gewalten als Beschwerdegegenstand, die Möglichkeit, dass der Beschwerdeführer in einem Grundrecht verletzt ist, die Erschöpfung des Rechtsweges und die form- und fristgerechte Einlegung der Beschwerde.
> - Begründet ist eine Verfassungsbeschwerde, wenn der Beschwerdeführer tatsächlich in einem Grundrecht oder einem grundrechtsgleichen Recht verletzt ist.

Kenntnisse über die Verfahren vor dem BVerfG sind unbedingt erforderlich. Die Prüfung der Erfolgsausichten eines Rechtsbehelfs zum BVerfG ist der Klassiker in staatsrechtlichen Klausuren. Sie sind bei den Prüfern besonders beliebt, da nicht nur die spezifischen Zulässigkeitsvoraussetzungen, sondern im Rahmen der Begründetheit auch alle mögliche Fragestellungen des Staatsorganisationsrechts (z. B. Zustandekommen eines Gesetzes bei den Normenkontrollverfahren oder der Verfassungsbeschwerde [siehe hierzu Geis/Thirmeyer, Grundfälle zur Verfassungsbeschwerde, JuS 2012, 316], Stellung/Aufgaben der obersten Bundesorgane bei der Organstreitigkeit, Verhältnis von Bund und Ländern beim Bund-Länder-Streit) und das Wissen über die Grundrechte (bei der Verfassungsbeschwerde und den Normenkontrollen) abgefragt werden können.

8. Kapitel Die Grundrechte – Allgemeines

I. Begriffliches

Die Grundrechte des GG sind in dessen ersten Abschnitt (bitte lesen!) festgelegt. Daneben enthält das GG mit Art. 20 Abs. 4 GG (Widerstandsrecht) und den sog. Justizgrundrechten (Art. 101 Abs. 1, 103 und 104 GG) weitere besondere Rechtsverbürgungen. Diese werden in Anlehnung an Art. 93 Abs. 1 Nr. 4a GG auch als grundrechtsähnliche oder grundrechtsgleiche Rechte bezeichnet. Die Unterscheidung hat keine praktische Bedeutung, insbesondere kann die Verletzung der grundrechtsähnlichen Rechte auch mit der Verfassungsbeschwerde angegriffen werden. **212**

Abzugrenzen sind die Grundrechte von internationalen Rechtsverbürgungen. Zu nennen sind zunächst die **Menschenrechte**, die in der Allgemeinen Erklärung der Menschenrechte vom 10.12.1948 erstmals von der UNO festgeschrieben wurden und inzwischen weltweit durch den sogenannten Menschenrechtspakt von 1966 anerkannt sind. Auf europäischer Ebene sind die Menschenrechte durch die **Europäische Menschenrechtskonvention** (EMRK) verbürgt. Beide Verträge binden als Völkerrecht alle Staaten. Vor allem die Gewährleistungen der EMRK und deren Auslegung durch den Europäischen Gerichtshof für Menschenrechte haben Gesetzesrang und binden insoweit vollziehende und rechtsprechende Gewalt im Sinne von Art. 20 Abs. 3 GG (BVerfG v. 14.10.2004 – 1 BvR 1481/04). Eine weitere übernationale Rechtsverbürgung stellen die **europäischen Grundrechte** dar. Diese sind in der EU-Grundrechte-Charta verankert, die nach Art. 6 Abs. 1 EUV zum primären Unionsrecht zählt. Sie dienen in erster Linie dem Schutz der EU-Bürger vor Maßnahmen der EU, binden aber auch die Mitgliedstaaten (näher *Detterbeck*, Rn. 1151). **213**

Bezüglich der Art eines Grundrechtes werden insbesondere Freiheits- und Gleichheitsrechte unterschieden: **214**

- Die Freiheitsrechte, wie z. B. Art. 4, 5, 8 und 9 GG, dienen dazu, Lebensbereiche festzulegen, in die der Staat grundsätzlich nicht einwirken darf.

- Gleichheitsrechte, insbesondere Art. 3 GG, verpflichten den Staat dagegen zur Gleichbehandlung aller seiner Bürger.

215 Spezielle Inhalte haben die Menschenwürde nach Art. 1 Abs. 1 GG und die sog. Justizgrundrechte nach Art. 101 ff. GG.

II. Die Funktion der Grundrechte

216 Für die Bedeutung und Auslegung der Grundrechte ist wichtig, welcher Zweck mit ihnen verfolgt wird. Diskutiert werden allgemein folgende Zwecke/Funktionen:

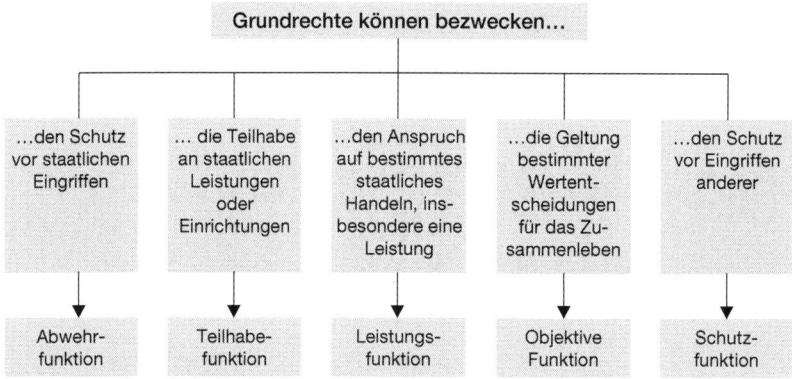

Abbildung 15: Funktionen der Grundrechte

1. Die Abwehrfunktion

217 Unstreitig ist, dass die Grundrechte eine Abwehrfunktion haben. Dies bedeutet, dass die Grundrechte den Bürger vor staatlichen Eingriffen schützen sollen. So darf der Staat nach der Versammlungsfreiheit des Art. 8 GG seinen Bürgern nicht das Zusammenkommen zur Äußerung ihrer Meinung untersagen oder hindert Art. 2 Abs. 2 GG den Staat daran, einen Bürger in seiner freien Fortbewegung zu beschränken.

2. Teilhabe- und Leistungsfunktion

218 Die **Teilhabefunktion** der Grundrechte bedeutet, dass die Grundrechte einen Anspruch des Einzelnen auf die vom Staat allgemein zur Verfügung gestellten Leistungen oder Einrichtungen begründen. Die Teilhabefunktion der Grundrechte ist allgemein anerkannt. Daher müssen z. B. in beschränkter Zahl zur Verfügung stehende Studienplätze nach sachgerechten Kriterien unter den Bewerbern verteilt werden.

Die **Leistungsfunktion** der Grundrechte betrifft dagegen die Frage, ob der Einzelne aufgrund eines seiner Grundrechte ein bestimmtes Verhalten, insbesondere eine Leistung, vom Staat verlangen kann. Bei der Begründung solcher Leistungsrechte sind Rechtsprechung und Rechtslehre eher zurückhaltend. Nach dem BVerfG können solche Ansprüche nur angenommen werden, wenn das Grundgesetz dies ausdrücklich festlegt, wie z. B. in Art. 6 Abs. 4 GG („Jede Mutter hat Anspruch auf den Schutz und die Fürsorge der Gemeinschaft") oder wenn sich ausnahmsweise aus den Staatsprinzipien die Notwendigkeit eines solchen Anspruchs ergibt (näher *Schwacke/Schmidt*, Rn. 726). 219

3. Schutzfunktion der Grundrechte

Die **Schutzfunktion** der Grundrechte betrifft die Ableitung von staatlichen **Schutzpflichten,** aufgrund derer der Staat insbesondere im Bereich des Art. 2 Abs. 2 GG dazu verpflichtet ist, Eingriffe Dritter, insbesondere von Mitbürgern, in die dort geschützten Rechtsgüter abzuwehren. Auch diese Funktion der Grundrechte ist allgemeiner Konsens. Probleme treten auf, wenn Schutzpflichten miteinander kollidieren, wie z. B. bei der Frage, ob zur Rettung Dritter Unschuldige getötet werden dürfen. Zuletzt wurde dies für die Frage aktuell, ob von Terroristen entführte Flugzeuge abgeschossen werden dürfen. 220

4. Die objektive Funktion

Die **objektive Funktion** der Grundrechte bedeutet, dass man ihnen die Entscheidung für bestimmte Werte entnehmen kann, an die die staatlichen Gewalten gebunden sind. Auch diese Funktion der Grundrechte ist unbestritten. Damit nehmen die Grundrechte insbesondere Einfluss auf die Schaffung und Auslegung von Rechtssätzen. 221

III. Grundrechtsträger und Grundrechtsadressaten

1. Grundrechtsträger

Für die Anwendung der Grundrechte ist zunächst zu klären, wer die Fähigkeit hat, sich auf ein Grundrecht berufen zu können, d. h. Grundrechtsberechtigter ist. 222

a) **Natürliche Personen.** Grundsätzlich können sich alle natürlichen Personen auf Grundrechte berufen. Insoweit stimmt der Begriff der Grundrechtsfähigkeit mit der der Rechtsfähigkeit überein. Damit kommt grundsätzlich jedem Menschen von der Vollendung der Geburt bis zum Tod der Schutz der Grundrechte zu. Bestimmte Grundrechte können aber auch schon vorher oder nachher Wirkung entfalten. So schützt Art. 2 Abs. 2 GG (Leben/körperliche Unversehrtheit) auch schon das werdende Leben 223

(BVerfG v. 25.2.1975 – 1 BvF 1/74, 1 BvF 2/74, 1 BvF 3/74, 1 BvF 4/74, 1 BvF 5/74, 1 BvF 6/74 – BVerfGE 39, 1) und kann der Schutz der Ehre (Art. 2 Abs. 1 GG) auch über den Tod eines Menschen hinaus wirken (BVerfG v. 24.2.1971 – 1 BvR 435/68 – BVerfGE 30, 173).

224 Allerdings sieht das GG in Art. 18 GG die Möglichkeit vor, bestimmte Grundrechte zu **verwirken**. Voraussetzung dafür ist, dass der Betroffene eines der in Art. 18 GG genannten Grundrechte dazu missbraucht hat, um gegen die freiheitlich-demokratische Grundordnung vorzugehen. Die Verwirkung muss aber vom BVerfG ausgesprochen worden sein. In der Geschichte der Bundesrepublik ist dies bislang noch nicht erfolgt.

225 Von der Verwirkung eines Grundrechts ist der **Verzicht** auf ein Grundrecht zu unterscheiden. Ein solcher ist grundsätzlich möglich (näher *Schröder*, Rn. 129 ff.).

226 Nicht ohne weiteres auf Grundrechte berufen können sich Ausländer und Minderjährige:
- **Ausländer** können sich nur auf solche Grundrechte berufen, die nach ihrem Wortlaut für jedermann gelten, wie z. B. die Meinungsfreiheit (Art. 5 Abs. 1 GG) oder das Recht auf körperliche Unversehrtheit (Art. 2 Abs. 2 GG). Dagegen ist ihnen die Berufung auf Grundrechte, die nur für Deutsche gelten, verwehrt. Beispiele sind die Versammlungsfreiheit (Art. 8 Abs. 1 GG) oder die Berufsfreiheit (Art. 12 Abs. 1 GG). Besonderheiten gelten für Staatsangehörige von EU-Mitgliedstaaten (Unionsbürger – Art. 20 AEUV). Wegen Art. 18 AEUV (Diskriminierungsverbot) hält die h. M. die „Deutschen-Grundrechte" auch für EU-Bürger für anwendbar (näher *Schröder*, Rn. 105). Das geschieht über eine erweiterte Auslegung von Art. 2 Abs. 1 GG.
- Grundsätzlich steht der Grundrechtsschutz auch **Minderjährigen** zu. Sie sind also Grundrechtsträger. Eine andere Frage ist, ob Minderjährige ihre Grundrechte auch selbstständig geltend machen können, insbesondere auch gegen den Willen der Eltern. Dies wird unter dem Stichwort „**Grundrechtsmündigkeit**" diskutiert (ausführlich auch zu der Mindermeinung, dass auch die Grundrechtsträgerschaft altersabhängig sei, *Pieroth/Schlink/Kingreen/Poscher*, § 5 Rn. 137 ff.). Die Fähigkeit die Grundrechte im Rahmen einer Verfassungsbeschwerde selbst geltend zu machen, ist an sich mit der Geschäftsfähigkeit verbunden. Allerdings müssen sich nach h. M. Minderjährige bei der gerichtlichen Geltendmachung der Grundrechtsverletzung nur durch ihre gesetzlichen Vertreter vertreten lassen, wenn sie selbst keine hinreichende Einsichtsfähigkeit haben (vgl. oben Rn. 200).

227 b) **Juristische Personen.** Die Frage, inwieweit sich juristische Personen oder andere Personenvereinigungen auf Grundrechte berufen können, re-

gelt Art. 19 Abs. 3 GG. Danach können sich inländische juristische Personen des Privatrechts auf die Grundrechte berufen, die ihrem Wesen nach auf sie anwendbar sind. Anwendbar sind damit z. B. das Eigentumsrecht (Art. 14 GG), die Berufsfreiheit (Art. 12 GG) oder der Gleichheitsgrundsatz (Art. 3 GG). Nicht berufen können sich juristische Personen dagegen z. B. auf die Menschenwürde, die körperliche Unversehrtheit oder den Schutz von Ehe und Familie.

228 Juristische Personen im Sinne von Art. 19 Abs. 3 GG sind nach ganz h. M. alle Vereinigungen, die zu eigener Willensbildung und zu eigenständigem Handeln fähig sind. Neben der GmbH und der AG, die nach dem Privatrecht als juristische Person anerkannt sind, können sich also z. B. auch der nichtrechtsfähige Verein, die oHG oder die KG auf Grundrechte berufen.

229 **Inländische** Personen im Sinne von Art. 19 Abs. 3 GG sind nur Vereinigungen, die ihren Sitz in der Bundesrepublik Deutschland haben. Ausländische juristische Personen werden von Art. 19 Abs. 3 GG nicht erfasst. Diesen soll lediglich der Schutz der Justizgrundrechte (Art. 100, 101 und 103 GG) zukommen. Etwas anderes gilt für juristische Personen aus einem EU-Mitgliedstaat. Sie sind grundrechtsfähig (BVerfG v. 22.3.2011 – 2 BvR 983/09 – NJW 2011, 2348).

230 Ausgeschlossen vom Grundrechtsschutz sind nach h. M. grundsätzlich **juristische Personen des öffentlichen Rechts** ebenso wie juristische Personen des Privatrechts, die sich mehrheitlich in öffentlich-rechtlicher Hand befinden. Andernfalls käme es zu der eigentümlichen Situation, dass der Staat sowohl Grundrechtsträger als auch Grundrechtsverpflichteter wäre (BVerfG v. 2.5.1967 – 1 BvR 578/63 – BVerfGE 21, 362, 369 f.). Eine Ausnahme gilt aber für solche juristischen Personen des öffentlichen Rechts, die vom Staat unabhängig sind. Diese können sich auf Grundrechte berufen, soweit sie unmittelbar in dem von einem Grundrecht geschützten Lebensbereich tätig sind (BVerfG v. 27.7.1971 – 2 BvF 1/68, 2 BvR 702/68 – BVerfGE 31, 314, 322). Deswegen können sich Hochschulen auf die Wissenschaftsfreiheit (Art. 5 Abs. 3 GG) oder eine öffentlich-rechtliche Rundfunkanstalt auf die Rundfunkfreiheit (Art. 5 Abs. 1 GG) und eine Religionsgemeinschaft auf die Religionsfreiheit (Art. 4 GG) berufen. Außerdem sollen die Justizgrundrechte der Art. 100 ff. GG auch für juristische Personen des öffentlichen Rechts gelten.

2. Die Grundrechtsadressaten

231 Der Begriff des Grundrechtsadressaten oder des Grundrechtsverpflichteten betrifft die Frage, wem gegenüber sich jemand auf die Grundrechte berufen kann oder andersherum gesagt, wer an die Einhaltung der Grundrechte gebunden ist. Art. 1 Abs. 3 GG bestimmt, dass die drei staatlichen Gewalten (Gesetzgebung, Exekutive und Rechtsprechung) an die Grundrechte gebunden sind. Grundrechtsgebunden sind damit der Staat selber, aber auch andere juristische Personen des öffentlichen Rechts, wie Gemeinden, Hochschulen etc. Die Grundrechtsbindung kann auch bestehen, wenn sich eine juristische Person des öffentlichen Rechts privat-rechtlicher Handlungsformen bedient, wie z. B. eine Gemeinde, die ihr Schwimmbad privatrechtlich betreibt. Ebenfalls den Grundrechten unterworfen sind daneben Unternehmen, die in privater Form betrieben werden, auf die der Staat aber maßgeblichen Einfluss hat. Beispiel ist die Fraport AG als Betreiberin des Flughafens Frankfurt am Main, deren Anteile mehrheitlich vom Land Hessen und der Stadt Frankfurt am Main gehalten werden (BVerfG v. 22.11.2011 – 1 BvR 699/06).

232 Von großer Bedeutung ist die Frage, ob die Grundrechte auch in der Rechtsbeziehung zwischen zwei Privaten Bedeutung haben können. In der Rechtswissenschaft wird die Problematik unter dem Stichpunkt **Drittwirkung der Grundrechte** behandelt. Das GG sagt dazu nur in Art. 9 Abs. 3 Satz 2 GG (bitte lesen!) etwas. Dieser verbietet nämlich Abreden, die die sog. Koalitionsfreiheit beeinträchtigen. Man bezeichnet dies als unmittelbare Drittwirkung. Die ganz h. M. in Rechtsprechung und Literatur nimmt aber an, dass allen Grundrechten im Verhältnis von Privaten untereinander eine sog. **mittelbare Drittwirkung** zukommt. Begründet wird dies damit, dass die Grundrechte, wie oben schon erwähnt, für unsere Gesellschaft eine objektive Wertordnung aufstellen und sich damit auch auf die Rechtsbeziehung Privater auswirken können (*Sodan/Ziekow*, § 22 Rn. 14 ff.). Praktische Auswirkung dieser mittelbaren Drittwirkung für den Zivilrechtsverkehr ist vor allem, dass bei der Anwendung einer sog. Generalklausel (z. B. § 242 BGB) auch etwaige Grundrechtspositionen der Beteiligten zu berücksichtigen sind. So kann man z. B. das aus § 242 BGB abgeleitete Verbot, die geschuldete Leistung zur Unzeit, also bei einer Privatperson z. B. mitten in der Nacht, zu erbringen, auf den durch Art. 2 Abs. 1 GG gewährten Schutz der Privatsphäre stützen.

IV. Der Grundrechtskatalog des Grundgesetzes

1. Allgemeines

233 Die Grundrechte des GG sind in den Art. 1 bis 19 GG aufgeführt. Nach der Rechtsposition, die geschützt werden soll, kann man die Grundrechte wie folgt systematisieren:

Schutzgut	Einschlägige Grundrechte
Das Individuum als solches	• Art. 1: Menschenwürde • Art. 2 Abs. 1: Allgemeine Handlungsfreiheit, Persönlichkeitsrecht • Art. 2 Abs. 2: Leben, körperliche Unversehrtheit, körperliche Fortbewegungsfreiheit

Schutzgut	Einschlägige Grundrechte
	• Art. 3: Gleichbehandlung • Art. 10: Brief- Post- und Fernmeldegeheimnis • Art. 13: Unverletzlichkeit der Wohnung • Art. 16: Schutz vor Ausbürgerung und Auslieferung • Art. 16a: Recht auf Asyl
Die Kommunikation mit anderen	• Art. 4: Glaubens- und Gewissensfreiheit • Art. 5 Abs. 1: Meinungs-, Informations-, Presse-, Rundfunk- und Filmfreiheit • Art. 5 Abs. 3: Kunst- und Wissenschaftsfreiheit • Art. 8: Versammlungsfreiheit • Art. 9: Vereinigungsfreiheit • Art. 17: Petitionsrecht
Ehe, Familie, Erziehung	• Art. 6: Ehe, Familie, Mütter und uneheliche Kinder • Art. 7: Erziehungsrecht der Eltern, Privatschulen
Die Erwerbstätigkeit	• Art. 12: Freiheit des Berufs, des Arbeitsplatzes und der Ausbildungsstätte • Art. 9 Abs. 3: Koalitionsfreiheit • Art. 11: Freizügigkeit (Einreise nach sowie Reise durch und Aufenthalt in Deutschland)
Die Ergebnisse der Erwerbstätigkeit	• Art. 14: Eigentum

Abbildung 16: Der Grundrechtsbestand des GG

Im Folgenden sollen nun die Besonderheiten einzelner Kategorien von Grundrechten und die Situation, dass in einer Situation mehre Grundrechte aufeinandertreffen, näher erörtert werden.

2. Die Menschenwürde

Art. 1 GG garantiert die Achtung der Menschenwürde. Ob diese Bestimmung überhaupt ein Grundrecht oder nur ein allgemeiner Rechtsgrundsatz ist, der durch die nachfolgenden Grundrechte konkretisiert wird, ist umstritten. Die Einstufung als Grundrecht liegt aufgrund der Formulierung des Art. 1 GG („Die Menschenwürde ist unantastbar") näher. Auch das BVerfG stuft die Menschenwürde als Grundrecht ein (BVerfG v. 19.10.1982 – 1 BvL 34/80, 1 BvL 55/80 – BVerfGE 61, 126, 137).

Der Gegenstand des Grundrechts lässt sich allerdings schwer bestimmen, da sich keine allgemeingültige Definition des Begriffs „Menschenwürde" finden lässt. Weit verbreitet ist die Ansicht, dass Art. 1 GG es verbiete, dass der Mensch zum bloßen Objekt degradiert wird, also eine Behandlung erfährt, die seine Subjektqualität in Frage stellt (BVerfG v. 17.1.1979 – 1 BvR 241/77 – BVerfGE 50, 166 ff.). Konkret leitet man aus Art. 1 GG daher z. B. das Verbot der Folter (das allerdings in Art. 102 GG auch ausdrücklich festgeschrieben ist), das Verbot des „bloßen Wegsperrens" von Strafgefangenen (BVerfG v. 21.6.1077 – 1 BvL 14/76 – BVerfGE 45, 187, 228; BVerfG v. 5.2.2004 – 2 BvR 2029/01 – BVerfGE 109, 133 – Höchstdauer der Sicherheitsverwahrung), die Sittenwidrigkeit von Peep-Shows (BVerwG v.

15.12.1981 – 1 C 232.79 – BVerwGE 64, 274, 278) oder die Garantie eines menschenwürdigen Daseins ab (näher *Pieroth/Schlink/Kingreen/Poscher*, § 7 Rn. 363 ff.).

3. Die Freiheitsgrundrechte

236 Das GG enthält eine Vielzahl von Freiheitsgrundrechten, die dem Einzelnen grundsätzlich die freie Entscheidung für bestimmte Verhaltensweisen überlässt. So darf er nach Art. 4 Abs. 1 GG seinen Glauben frei wählen, kann nach Art. 5 Abs. 1 GG seine Meinung frei äußern oder sich nach Art. 9 Abs. 1 GG mit anderen Menschen zu einer Vereinigung zusammenschließen.

237 Freiheitsrechte haben grundsätzlich eine positive und eine negative Seite. Freiheit bezüglich eines bestimmten Verhaltens heißt nämlich, dass man sich entweder für oder gegen ein bestimmtes Verhalten entscheiden darf. Wenn Art. 4 GG also die Glaubensfreiheit garantiert, kann man wählen, ob man eine bestimmte Glaubensrichtung vertritt oder sich, wie ein Atheist, jeder Glaubensrichtung verschließt. Der Schutz der Freiheitsrechte umfasst in der Regel beide Aspekte.

4. Die Gleichheitsgrundrechte

238 Das GG enthält verschiedene Vorschriften, die eine Gleichbehandlung von Menschen gebieten. Neben dem allgemeinen Gleichheitsgrundsatz des Art. 3 Abs. 1 GG finden sich in Art. 3 Abs. 2 und 3 GG und in den Art. 6 Abs. 5, Art. 33 Abs. 1 bis 3 sowie in Art. 38 Abs. 1 und 2 GG spezielle Gleichheitsgrundrechte. Die Funktion der Gleichheitsrechte liegt in erster Linie in der Abwehr staatlicher Maßnahmen. Dies können sowohl Gesetze als auch Entscheidungen der Judikative oder der Exekutive sein.

5. Die Justizgrundrechte

239 Unter dem Begriff „Justizgrundrechte" werden die Art. 100 ff. GG verstanden. Diese enthalten allgemeine verfassungsrechtliche Vorgaben für die Durchführung von Gerichtsverfahren und die Bestrafung von Menschen durch den Staat. Im Einzelnen gelten folgende Grundsätze:

240
- das **Verbot von Ausnahmegerichten** (Art. 101 Abs. 1 Satz 1 GG)
- der Anspruch auf den **gesetzlichen Richter** (Art. 101 Abs. 1 Satz 2 GG), d. h. die Notwendigkeit einer vorhergehenden abstrakt-generellen Festlegung, welcher Richter über ein Verfahren entscheiden wird
- das **Verbot der Todesstrafe** (Art. 102 GG)
- der Anspruch auf **rechtliches Gehör** vor Gericht (Art. 103 Abs. 1 GG)
- der Grundsatz „**keine Bestrafung ohne Gesetz**" (Art. 103 Abs. 2 GG), d. h. dass die Strafbarkeit durch ein Gesetz festgelegt ist, das dieses Gesetz hinreichend bestimmt ist und, dass dieses Gesetz zum Zeitpunkt der Tat schon in Kraft war (Rückwirkungsverbot)

- das **Verbot der Doppelbestrafung** wegen derselben Tat (Art. 103 Abs. 3 GG)

Die Gewährleistung dieser Grundrechte wird durch die Gesetzesbindung der rechtsprechenden Gewalt (Art. 20 Abs. 3 GG) und durch die sachliche und persönliche Unabhängigkeit des Richters bei gleichzeitiger Bindung an das Gesetz (Art. 97 GG) im Besonderen sichergestellt.

6. Das Zusammentreffen mehrerer Grundrechte

a) **Grundrechtskonkurrenz.** Es gibt Situationen, in denen eine staatliche Maßnahme in mehrere Grundrechte eingreift. Es stellt sich dann die Frage, welches Grundrecht anwendbar ist. Sofern ein Grundrecht das betroffene Verhalten genauer erfasst als das andere, geht nach dem **Spezialitätsgrundsatz** das speziellere Grundrecht vor. Wenn ein staatlicher Eingriff die Berufsausübung betrifft, geht daher der spezielle Art. 12 GG (Berufsfreiheit) dem allgemeinen Art. 2 Abs. 1 GG (Allgemeine Handlungsfreiheit) vor.

Liegt zwischen den betroffenen Grundrechten kein Spezialitätsverhältnis vor, z. B. Eingriff sowohl in die Rundfunkfreiheit nach Art. 5 Abs. 1 GG als auch in den allgemeinen Gleichheitsgrundsatz nach Art. 3 Abs. 1 GG, sind beide Grundrechte nebeneinander anwendbar (sog. **Idealkonkurrenz**). Die betreffende Maßnahme ist in einem solchen Fall dann verfassungswidrig, wenn eines der Grundrechte verletzt ist. Eine Ausnahme macht davon teilweise das BVerfG, indem es einen Grundrechtsverstoß nur annimmt, wenn das „in erster Linie" heranzuziehende Grundrecht verletzt ist (BVerfG v. 26.6.1990 – 1 BvR 776/84 – BVerfGE 82, 236, 258).

b) **Grundrechtskollision.** Von Grundrechtskollision spricht man, wenn für die Rechtfertigung des Eingriffs in ein Grundrecht der Schutz eines anderen Grundrechts herangezogen wird. So lässt sich die Bestrafung eines Graffitikünstlers, der unter Berufung auf seine Kunstfreiheit (Art. 5 Abs. 3 GG) die Fassade eines fremden Hauses bemalt, auf den Eigentumsschutz durch Art. 14 GG stützen. In solchen Fällen muss nach dem BVerfG im Einzelfall eine Güterabwägung stattfinden. Dabei darf aber nicht eine der widerstreitenden Rechtspositionen bevorzugt und maximal behauptet werden, sondern es muss ein möglichst schonender Ausgleich zwischen den Rechtspositionen stattfinden (Grundsatz der **praktischen Konkordanz**; vgl. z. B. BVerfG v. 5.6.1973 – 1 BvR 536/72 – BVerfGE 35, 225).

V. Die Grundrechte als Beschränkung des staatlichen Handelns

1. Allgemeines

Wie bereits erwähnt ist eine wesentliche Funktion der Grundrechte die, dass sie den Bürger vor zu starken Restriktionen des Staates schützen soll.

Damit stellen sie für das staatliche Handeln eine Barriere auf. Staatliche Handlungen, egal durch welche der drei Gewalten sie ergehen, dürfen die Grundrechte der betroffenen Bürger nicht verletzen. Auf der anderen Seite kann es aber auch nicht sein, dass der Staat in die durch die Grundrechte geschützten Lebensbereiche gar nicht eingreifen darf. Ansonsten wäre ein geordnetes Zusammenleben kaum denkbar. Eine grenzenlose Ausschöpfung der Grundrechte durch alle Bürger eines Staates würde zwangsläufig zur Beeinträchtigung der Rechtsposition anderer Bürger und zur Handlungsunfähigkeit des Staates führen. Daher darf der Staat in durch Grundrechte geschützte Bereiche eingreifen, wenn und soweit es Gründe des Gemeinwohls gibt, die es im Einzelfall rechtfertigen, die Interessen des Einzelnen zurücktreten zu lassen. Daraus folgt folgende **Formel**:

245 Eine **Grundrechtsverletzung** liegt vor, wenn der Staat in den Schutzbereich eingreift, ohne dafür eine Rechtfertigung zu haben.

246 Sowohl in der Praxis als auch bei Prüfungen wird sich häufig das Problem stellen, wann eine staatliche Maßnahme, z. B. ein Gesetz, mit den Grundrechten konform ist und wann nicht. Wie oben dargestellt (Rn. 197 ff.), kann der Einzelne diese Frage im Wege der Verfassungsbeschwerde auch vom BVerfG überprüfen lassen.

247 Typischerweise wird die Verletzung eines Freiheitsgrundrechts entsprechend der obigen Definition in drei Schritten geprüft:
- Ist der sachliche und persönliche Anwendungsbereich eines Grundrechts berührt (**Berührung des Schutzbereichs**)?
- Beschränkt die Maßnahme den vom betroffenen Grundrecht eingeräumten Schutzbereich (**Vorliegen eines Eingriffs**)?
- Gibt es Gründe, das betreffende Grundrecht im konkreten Fall zurücktreten zu lassen (**Rechtfertigung des Eingriffs**)?

Im Folgenden werden die genannten Prüfungsschritte näher erläutert.

2. Die Überprüfung staatlichen Handelns am Maßstab der Grundrechte

248 a) **Die Berührung des Schutzbereichs eines Grundrechts.** Dieser Prüfungsschritt betrifft die Frage, ob das in Betracht gezogene Grundrecht auf den konkreten Fall überhaupt anwendbar ist. Dabei werden der sachliche und der persönliche Anwendungsbereich unterschieden.

249 Der **sachliche** Anwendungs- bzw. Schutzbereich betrifft die thematische Abgrenzung der Grundrechte untereinander. Geht es um die Äußerung einer Meinung ist Art. 5 Abs. 1 GG (Meinungsfreiheit) einschlägig. Betrifft eine Maßnahme die Frage, unter welchen Voraussetzungen man einen bestimmten Beruf ergreifen darf, ist Art. 12 Abs. 1 GG, der u. a. die Freiheit der Berufswahl schützt, relevant. Festgestellt wird die Anwendbarkeit eines Grundrechts dadurch, dass man prüft, ob es um das in der jeweiligen Norm beschriebene Verhalten geht.

Der **persönliche** Anwendungs- bzw. Schutzbereich betrifft die Frage, wer sich auf ein bestimmtes Grundrecht berufen kann. Wie schon oben ausgeführt, wird zwischen Grundrechten, die für alle gelten („jedermann") und solchen, auf die sich nur Deutsche berufen dürfen, unterschieden.

b) Das Vorliegen eines Eingriffs in den Schutzbereich. Ein Eingriff in den Schutzbereich liegt zunächst dann vor, wenn die vom Grundrecht verbürgte Freiheit durch eine gesetzliche Regelung oder eine behördliche Entscheidung **zielgerichtet** eingeschränkt wird. Dabei sind an den Umfang der Beschränkung keine zu hohen Anforderungen zu stellen. Nicht nur das Verbot einer bestimmten Tätigkeit/Handlung/Verhaltensweise ist ein Eingriff, sondern auch jede diesbezügliche Erschwerung. So ist in die Versammlungsfreiheit nach Art. 8 GG nicht nur eingegriffen, wenn die Versammlung von der zuständigen Behörde verboten wird, sondern auch dann, wenn die Behörde, z. B. durch sogenannte Auflagen, bestimmte Anforderungen an die Durchführung der Versammlung stellt, wie z. B. das Stellen eigener Sicherheitskräfte. In ein Grundrecht kann ferner aber auch **mittelbar** oder faktisch eingegriffen werden (*Detterbeck*, Rn. 284), z. B. durch Realakte oder – wegen der angesprochenen Drittwirkung der Grundrechte – durch das Handeln eines Privatrechtssubjekts.

c) Die Rechtfertigung eines Grundrechteingriffs. – aa) Allgemeines. Wie in Rn. 244 ausgeführt, muss es dem Staat möglich sein, unter bestimmten Voraussetzungen in ein Grundrecht einzugreifen. Nur so ist ein geordnetes Zusammenleben denkbar. Allerdings kann ein Eingriff nicht in das Ermessen des Staates gestellt werden, sondern muss seine Rechtfertigung bestimmten Anforderungen genügen. Aus der Sicht des Grundrechts stellt sich die Möglichkeit staatlicher Eingriffe als Einschränkung ihrer Reichweite dar, deswegen spricht man von den **Grundrechtsschranken.** Dabei ist zwischen geschriebenen und ungeschriebenen Schranken zu unterscheiden.

bb) Geschriebene Grundrechtsschranken. Bei den geschriebenen Grundrechtsschranken lässt sich die Möglichkeit, das Grundrecht zu beschränken, schon aus dem Text des jeweiligen Grundrechts entnehmen. Der häufigste Fall einer solchen Einschränkungsmöglichkeit ist der sog. **einfache Gesetzesvorbehalt**, der es dem Gesetzgeber erlaubt, durch oder aufgrund eines Gesetzes in das Grundrecht einzugreifen. Solche einfachen Gesetzesvorbehalte sind z. B. in Art. 2 Abs. 2 GG (körperliche Unversehrtheit), Art. 8

Abs. 2 GG (Versammlungsfreiheit) oder Art. 12 Abs. 1 GG (Berufsfreiheit) enthalten.

254 Bei anderen Grundrechten verlangt das Grundgesetz dagegen eine besondere Qualität für das eingreifende Gesetz (sog. **qualifizierter Gesetzesvorbehalt**). So kann in die Meinungsfreiheit nach Art. 5 Abs. 1 GG gemäß Art. 5 Abs. 2 GG nur durch die allgemeinen Gesetze oder durch gesetzliche Bestimmungen zum Schutz der Jugend oder zum Schutz der persönlichen Ehre eingegriffen werden.

255 Soweit in den Grundrechtsartikeln von „Gesetz" die Rede ist, kann ein Parlamentsgesetz, also ein Gesetz im formellen Sinne, oder ein Gesetz im materiellen Sinn (also z. B. eine Rechtsverordnung oder eine Satzung), gemeint sein. Allerdings hat das BVerfG dies mit der schon oben erwähnten sog. Wesentlichkeitstheorie (oben Rn. 46) eingeschränkt. Danach muss der Gesetzgeber im Bereich der Grundrechtsausübung alle wesentlichen Entscheidungen selbst treffen, es ist also immer ein **Gesetz im formellen Sinne** notwendig (*Manssen*, § 8 Rn. 233 ff.). Sofern in der Grundrechtsnorm der Passus „durch oder aufgrund eines Gesetzes" enthalten ist, kann auch eine Maßnahme der Verwaltung, die das verfassungsgemäße Gesetz vollzieht, oder ein Gerichtsurteil, das das Gesetz anwendet, in das Grundrecht wirksam eingreifen.

256 Einen Sonderfall einer geschriebenen Grundrechtsschranke enthält Art. 2 Abs. 1 GG (allgemeine Handlungsfreiheit). Danach findet die freie Entfaltung der Persönlichkeit ihre Grenze in den Rechten anderer, in der **verfassungsmäßigen Ordnung** und im Sittengesetz. Unter der verfassungsmäßigen Ordnung versteht man dabei die Gesamtheit aller Rechtsnormen, die formell und materiell mit dem Grundgesetz übereinstimmen (BVerfG v. 16.1.1957 – 1 BvR 253/56 – BVerfGE 6, 32, 35). Daher kann die allgemeine Handlungsfreiheit sowohl durch formelles Gesetz als auch durch untergesetzliche Vorschriften eingeschränkt werden. Die beiden anderen Grenzen des Art. 2 Abs. 1 GG, nämlich die Rechte anderer und das Sittengesetz, haben in der Praxis kaum eigenständige praktische Bedeutung, weil der Schutz der Rechte Dritter oder der guten Sitten häufig bereits durch Rechtsvorschriften umgesetzt wurde.

257 cc) **Verfassungsimmanente Schranken.** Bei einigen Grundrechten sieht der Wortlaut eine Beschränkung nicht vor. So enthält z. B. die Wissenschaftsfreiheit in Art. 5 Abs. 3 GG keine geschriebene Schranke. Trotzdem können auch solche Grundrechte eine Einschränkung erfahren. Zweifelhaft ist dies nur für die Menschenwürde nach Art. 1 GG. Diese ist, wie schon der Wortlaut ausdrückt, „unantastbar".

258 Rechtslehre und Bundesverfassungsgericht haben für die nach dem Wortlaut unbeschränkten Grundrechte den Begriff der **verfassungsimmanen-**

ten **Schranken** entwickelt. Diese ergeben sich aus den Grundrechten anderer und aus anderen wichtigen Verfassungsgütern (BVerfG v. 23.6.2004 – 1 BvQ 19/04 – BVerfGE 111, 147, 157 f.), wie z. B. dem Rechtsstaatsprinzip, der freiheitlich demokratischen Ordnung oder den Staatszielen. Damit können durch oder aufgrund von Gesetzen im formellen Sinne, die Grundrechte anderer oder die Allgemeinheit schützen sollen, Grundrechtseingriffe grundsätzlich gerechtfertigt sein. Dies allerdings nur wenn das entsprechende Gesetz formell und materiell verfassungsgemäß ist.

dd) Grenzen des Eingriffsrechts. Können hiernach Grundrechtseingriffe vorgenommen werden, stellt sich die Frage nach der Intensität des Eingriffs. Es ist leicht nachvollziehbar, dass die Möglichkeit von Einschränkungen nicht dazu führen darf, dass der Staat den eingeräumten Freiheitsraum der betroffenen Bürger gar nicht mehr respektieren muss. Vielmehr unterliegen die eingeräumten Beschränkungsmöglichkeiten ihrerseits wieder verfassungsrechtlichen Beschränkungen. Man spricht von den sog. **Schranken-Schranken**. Konkret bedeutet dies, dass ein einschränkendes Gesetz seinerseits verfassungsmäßig sein muss. Dazu muss es nicht nur vom zuständigen Organ stammen und das notwendige Verfahren durchlaufen haben (**formelle Verfassungsmäßigkeit**), sondern es muss auch dem Bestimmtheitsgrundsatz und vor allen Dingen dem Verhältnismäßigkeitsgrundsatz entsprechen (**materielle Verfassungsmäßigkeit**).

Schließlich sind noch die absoluten Grenzen von Art. 19 Abs. 2 GG (Wesensgehaltsgarantie) und Art. 79 Abs. 3 GG (Ewigkeitsgarantie) einzuhalten sowie die Anforderungen nach Art. 19 Abs. 1 GG (Verbot des Einzelfallgesetzes und Zitiergebot) zu beachten (näher dazu z. B. *Sodan/Ziekow*, § 24 Rn. 50 ff. bzw. 22 ff.).

Aus dem zuvor Gesagten ergibt sich für die Überprüfung einer staatlichen Maßnahme am Maßstab der Grundrechte folgender Ablauf:

1. Berührung des Schutzbereichs
   a) Sachlicher Schutzbereich: Geht es um das vom Grundrecht geschützte Verhalten?
   b) Persönlicher Schutzbereich: Kann sich der Betroffene überhaupt auf das Grundrecht berufen, d. h. gehört er zum geschützten Personenkreis?
2. Vorliegen eines Eingriffs
   → Wird das geschützte Verhalten in irgendeiner Weise beeinträchtigt?
3. Rechtfertigung des Eingriffs
   a) Bestehen einer Grundrechtsschranke
      aa) Geschriebene Schranke?
      bb) Verfassungsimmanente Schranke?

> b) Voraussetzungen der Schranke?
>   → Erfolgte der Eingriff durch oder aufgrund eines Gesetzes?
> c) Verfassungsgemäße Ausübung der Beschränkungsmöglichkeit
>   aa) formelle Voraussetzungen
>   – Kompetenz des Gesetzgebers
>   – Ordnungsgemäße Durchführung des Gesetzgebungsverfahrens
>   – Bekanntgabe des Gesetzes
>   bb) materielle Voraussetzungen
>   – Beachtung des Bestimmtheitsgrundsatzes
>   – Beachtung des Rückwirkungsverbots
>   – Einhaltung des Verhältnismäßigkeitsgrundsatzes
>   – Beachtung von Art. 19 Abs. 1 GG
>   – Wesensgehalt des Grundrechts nicht angetastet
>   – Kein Verstoß gegen Art. 79 Abs. 3 GG

Abbildung 17: Überprüfung einer Maßnahme an den Grundrechten

 Prüfungsschema 5

ee) Vertiefung. Erfolgt der Eingriff nicht durch Gesetz, sondern z. B. durch ein Gerichtsurteil oder eine Maßnahme der Verwaltung, kann das obige Prüfungsschema **nicht** angewandt werden.

Aufgrund des Vorbehalts und des Vorrangs des Gesetzes ist dann zunächst zu prüfen, ob für das Handeln der Behörde eine verfassungsgemäße Rechtsgrundlage vorliegt und ob diese rechtmäßig angewandt wurde.

Im zweiten Schritt ist zu fragen, ob die Einschränkung des betroffenen Grundrechts verhältnismäßig erscheint.

Bei Realakten oder Handlungen von Privatpersonen beschränkt sich die Prüfung letztlich auf die Frage, ob der Verhältnismäßigkeitsgrundsatz beachtet wurde.

> **Merksätze zu den Grundrechten**
> - Grundrechte sind die in Art. 1–19 GG niedergelegten Rechtsverbürgungen.
> - Die Grundrechte dienen in erster Linie
>   – der Abwehr von staatlichen Maßnahmen (Abwehrfunktion),
>   – der Teilhabe an staatlichen Einrichtungen und Leistungen (Teilhabefunktion),
>   – dem Schutz der Bürger vor nichtstaatlichen Eingriffen (Schutzfunktion)
>   – dem Aufstellen einer objektiven Werteordnung für die Gesellschaft (objektive Funktion).

> Ein Anspruch auf bestimmte Leistungen/Maßnahmen des Staates (Leistungsfunktion) lässt sich den Grundrechten dagegen nur ausnahmsweise entnehmen.
> - Bezüglich des Inhalts lassen sich insbesondere Freiheits- und Gleichheitsgrundrechte, hinsichtlich der Frage, wer sich auf Grundrechte berufen kann, Menschen- und Bürgerrechte unterscheiden.
> - Zwischen einzelnen Bürgern wirkt nur die Koalitionsfreiheit (Art. 9 Abs. 3 GG) unmittelbar. Allen anderen Grundrechten kommt im Verhältnis der Bürger untereinander nur eine sogenannte mittelbare Drittwirkung zu. Danach wirken Grundrechte insbesondere durch Generalklauseln auf die privaten Rechtsverhältnisse ein.
> - Ein Grundrecht wird durch ein staatliches Handeln nur verletzt, wenn in seinen Schutzbereich eingegriffen wird, ohne dass es hierfür eine Rechtfertigung gibt.
> - Bezüglich der Rechtfertigung von Grundrechtseingriffen unterscheidet man zwischen geschriebenen und ungeschriebenen Schranken.
> - Die Lehre von den Schranken-Schranken bedeutet, dass sich ein eingreifendes Gesetz an die allgemeinen verfassungsrechtlichen Vorgaben halten, also formell und materiell verfassungsgemäß sein muss.

- **Allgemeines:**
  Die allgemeinen Grundrechtslehren sind notwendiges Grundwissen für jede staatsrechtliche Prüfung! Während die Frage nach der Funktion der Grundrechte eher in mündlichen Prüfungen relevant sein wird, sind das Wissen über Grundrechtsberechtigte und Grundrechtsverpflichtete sowie die Beherrschung der Grundsätze über die Grundrechtsprüfung unverzichtbares Rüstzeug für jede staatsrechtliche Fallbearbeitung.
- **Spezialprobleme:**
  – *Grundrechtsberechtigung von Minderjährigen*: Hier stehen sich zwei Ansichten gegenüber:
  Die eine meint, dass die Grundrechte auch Minderjährigen uneingeschränkt zustehen und diese nur bezüglich ihrer Geltendmachung vor Gericht eingeschränkt sind.
  Andere grenzen schon die Berufung auf die Grundrechte ein und verlangen unter dem Stichwort „Grundrechtsmündigkeit", dass der Minderjährige die für den jeweils geschützten Bereich notwendige Einsichtsfähigkeit besitzt (vgl. zum Ganzen *Hufen*, § 6 Rn. 41).
  – *Grundrechtsverpflichtung juristischer Personen des öffentlichen Rechts bei wirtschaftlicher Betätigung*: Die erwerbswirtschaftliche Tätigkeit des Staates unterliegt ebenfalls der Grundrechtsbindung (BVerfG v. 22.2.2011 – 1 BvR 699/06).

- *Rechtfertigung von Eingriffen in die Menschenwürde*: Wie dargestellt sind Eingriffe in die Menschenwürde an sich nicht zu rechtfertigen. Diskutiert wird aber, ob es davon in Extremfällen Ausnahmen geben kann. Öffentlich diskutiert wurde der Fall, dass die Polizei gegen einen Entführer die Androhung körperlicher Gewalt einsetzte, um den Aufenthaltsort des entführten Kindes in Erfahrung zu bringen (Fall Metzler). Das BVerfG hat entschieden, dass Art. 1 GG durch die Anwendung körperlicher Gewalt und entsprechender Drohungen verletzt wird, dass dadurch aber nicht zwingend ein später ergangenes Strafurteil verfassungswidrig wird (BVerfG, v. 14.12.2004 – 2 BvR 1249/04 – NJW 2005, 656).

9. Kapitel Ausgewählte Grundrechte

Im Folgenden sollen einige wichtige Grundrechte näher erläutert werden. **263**
Nicht näher eingegangen wird auf Art. 6, 7 und 11 GG sowie die Art. 16,
16a und 17 GG, da diese zum Teil sehr spezielle Bereiche betreffen. Hier
ein kurzer Überblick:

- Art. 6 GG schützt **Ehe** und **Familie** sowie das **Elternrecht**. Außerdem **264**
verpflichtet es den Gesetzgeber dazu, Schwangere und Mütter vor wirtschaftlichen Nachteilen zu bewahren (ein guter Überblick zu Art. 6 GG findet sich bei *Ipsen*, Staatsrecht II, § 7).
- Art. 7 GG regelt bestimmte Freiheiten im **Schulwesen**, insbesondere das Recht der Eltern, über die Teilnahme ihrer Kinder am Religionsunterricht frei zu entscheiden, und das Recht, Privatschulen zu gründen (näher z. B. *Pieroth/Schlink/Kingreen/Poscher*, § 16). In Verbindung mit Art. 2 Abs. 1 GG enthält Art. 7 Abs. 1 GG sogar ein Recht der Kinder und Jugendlichen auf Bildung (BVerfG v. 19.11.2021 – 1 BvR 971/21).
- Art. 11 GG schützt das Recht, überall in der Bundesrepublik Deutschland **Aufenthalt und Wohnsitz zu nehmen**, einschließlich der Einreise zu diesem Zweck (sog. Freizügigkeit).
- Art. 16 GG schützt zunächst deutsche Staatsbürger vor **Verlust oder Entziehung der deutschen Staatsbürgerschaft** (Art. 16 Abs. 1 GG). Danach ist eine Zwangsausbürgerung immer unzulässig, während der Verlust aufgrund eines Gesetzes grundsätzliche möglich ist, sofern der Betroffene dadurch nicht staatenlos wird (näher *Ipsen* Staatsrecht II, Rn. 955 ff.). Art. 16 Abs. 2 GG setzt der **Auslieferung** eines Deutschen zum Zwecke eines Strafverfahrens oder der Vollstreckung einer Strafe Grenzen.
- Art. 16a Abs. 1 GG legt fest, dass politisch Verfolgte **Asylrecht** genießen. Durch hohe Anforderungen an das Merkmal der politischen Verfolgung und die Einschränkungen der Art. 16a Abs. 2 und 3 (Einreise aus sogenannten sicheren Dritt- oder Herkunftsstaaten), sind für die Gewährung hohe Hürden aufgebaut (näher z. B. *Albrecht/Küchenhoff*, § 32 Rn. 739 ff.).
- Art. 17 GG gewährt das **Petitionsrecht**. Danach kann sich jedermann mit Bitten und Beschwerden an den Bundestag oder an Behörden wen-

den. Der sogenannte Petent hat dabei Anspruch auf Prüfung seines Vorbringens und entsprechende Bescheidung (vgl. *Detterbeck*, Rn. 546).

I. Die Allgemeine Handlungsfreiheit (Art. 2 Abs. 1 GG)

265 1. Schutzbereich

> Die **Allgemeine Handlungsfreiheit** gibt dem Einzelnen das Recht, *„zu tun und zu lassen, was er will"* (BVerfG v. 16.1.1957 – 1 BvR 253/56 – BVerfGE 6, 32 ff.).

266 Die Allgemeine Handlungsfreiheit schützt jede denkbare menschliche Betätigung. Die h. M. verzichtet auch auf eine Begrenzung auf irgendwie sozialwertige Tätigkeiten (vgl. z. B. BVerfG v. 6.6.1989 – 1 BvR 921/85 – BVerfGE 80, 137 – Reiten im Wald). Selbst Handlungen, die den Betroffenen selbst gefährden, wie Alkohol- oder Drogenkonsum, werden erfasst. Kompensiert wird diese Weite des Schutzbereichs allerdings dadurch, dass die h. M. Art. 2 Abs. 1 GG als bloßes **Auffanggrundrecht** begreift. Dies bedeutet, dass es nur für die Tätigkeiten herangezogen werden darf, die nicht schon durch andere Freiheitsgrundrechte geschützt sind. Wenn es um die Äußerung einer Meinung oder die Ausübung einer Religion geht, darf Art. 2 Abs. 1 GG daher nicht herangezogen werden, weil diese Verhaltensweise durch Art. 5 bzw. Art. 4 GG geschützt wird. Dagegen darf sich ein Ausländer, dem der Zugang zu einer bestimmten Berufstätigkeit verwehrt wird, auf Art. 2 Abs. 1 GG berufen, da das speziellere Grundrecht (die Berufsfreiheit nach Art. 12 Abs. 1 GG) für Ausländer nicht gilt.

267 Als besonderer Aspekte menschlicher Betätigung kann Art. 2 Abs. 1 GG
- die Vertragsfreiheit,
- die Wettbewerbsfreiheit, d. h. das Recht, zu anderen Unternehmen in Konkurrenz zu treten und
- – soweit es nicht um berufsbezogene Regelungen geht – die sog. Unternehmerfreiheit, d. h. das Recht zur freien Gründung und Führung eines Unternehmens,

entnommen werden.

2. Typische Eingriffe

268 Eingegriffen wird aufgrund der Weite des Schutzbereichs in die Allgemeine Handlungsfreiheit durch jedes staatliche Handeln, das vom Einzelnen etwas einfordert, da dieser nicht will. Beispiele sind das Aufstellen von Geboten, das Verhängen von Verboten, aber auch Realakte, wie z. B. die Sperrung einer Straße.

3. Rechtfertigung von Eingriffen

Nach dem Wortlaut des Art. 2 Abs. 1 GG wird die Allgemeine Handlungsfreiheit durch die Rechte anderer, die verfassungsmäßige Ordnung und das Sittengesetz eingeschränkt.

269

Unter der **verfassungsmäßigen Ordnung** versteht das BVerfG die Summe aller formell und materiell mit der Verfassung in Einklang stehenden Rechtsvorschriften. Damit können Gesetze im formellen Sinn, Rechtsverordnungen und Satzungen die Allgemeine Handlungsfreiheit einschränken, wenn die oben behandelten allgemeinen Grundsätze für die Einschränkung von Grundrechten beachtet werden.

270

Rechte anderer i. S. v. Art. 2 Abs. 1 GG sind alle Rechtsgüter, die von der Rechtsordnung geschützt werden, insbesondere die Grundrechte. Das **Sittengesetz** umfasst alle Wertvorstellungen über die in der Gesellschaft breiter Konsens besteht. Damit geht es letztlich um die guten Sitten, die auch in § 138 BGB genannt sind. Große praktische Bedeutung hat das Sittengesetz als Schranke nicht (vgl. *Albrecht/Küchenhoff*, § 30 Rn. 571).

271

Prüfungsschema 6

II. Das Allgemeine Persönlichkeitsrecht (Art. 2 Abs. 1 i. V. m. Art. 1 GG)

1. Schutzbereich

Aus Art. 2 Abs. 1 GG wird im Zusammenspiel mit der Menschenwürde des Art. 1 GG ein weiteres Grundrecht, nämlich das Allgemeine Persönlichkeitsrecht abgeleitet. Das Allgemeine Persönlichkeitsrecht bildet aber kein einheitliches Grundrecht, sondern stellt den Oberbegriff für verschiedene von der Rechtsprechung und der Lehre entwickelte Persönlichkeitsrechte dar. Deren Schutz bezieht sich auf einen „*autonomen Bereich privater Lebensgestaltung, in dem jeder einzelne seine Individualität entwickeln und wahren kann*" (BVerfG v. 31.1.1989 – 1 BvL 17/87 – NJW 1989, 891).

272

Das **Allgemeine Persönlichkeitsrecht** erfasst zwei verschiedene Aspekte. Unterschieden werden bestimmte Schutzbereiche.

273

Unterschieden werden

274

- **Schutz der Privatheit:** Jedem Bürger soll ein Bereich verbleiben, in dem er sich frei von staatlicher Einflussnahme entfalten kann. Geschützt wird damit ein Bereich, in dem der Bürger die Möglichkeit zur ungestörten persönlichen Entfaltung hat. Dabei unterscheidet das BVerfG zwischen der grundsätzlich unantastbaren **Intimsphäre**, zu der höchstpersönliche Geheimnisse, wie z. B. Tagebuchaufzeichnungen, gehören (BVerfG v. 14.9.1989 – 2 BvR 1062/87 – NJW 1990, 563), und der **Privat-**

sphäre. Letztere soll die private, der Öffentlichkeit entzogene Lebensgestaltung umfassen.
- *Schutz der Entwicklung und Wahrung der eigenen Individualität:* Unter diesem Aspekt werden teilweise besondere Rechte des Einzelnen, wie das Recht auf Kenntnis der eigenen Abstammung (BVerfG v. 26.4.1994 – 1 BvR 1299/89, 1 BvL 6/90 – NJW 1994, 2475), das Recht am eigenen Namen (BVerfG v. 21.8.2006 – 1 BvR 2047/03 – NJW 2007, 671) oder das Recht auf Anerkennung der selbst gewählten geschlechtlichen Identität (BVerfG v. 27.5.2008 – 1 BvL 10/05 – NJW 2008, 3117) gefasst.
- *Schutz der Selbstdarstellung in der Öffentlichkeit:* Jeder Bürger soll sich nach außen frei darstellen können. Geschützt sind daher die **persönliche Ehre**, das Recht am eigenen Bild und das Recht am eigenen Wort.
- *Schutz des Rechts auf informationelle Selbstbestimmung:* Der Einzelne hat das Recht, über die Preisgabe und Verwendung seiner persönlichen Daten selbst zu entscheiden. Dieses Grundrecht wurde im Volkszählungsurteil (BVerfG v. 15.12.1983 – 1 BvR 209/83, 1 BvR 484/83, 1 BvR 440/83, 1 BvR 420/83, 1 BvR 362/83, 1 BvR 269/83 – BVerfGE 65, 1 ff., 45) entwickelt. Zur Verwirklichung dieses Rechts hatte der Bund das Bundesdatenschutzgesetz und haben die Länder Landesdatenschutzgesetze erlassen. Diese Vorschriften flankieren inzwischen aber lediglich Vorgaben des europäischen Primär- und Sekundärrechts. So wird der Schutz personenbezogener Daten als Grundrecht in Art. 8 GRCh klar formuliert und über die Datenschutz-Grundverordnung (DSGVO – Verordnung EU 2016/679) einheitlich europaweit umgesetzt.
- *Schutz der Vertraulichkeit und Integrität informationstechnischer Systeme:* Der Bürger hat das Recht, dass der Staat nicht uneingeschränkt auf Daten auf Computern, Smartphones etc. zugreift (näher Albrecht/Küchenhoff § 31 Rn. 597a ff.). Daher sind z. B. sog. Onlinedurchsuchungen Grenzen gesetzt (BVerfG v. 24.4.2013 – 1 BvR 1215/07 – NJW 2013, 1499).

275 Sowohl das Allgemeine Persönlichkeitsrecht als auch das Recht auf informationelle Selbstbestimmung stehen allen natürlichen Personen zu, nach h. M. allerdings nur, solange ein Mensch lebt. Nach dem Tod wird die Persönlichkeit nur noch über Art. 1 Abs. 1 GG geschützt (sog. **postmortaler Persönlichkeitsschutz**, näher *Detterbeck*, Rn. 334).

2. Typische Eingriffe

276 Eingegriffen wird in das Allgemeine Persönlichkeitsrecht durch alle Maßnahmen, die die dargestellten Freiräume des Bürgers beschränken. Was die individuelle Selbstbestimmung betrifft, sind Eingriffe z. B. das Mitschreiben von mündlichen Aussagen oder die Videoüberwachung auf öffentlichen Plätzen. Im Hinblick auf das Recht zur informationellen Selbstbestimmung sind jede Erhebung, Speicherung, Weitergabe oder sonstige Verarbeitung von Daten ein Eingriff.

Das Allgemeine Persönlichkeitsrecht strahlt auch auf **privatrechtliche Rechtsbeziehungen** aus. Konkretisiert wird das z. B. für das **Arbeitsrecht** durch § 242 BGB. 277

> Ein Eingriff ist damit beispielsweise das Mitschneiden von Telefonaten von Mitarbeitern. Beschränkungen ergeben sich durch das Persönlichkeitsrecht auch für das Fragerecht des Arbeitgebers im Vorstellungsgespräch, für den Einsatz von Detektiven oder die Überwachung von Arbeitnehmern durch Videokameras. Letzteres wurde zuletzt aufgrund entsprechender Maßnahmen bekannter Unternehmen in der Öffentlichkeit heftig diskutiert. Auch im Familienrecht spielt das Allgemeine Persönlichkeitsrecht eine große Rolle. So hat z. B. jüngst das BVerfG entschieden, dass ein Mann aus Art. 2 Abs. 1 das Recht hat, die Abstammung eines Kindes, das ihm rechtlich zugeordnet ist, klären zu lassen (BVerfG v. 13.2.2007 – 1 BvR 421/05 (1) – BVerfGE 117, 202 [225] – Vaterschaftstest).

3. Rechtfertigung von Eingriffen

Eine Rechtfertigung kommt aufgrund der oben (Rn. 269 f.) dargestellten Schranken des Art. 2 Abs. 1 GG in Betracht. Damit kann insbesondere durch gesetzliche Vorschriften in das Persönlichkeitsrecht eingegriffen werden. Neben den allgemeinen Grenzen, die insoweit bestehen, ist zu beachten, dass nach dem BVerfG (zuletzt BVerfG v. 13.6.2007 – 1 BvR 1783/05 – NJW 2008, 39, 44) ein unantastbarer Kernbereich privater Lebensgestaltung, die sog. Intimsphäre, besteht, in den der Staat nie eingreifen darf (näher *Sodan/Ziekow*, § 27 Rn. 18). 278

Prüfungsschema 7

III. Das Recht auf Leben, körperliche Unversehrtheit und Freiheit (Art. 2 Abs. 2 GG)

1. Schutzbereich

a) **Leben und körperliche Unversehrtheit.** Art. 2 Abs. 2 Satz 1 GG räumt jedermann das Recht auf Leben und körperliche Unversehrtheit ein. Damit darf der Staat grundsätzlich weder in die biologisch-physische Existenz (Leben) noch in die biologisch-psychische Integrität seiner Bürger eingreifen. Verboten ist also grundsätzlich die Tötung von Menschen sowie Eingriffe in Körper und Gesundheit. Art. 2 Abs. 2 GG kommt dabei auch eine erhebliche Schutzfunktion (allgemein dazu s. Rn. 220) zu, d. h. der Staat muss 279 den Bürger auch vor entsprechenden Eingriffen anderer schützen (BVerfG v. 16.10.1977 – 1 BvQ 5/77 – BVerfGE 46, 160 ff., 164). Daher sind die Tötung und Verletzung anderer Menschen strafbewehrt oder werden (wirtschaftliche) Tätigkeiten, die das Leben oder die Gesundheit anderer gefährden, Restriktionen unterworfen.

280 b) **Freiheit.** Der Schutz der Freiheit nach Art. 2 Abs. 2 Satz 2 GG, der mit Art. 104 Abs. 1 Satz 1 GG korrespondiert, betrifft die **körperliche Fortbewegungsfreiheit.** Darunter fällt nach h. M. nur das Recht, den gegenwärtigen Aufenthaltsort zu verlassen, um einen anderen aufzusuchen, d. h. die positive Bewegungsfreiheit (*Sodan/Ziekow*, § 29 Rn. 2). Nicht erfasst wird nach h. M. (z. B. *Jarass/Pieroth*, Art. 2 GG Rn. 130) das Recht, einen bestimmten Ort nicht zu verlassen bzw. zu meiden (sog. negative Fortbewegungsfreiheit). Ebenfalls nicht erfasst wird das Recht, einen bestimmten Ort aufzusuchen oder sich frei von einem zum anderen Ort zu bewegen (BVerfG v. 14.5.1996 – 2 BvR 1516/93 – NVwZ 1996, 678). Für letzteres Verhalten gibt es mit Art. 11 GG (sog. Freizügigkeit) ein spezielles Grundrecht. Ansonsten kommt Art. 2 Abs. 1 GG in Betracht.

2. Typische Eingriffe

281 Jede Tötung und jede Beeinträchtigung des körperlichen und seelischen Wohlbefindens stellt einen Eingriff in Art. 2 Abs. 2 Satz 1 GG dar. Ein Eingriff liegt damit z. B. bei einer gezielten Tötung von Straftätern sowie bei der Zufügung von Schmerzen oder der Entnahme von Blut vor.

282 In die Freiheit der Person wird z. B. durch die vorübergehende Festnahme einer Person oder durch den Vollzug einer Freiheitsstrafe (vgl. auch Art. 104 GG) eingegriffen. Keine Eingriffe sind die Aufforderung der Polizei, einen Platz zu verlassen (sog. Platzverbot) oder das Verbot, an einer bestimmten Stelle zu parken. Hier kommt nur der Schutz über die allgemeine Handlungsfreiheit in Betracht.

3. Rechtfertigung von Eingriffen

283 Art. 2 Abs. 2 Satz 1 GG steht gemäß Art. 2 Abs. 2 Satz 3 GG unter einem Gesetzesvorbehalt. Damit kann aufgrund von Gesetzen in die geschützten Rechtsgüter eingegriffen werden.

284 Soweit es um die Tötung von Menschen geht, kommt der Verhältnismäßigkeitsprüfung überragende Bedeutung zu. Der in den meisten Polizei- und Sicherheitsgesetzen der Länder vorgesehene sogenannte **Todesschuss** oder finale Rettungsschuss ist nur zulässig, wenn er das einzige Mittel zur Abwehr einer gegenwärtigen Gefahr für Leib oder Leben einer Person ist. Die Tötung von Menschen als Ahndung einer Straftat ist nach Art. 102 GG absolut verboten.

III. Das Recht auf Leben, körperliche Unversehrtheit und Freiheit

Heftig diskutiert wird die Frage, inwieweit Unschuldige getötet werden dürfen, um das Leben anderer zu retten. Beispiel ist der Abschuss eines von Terroristen gekaperten Flugzeugs. Das BVerfG hat dies in seinem Urteil zum Luftsicherheitsgesetz unter strafrechtlichen Gesichtspunkten nicht für absolut ausgeschlossen gehalten, wobei eine ausdrückliche gesetzliche Ermächtigung zum Abschuss kategorisch ausgeschlossen wurde (BVerfG v. 15.2.2006 – 1 BvR 357/05 – BVerfGE 115, 118). **285**

Einen wichtigen Rechtfertigungsgrund bei Eingriffen in die körperliche Unversehrtheit stellt die **Einwilligung** des Betroffenen dar. Hierbei sind an die Ernsthaftigkeit der Einwilligung und die Fähigkeit des Betroffenen, die Konsequenzen seiner Einwilligung abzuschätzen, aber besondere Anforderungen zu stellen (näher *Schröder*, Rn. 238). **286**

Bezüglich von Eingriffen in die Freiheit ist Art. 104 GG zu beachten, der Art. 2 Abs. 2 Satz 3 GG überlagert. Danach bedarf es für jede Freiheitsbeschränkung eines Gesetzes im formellen Sinn und sind für Freiheitsentziehungen, d. h. für das Festhalten auf umgrenzten Raum für eine nicht unerhebliche Zeit, die besonderen Anforderungen des Art. 104 Abs. 2–4 GG zu beachten. **287**

Prüfungsschema 8

> **Merksätze zu Art. 2 GG**
> - Art. 2 Abs. 1 GG werden mit der Allgemeinen Handlungsfreiheit, dem Allgemeinen Persönlichkeitsrecht und dem Recht auf informationelle Selbstbestimmung drei selbstständige Grundrechte entnommen.
> - Auf die Allgemeine Handlungsfreiheit darf dabei nur zurückgegriffen werden, wenn kein spezielleres Freiheitsgrundrecht eingreift.
> - Die Grundrechte des Art. 2 Abs. 1 GG stehen unter einem einfachen Gesetzesvorbehalt, da sie nur im Rahmen der verfassungsgemäßen Ordnung ausgeübt werden dürfen.
> - Art. 2 Abs. 2 GG schützt das Leben, die körperliche Unversehrtheit und die körperliche Fortbewegungsfreiheit.
> - Alle Grundrechte des Art. 2 Abs. 2 GG stehen unter einem einfachen Gesetzesvorbehalt.
> - Bei Eingriffen in das Leben kommt eine Rechtfertigung nur in Betracht, wenn die öffentlichen Interessen deutlich überwiegen.

Art. 2 Abs. 2 GG enthält wichtige Grundrechte, bezüglich derer zumindest Grundwissen nötig ist. Wegen der besonderen Qualität der geschützten Güter kann in Fallbearbeitungen besonders gut die Argumentationsfähigkeit des Prüflings getestet werden.

IV. Die Gleichheitsrechte

1. Allgemeines

288 Wie in Rn. 213 bereits erwähnt, enthält das GG an verschiedenen Stellen Regelungen zur Gleichbehandlung. Neben dem allgemeinen Gleichheitsgrundsatz (Art. 3 Abs. 1 GG), der im Anschluss näher behandelt wird, sind folgende Gleichheitssätze von besonderer Bedeutung:

289 • In Art. 3 Abs. 2 und Abs. 3 GG ist die Forderung nach der **Gleichberechtigung der Geschlechter** verfassungsrechtlich verankert. Nach heute h. M. gewähren beide Vorschriften zusammen ein absolutes Differenzierungsverbot. Eine Ungleichbehandlung von Männern und Frauen ist daher nur ausnahmsweise zulässig, wenn eine unterschiedliche Regelung im Hinblick auf die objektiven, biologischen oder funktionalen Unterschiede zwischen Mann und Frau geboten ist oder eine Begünstigung eines Geschlechts der Kompensation erlittener Nachteile dient. Letzteres kann z. B. sog. Quotenregelungen rechtfertigen, mit denen der Anteil von Frauen an bestimmten beruflichen Positionen erhöht werden soll.

290 • Die sog. Differenzierungsverbote (Art. 3 Abs. 3 GG) verbieten eine Ungleichbehandlung wegen bestimmter Merkmale eines Menschen, insbesondere wegen des Geschlechts, der Abstammung, der Rasse, der Sprache oder wegen seines Glaubens. Nicht erfasst ist die Staatsangehörigkeit. Ungleichbehandlungen von Ausländern sind daher nur an Art. 3 Abs. 1 GG zu messen. Das Verbot greift ein, wenn eines der genannten Merkmale als Anknüpfungspunkt für eine rechtliche Ungleichbehandlung, dh. eine Bevorzugung oder Benachteiligung, herangezogen wird. Eine Rechtfertigung solcher Differenzierungen scheidet grundsätzlich aus. Zu beachten ist, dass bezüglich einer Behinderung laut Art. 3 Abs. 3 Satz 2 GG nur eine Benachteiligung verboten ist. Auf einfachgesetzlicher Ebene verhindert heute im Privatrechtsverkehr, insbesondere im Arbeitsverhältnis, das Allgemeine Gleichbehandlungsgesetz (AGG) Diskriminierungen wegen bestimmter Merkmale, die teilweise mit denen, die in Art. 3 Abs. 3 GG genannt sind, übereinstimmen.

291 • Nach Art. 6 Abs. 5 GG sind **uneheliche Kinder** gegenüber ehelichen Kindern gleich zu behandeln. Eine unterschiedliche Behandlung, z. B. beim Erbrecht, ist grundsätzlich nicht zulässig.

292 • Nach Art. 21 Abs. 1 GG gilt für den politischen Wettbewerb von **politischen Parteien** ein Gleichbehandlungsgebot. Dies verbietet z. B. die Bevorzugung von einzelnen Parteien im Wahlkampf. Allerdings können zwingende Gründe eine Ungleichbehandlung rechtfertigen. Beispiel da-

- für ist die Berücksichtigung früherer Wahlergebnisse für den Umfang der Wahlkampfkostenerstattung (vgl. § 5 PartG).
- Nach Art. 33 Abs. 1 GG hat jeder Deutsche in jedem Land die gleichen staatsbürgerlichen Rechte und Pflichten sowie nach Art. 33 Abs. 2 GG nach seiner Eignung, Befähigung und fachlicher Leistung gleichen Zugang zu jedem öffentlichen Amt.

2. Der allgemeine Gleichheitsgrundsatz (Art. 3 Abs. 1 GG)

Die Überprüfung der Verletzung von Art. 3 Abs. 1 GG weicht von der oben dargestellten Prüfung bei den Freiheitsgrundrechten ab. Der Schutzbereich ist eröffnet, wenn tatsächlich eine Ungleichbehandlung vorliegt. Eine Rechtfertigung des Eingriffs liegt grundsätzlich schon dann vor, wenn für die Ungleichbehandlung ein sachlicher Grund besteht. Bei bestimmten Ungleichbehandlungen muss die vorgenommene Differenzierung zusätzlich noch verhältnismäßig erscheinen.

a) Das Vorliegen einer Ungleichbehandlung. Art. 3 Abs. 1 GG (bitte lesen!) verbietet, wesentlich Gleiches ungleich und wesentlich Ungleiches gleich zu behandeln. Dies gilt für alle drei staatliche Gewalten.

Der Gesetzgeber darf nur Gesetze erlassen, die inhaltlich dem Gleichheitsgrundsatz entsprechen. Verwaltung und Rechtsprechung dürfen ein Gesetz nicht auf gleichartige Sachverhalte unterschiedlich anwenden. Insbesondere gilt dies für Vorschriften, die der Verwaltung ein Ermessen einräumen. Insoweit darf die Verwaltung von einer einmal eingegangenen Verwaltungspraxis nicht ohne weiteres abweichen (sog. **Selbstbindung der Verwaltung**). Dies gilt allerdings nur dann, wenn die bisherige Verwaltungspraxis rechtmäßig („**keine Gleichheit im Unrecht**"). Ein Anspruch auf die Wiederholung fehlerhafter Rechtsanwendung besteht also nicht (*Sodan/Ziekow*, § 30 Rdnr. 6).

Eine Ungleichbehandlung setzt voraus, dass eine Person oder Sache durch die gleiche staatliche Stelle anders behandelt wird, als eine vergleichbare andere. Dazu ist zunächst eine hinreichende Vergleichbarkeit der ungleich behandelten Sachverhalte nötig. Es muss **wesentlich Gleiches ungleich behandelt** werden. Dies kann nur bejaht werden, wenn sich die beiden Sachverhalte oder Personengruppen einem gemeinsamen Oberbegriff zuordnen lassen, der zu den fraglichen Maßnahmen einen Bezug aufweist (*Oberrath*, 6. Kapitel Rn. 5). Wichtig ist dabei, dass die beiden Vergleichsgruppen abschließend erfasst sind, d. h. dass dem Oberbegriff keine weiteren Gruppen angehören. Daher kann man, wenn z. B. für Piloten von Passagierflugzeugen eine Altersgrenze eingeführt werden soll, für eine Ungleichbehandlung nicht auf die Fahrer von Fernreisebussen abstellen. Unter einen Oberbegriff „Personentransporteure" ließen sich nämlich auch noch die Fahrer von Personenzügen oder Taxifahrer fassen.

298 Für eine Ungleichbehandlung ist weiterhin erforderlich, dass die beiden vergleichbaren Sachverhalte tatsächlich unterschiedlich behandelt werden. Dies ist z. B. der Fall, wenn eine der Vergleichsgruppen eine Begünstigung oder eine Belastung erfährt, die andere aber nicht. Eine unterschiedliche Behandlung liegt aber auch vor, wenn eine Regelung selbst keine Differenzierung vornimmt, aber faktisch eine solche herbeigeführt wird, wie z. B. bei einem gleichen Steuersatz für alle Einkommensbereiche.

299 Geschützt werden durch Art. 3 Abs. 1 GG alle natürlichen Personen sowie nach Maßgabe von Art. 19 Abs. 3 GG auch juristische Personen.

300 Art. 3 Abs. 1 GG wird durch Eingreifen eines speziellen Gleichheitsgrundrechts verdrängt. Dagegen ist er beim Zusammentreffen mit einem Freiheitsgrundrecht weiter anwendbar (sog. Idealkonkurrenz).

301 b) **Rechtfertigung von Eingriffen.** Art. 3 Abs. 1 GG verbietet Ungleichbehandlungen nicht absolut. Eine Ungleichbehandlung zweier vergleichbarer Sachverhalte kann auch gerechtfertigt sein.

302 Grundvoraussetzung für eine Rechtfertigung einer Ungleichbehandlung ist immer das Vorliegen eines sachlichen Grundes für die Differenzierung. Verletzt ist Art. 3 Abs. 1 GG also jedenfalls bei **Willkürentscheidungen** (BVerfG v. 26.4.1988 – 1 BvL 84/86 – BVerfGE 78, 104, 121).

303 Nach der Rechtsprechung des BVerfG beschränkt sich Art. 3 Abs. 1 GG aber nicht auf ein bloßes Willkürverbot (BVerfG v. 7.10.1980 – 1 BvL 50/79, 1 BvL 89/79, 1 BvR 240/79 – BVerfGE 55, 72, 88 – **neue Formel**). Zumindest bei Maßnahmen des Gesetzgebers ist zusätzlich erforderlich, dass „*Unterschiede von solcher Art und solchem Gewicht bestehen, dass sie die Ungleichbehandlung rechtfertigen*" (BVerfG v. 30.5.1990 – 1 BvL 2/83, 1 BvL 9/84, 1 BvL 10/84, 1 BvL 3/85, 1 BvR 764/86 – BVerfGE 82, 126, 146). Im Ergebnis fließt damit der allgemeine Verhältnismäßigkeitsgrundsatz in die Prüfung der Rechtfertigung ein. Dies gilt nach der Rechtsprechung des BVerfG aber nur, wenn die Differenzierung nach Personengruppen erfolgt oder eine Differenzierung nach anderen Kriterien zu einer Ungleichbehandlung von Personengruppen führt (*Detterbeck*, Rn. 347 ff.).

304 Für die Überprüfung einer Regelung an Art. 3 Abs. 1 GG ist dann ein zweistufiges Vorgehen notwendig:

- Zunächst ist zu ermitteln, ob der Zweck, dem die Ungleichbehandlung dienen soll (Differenzierungsziel), anerkennungswert/legitim ist.
- Sodann ist festzustellen, ob das Kriterium, das für die Ungleichbehandlung gewählt wurde (Differenzierungskriterium), verhältnismäßig erscheint, d. h. ob dies im Hinblick auf die Zielerreichung geeignet, erforderlich und angemessen ist.

IV. Die Gleichheitsrechte

305 Bei gesetzlichen Bestimmungen, die die Differenzierung nicht an personenbezogene Merkmale anknüpfen, bleibt es dagegen dabei, dass ein sachlicher Grund die Ungleichbehandlung rechtfertigen kann. Entsprechendes gilt für Maßnahmen der Verwaltung und der Rechtsprechung.

306 Daraus ergibt sich für Art. 3 Abs. 1 GG folgender Prüfungsablauf:

1. Keine Verdrängung durch einen speziellen Gleichheitsgrundsatz
2. Vorliegen eines Eingriffs
   - Vorhandensein einer geeigneten Vergleichsgruppe
   - Unterschiedliche Behandlung gegenüber dieser Vergleichsgruppe
3. Rechtfertigung eines Eingriffs
   (a) Eingriff durch Gesetzgeber
   - Vorhandensein eines sachlichen Grundes
   - bei der Ungleichbehandlung von Personengruppen zusätzliche Prüfung, ob Differenzierung einem legitimen Zweck dient und die Differenzierung geeignet, erforderlich und angemessen ist
   (b) Eingriff durch Verwaltung oder Rechtsprechung
   → Vorhandensein eines sachlichen Grundes?

Abbildung 18: Verletzung des allgemeinen Gleichheitsgrundsatzes

Fall 6

Prüfungsschema 9

Fall:
Nach dem Einkommensteuergesetz (EStG) dürfen Arbeitnehmer Aufwendungen, die für Wege zwischen Wohnung und regelmäßiger Arbeitsstätte ab dem 21. Entfernungskilometer entstehen, wie Werbungskosten abgezogen werden.
Ist diese Regelung mit dem allgemeinen Gleichheitsgrundsatz vereinbar?

Lösung:
Es liegt eine Ungleichbehandlung im Sinne von Art. 3 Abs. 1 GG vor, weil Arbeitnehmer, die zur Arbeit fahren müssen, je nach der Entfernung zwischen Arbeitsort und Arbeitsstätte unterschiedlich behandelt werden. Fraglich ist, ob das gerechtfertigt ist. Dazu wäre mindestens ein sachlicher Grund für die Differenzierung notwendig (Willkürverbot). Grund für die Regelung ist in erster Linie die Konsolidierung des Bundeshaushalts gewesen. Der Finanzbedarf des Staates oder eine knappe Haushaltslage kann nach dem BVerfG für sich allein eine ungleiche Belastung von Personengruppen aber grundsätzlich nicht rechtfertigen. Die Ungleichbehandlung hat nach dem Bundesverfassungsgericht hier

auch besonderes Gewicht, weil die Regelung vom sogenannten Veranlassungsprinzip, das nach dem Nettoprinzip für die Besteuerung maßgeblich ist, abweicht. Nach diesem Prinzip können von den Erwerbseinnahmen Aufwendungen abgezogen werden, die dem beruflichen Bereich zuzuordnen sind. Durch die fragliche Regelung des EStG wird die berufliche Veranlassung für dasselbe Verhalten aber einmal verneint, nämlich für die Arbeitnehmer, die weniger als 21 Kilometer zur Arbeit fahren müssen, und einmal bejaht, nämlich in Bezug auf die Arbeitnehmer, die 21 und mehr Kilometer fahren müssen (ausführlich BVerfG v. 9.12.2008 – 2 BvL 1/07 – NJW 2009, 48 ff.). Die Ungleichbehandlung der beiden Arbeitnehmergruppen ist daher nicht gerechtfertigt.

307 **Merksätze zu den Gleichheitsrechten**
- Das GG enthält in Art. 3 Abs. 1 GG den allgemeinen Gleichheitsgrundsatz. Danach darf wesentlich Gleiches nicht ungleich und wesentlich Ungleiches nicht gleichbehandelt werden.
- Mindestvoraussetzung für die Rechtfertigung einer Ungleichbehandlung ist das Vorliegen eines sachlichen Grundes (sog. Willkürverbot). Wird nach Personen differenziert oder hat die Ungleichbehandlung aus anderen Gründen eine besondere Intensität, muss die Ungleichbehandlung zusätzlich einer Verhältnismäßigkeitsprüfung genügen (sog. neue Formel).
- Art. 3 Abs. 2 GG verbietet die Ungleichbehandlung von Mann und Frau.
- Art. 3 Abs. 3 verbietet die Ungleichbehandlung/Diskriminierung aus bestimmten Gründen.

- **Allgemeines:**
  Grundwissen über Bedeutung und Prüfung des allgemeinen Gleichheitsgrundsatzes muss vorhanden sein. Sowohl für die mündliche Prüfung, als auch für Fallbearbeitungen sollten die Begriffe „Willkürverbot" und „neue Formel" bekannt sein.
- **Spezialprobleme:**
  - *Zulässigkeit sog. Quotenregelungen*: Für Regelungen, die Frauen bei der Besetzung von Stellen bevorzugen, spricht neben dem Diskriminierungsverbot nach Art. 3 Abs. 2 Satz 1 GG auch das ausdrückliche Förderungsgebot nach Art. 3 Abs. 2 Satz 2 GG. Allerdings darf die Förderung des einen Geschlechts nicht zur Diskriminierung des anderen führen. Der Europäische Gerichtshof hat daher in Anwendung des Art. 141 EGV eine Regelung für unzulässig gehalten, nach der bei gleicher Qualifikation die Frau automatisch Vorrang hat (vgl. EuGH v. 17.10.1995 – Rs. C-

450/93 – NJW 1995, 3109 – Kalanke und NJW 1997, 2429 – Marschall).
- *Frauen bei der Bundeswehr*: Laut Art. 12a GG können nur Männer zum Wehrdienst verpflichtet werden. Das Bundesverfassungsgericht sah bezüglich der früheren Wehrpflicht für Männer keinen Verstoß gegen Art. 3 Abs. 2 GG, weil Art. 12a GG eine speziellere Regel sei (BVerfG v. 26.6.2006 – 6 B 9/06 – NJW 2006, 2872). Nach Art. 12a GG a. F. war strittig, ob Frauen, die sich freiwillig zur Bundeswehr melden, Waffendienst leisten dürfen. Das Bundesverwaltungsgericht hatte das verneint (BVerwG v. 19.7.1995 – 2 WD 9.95 – BVerwGE 103, 301, 303), wogegen der EuGH Bedenken geäußert hatte. Jetzt stellt Art. 12a Abs. 4 Satz 2 GG klar, dass nur die Verpflichtung zum Waffendienst für Frauen verboten ist.
- *Strafbarkeit von Beischlaf zwischen leiblichen Geschwistern*: § 173 Abs. 2 StGB stellt den sog. Inzest unter Strafe. Dies bedeutet eine Ungleichbehandlung gegenüber anderen Formen sexuellen Kontakts. Das Bundesverfassungsgericht hat jüngst entschieden, dass es dafür sachliche Gründe, z. B. negative Auswirkungen für die Familie, Gefahr von Erbschäden, gibt, die diese Ungleichbehandlung rechtfertigen (BVerfG v. 26.2.2008 – 2 BvR 392/07 – JA 2008, 549).

V. Die Freiheit des Glaubens und des Gewissens (Art. 4 GG)

Art. 4 GG gewährt nach seinem Wortlaut die Freiheit des Glaubens und des Gewissens (Art. 4 Abs. 1 GG), die Bekenntnisfreiheit (Art. 4 Abs. 1 GG), die Religionsausübungsfreiheit (Art. 4 Abs. 2 GG) und das Recht auf Kriegsdienstverweigerung (Art. 4 Abs. 3 GG). Die in Art. 4 Abs. 1 und 2 GG gewährten Rechte bilden nach h. M. ein einheitliches Grundrecht der Glaubensfreiheit (BVerfG v. 24.9.2003 – 2 BvR 1436/02 – BVerfGE 108, 282, 297).

1. Die Glaubensfreiheit

a) **Schutzbereich.** Art. 4 Abs. 1 GG schützt zunächst den Glauben.

Der **Glaube** betrifft religiöse Überzeugungen, d. h. die Vorstellung, dass der Einzelne in einem jenseitigen, nicht vollkommen wissenschaftlich zu erklärendem Zusammenhang eingeordnet ist (BVerwG DVBl. 2006, 288).

Die Glaubensfreiheit umfasst damit insbesondere die anerkannten Religionen, weshalb sie teilweise auch als **Religionsfreiheit** bezeichnet wird. Sekten werden erfasst, soweit die entsprechende Gemeinschaft den Glauben nicht nur zur Verdeckung anderer Ziele einsetzt.

310 Weiter schützt Art. 4 Abs. 1 GG Weltanschauungen.

> Eine **Weltanschauung** ist eine Ansicht über die Ordnung der Welt, die auf jenseitige (transzendente) Ansätze verzichtet.

311 Die Glaubensfreiheit hat verschiedene Ausprägungen:
- Zunächst darf man sich einer bestimmten Religion oder Weltanschauung zugehörig fühlen, d. h. einen bestimmten Glauben bzw. eine Weltanschauung **bilden und haben**.
- Weiter darf man sich zu der entsprechenden Anschauung auch in der Öffentlichkeit **bekennen und seinen Glauben verbreiten**.
- Wie sich aus Art. 4 Abs. 2 GG ergibt, darf man seinen **Glauben** auch **ausüben**. Das betrifft zum einen alle kultischen Handlungen und sonstigen Gebräuche, die der Glaube bzw. die Weltanschauung gebieten. Zum anderen ist aber nach dem BVerfG auch das Recht eingeräumt, sein gesamtes Verhalten an den Lehren des Glaubens auszurichten. Beispiele sind die Beachtung religiöser Ernährungsvorschriften, die Verweigerung medizinischer Hilfe (BVerfG v. 27.10.1998 – 1 BvR 2306/96, 1 BvR 2314/96, 1 BvR 1108/97, 1 BvR 1109/97, 1 BvR 1110/97 – BVerfGE 32, 1109) oder die Verweigerung des Amtseides (BVerfG v. 25.10.1988 – 2 BvR 745/88 – BVerfGE 79, 69, 75; vgl. auch *Jarass/Pieroth*, Art. 4 GG Rn. 10 ff.)
- Schließlich ist auch die Gründung von religiösen und weltanschaulichen Vereinigungen geschützt.

312 Die Glaubensfreiheit hat auch eine **negative Komponente**. Sie gibt einem auch das Recht, seinen Glauben bzw. seine Weltanschauung nicht zu offenbaren etc. Danach kann man also z. B. seinen Glauben verschweigen und kann dem Glauben entsprechende Handlungen unterlassen. Ein Schulgebet ist daher z. B. nur zulässig, wenn die Teilnahme daran freiwillig ist.

313 Berufen können sich auf Art. 4 Abs. 1 GG zunächst alle natürlichen Personen. Nach Maßgabe von Art. 19 Abs. 3 GG können sich inländische juristische Personen auf die Glaubensfreiheit berufen (**kollektive Glaubensfreiheit**). Dies umfasst die Gründung, den Bestand und die Betätigung von Glaubens- bzw. Weltanschauungsgemeinschaften. Eine juristische Person kann sich aber nur dann auf die Glaubensfreiheit berufen, wenn der Schwerpunkt ihrer Tätigkeit im religiösen/weltanschaulichen Bereich und nicht die wirtschaftliche Betätigung im Vordergrund steht. (*Oberrath*, Kapitel 5 Rn. 21).

V. Die Freiheit des Glaubens und des Gewissens (Art. 4 GG)

Insgesamt lässt sich der Schutzbereich des Art. 4 Abs. 1 und 2 GG wie folgt zusammenfassen: **314**

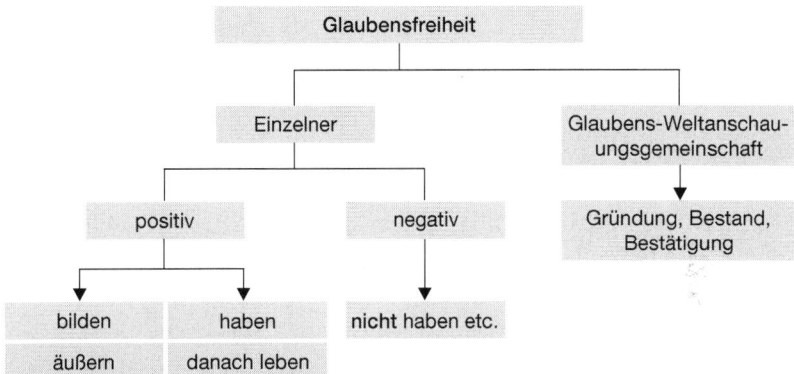

Abbildung 19: Der Schutzbereich der Glaubensfreiheit

b) Typische Eingriffe. Ein Eingriff in die Glaubensfreiheit liegt unproblematisch vor, wenn eine staatliche Maßnahme die Glaubensfreiheit gezielt beeinträchtigt. Beispiele sind das Verbot einer religiösen Vereinigung, das Verbot bestimmter Handlungsweisen, die eine Religion gebietet oder die Verpflichtung zu Handlungen, die einer Religion oder Weltanschauung zuwiderlaufen. **315**

Auch Regelungen oder Maßnahmen, die sich nicht gezielt gegen eine Religionsgemeinschaft oder einen einzelnen Gläubigen richten (sog. mittelbare Eingriffe), können die Religionsfreiheit beeinträchtigen. Beispiele sind die staatliche Warnung vor bestimmten Gemeinschaften (BVerfG v. 26.6.2002 – 1 BvR 670/91 – BVerfGE, 105, 279) oder das Erfordernis einer behördlichen Erlaubnis für die Durchführung eines Gemeindefestes. **316**

Ein Eingriff in Art. 4 Abs. 1 GG kann aufgrund der sog. mittelbaren Drittwirkung der Grundrechte (s. Rn. 232) auch bei Handlungen von Privatrechtssubjekten vorliegen. **317**

> Besondere Bedeutung hat dies im **Arbeitsrecht**. So kann sich ein Arbeitnehmer auch gegenüber einem privaten Arbeitgeber auf Art. 4 Abs. 1 GG berufen, wenn er während der Arbeit religiöse Symbole trägt oder Glaubenshandlungen vornehmen will.

c) Rechtfertigung von Eingriffen. Art. 4 Abs. 1 GG enthält keinen Gesetzesvorbehalt. Die Glaubensfreiheit unterliegt aber verfassungsimmanenten Schranken. Als Grenzen der Glaubensfreiheit sind daher die Grundrechte anderer und wichtige Verfassungswerte zu beachten. So kann z. B. dem Töten von Tieren aus religiösen Gründen (sog. Schächten) der Tierschutz (Art. 20a GG) und dem Aufhängen von Kruzifixen im Klassenzimmer die **318**

negative Glaubensfreiheit der Mitschüler entgegenstehen (vgl. BVerfG v. 15.1.2002 – 1 BvR 1783/99 – BVerfGE 104, 337 bzw. BVerfG v. 16.5.1995 – 1 BvR 1087/91 – BVerfGE 93, 1).

319 Nach h. M. können sich auch aus den Art. 136 ff. der **Weimarer Reichsverfassung** (WRV) Grenzen für die Glaubensfreiheit ergeben. Die genannten Vorschriften sind nach Art. 140 GG geltendes Verfassungsrecht. Relevant für die Rechtfertigung von **Eingriffen** in die Glaubensfreiheit sind z. B. die Neutralitätspflicht des Staates, der sich aus dem Verbot der Staatskirche (Art. 137 WRV) ergibt oder die Regelung des Art. 136 Abs. 3 Satz 2 WRV, wonach die Behörden nur unter bestimmten Voraussetzungen nach der Religionszugehörigkeit fragen dürfen.

Fall:
Ein zwölfjähriges Kind türkischer Staatsangehörigkeit möchte aufgrund ihres islamischen Glaubens vom für Jungen und Mädchen gemeinsam stattfindenden Sportunterricht befreit werden. Die Schule meint, es sei selbst bei Beachtung der Bekleidungsvorschriften des Korans zumutbar, in weit geschnittener Kleidung am gemeinsamen Sportunterricht, gegebenenfalls mit Ausnahme des Schwimmunterrichts, teilzunehmen.
Ist die Meinung der Schule mit Art. 4 GG vereinbar?

Lösung:
Art. 4 Abs. 1 GG ist unproblematisch einschlägig und es liegt auch ein Eingriff in die Glaubensfreiheit vor, da das Kind zu etwas gezwungen wird, was ihm seine Religion verbietet. Bezüglich der Rechtfertigung dieses Eingriffs ist zu berücksichtigen, dass der Staat nach Art. 7 Abs. 1 GG die Aufsicht über das Schulwesen hat. Somit ist eine Abwägung beider Positionen nötig. Das BVerwG hat dem Kind Recht gegeben. Auch eine weit geschnittene Kleidung würde nicht den für das Kind verbindlichen Glaubenssätzen entsprechen, da es *„immer befürchten müsse, dass auch bei einer solchen Bekleidung die Konturen seines Körpers sichtbar würden und es möglicherweise sein Kopftuch verliere, was ihm die Teilnahme am Sportunterricht zur Qual mache; außerdem würden dadurch ihm verbotene körperliche Berührungen mit Jungen nicht ausgeschlossen, und schließlich sei es gezwungen, den entweder mit zweckentsprechend knapp geschnittener oder eng anliegender Sportkleidung bekleideten Jungen bei ihren Übungen zuzusehen, was ihm ebenfalls verboten sei."* (BVerwG v. 25.8.1993 – 6 C 8/91 – NVwZ 1994, 580).
Dem Einwand, dass ein muslimisches Kind auch im Alltag körperlichen Berührungen mit anderen Menschen sowie den Anblick leicht bekleideter Jungen und Männer nicht vermeiden könne, entgegnete das BVerwG, dass es im privaten Bereich mehr Möglichkeiten gebe, solchen Situationen auszuweichen. (Anders kann es bei Kindern im Grundschulalter sein, vgl. OVG Bremen, NVwZ–RR 2012, 282.)

Prüfungsschema 10

Fall 4

2. Die Gewissensfreiheit

a) Schutzbereich. Neben der Glaubensfreiheit schützt Art. 4 Abs. 1 2. Alt. GG auch die Gewissensfreiheit. **320**

> **Gewissen** ist das Bewusstsein, dass es ein verpflichtendes Sittengesetz für menschliches Handeln gibt.

Auch die Gewissensfreiheit erfasst mehrere Aspekte. Man darf eine Gewissensentscheidung treffen, aber auch nach ihr handeln. **321**

> Eine **Gewissensentscheidung** ist jede ernste, sittliche, d. h. an den Kategorien von Gut und Böse orientierte Entscheidung, die der Betroffene in einer konkreten Situation als für sich verbindlich erachtet (BVerfG v. 13.4.1978 – 2 BvF 1/77, 2 BvF 2/77, 2 BvF 4/77, 2 BvF 5/77 – BVerfGE 48, 127, 173).

Der Betroffene kann sich auf seine Gewissensentscheidung aber nur berufen, wenn er darlegt, dass sein Gewissen ihn zu einem bestimmten Verhalten zwingt oder ihm ein solches verbietet. Die bloße Äußerung entsprechender Bedenken reicht nicht aus. **322**

Grundrechtsträger ist jedermann. Das sind aber nur alle natürlichen Personen. Juristischen Personen ist eine Berufung auf Art. 4 Abs. 1 2. Alt. GG verwehrt, weil die Gewissensfreiheit von ihrem Wesen her für juristische Personen nicht anwendbar ist (vgl. Art. 19 Abs. 3 GG). **323**

b) Typische Eingriffe. In die Gewissensfreiheit eingegriffen wird zunächst dann, wenn jemand durch den Staat dazu gezwungen wird, sich gegen sein Gewissen in einer bestimmten Weise zu verhalten, ohne dass ihm eine Handlungsalternative zur Verfügung gestellt wird (*Jarass/Pieroth*, Art. 4 GG Rn. 48). So wird z. B. durch die Verpflichtung eines Arztes zur Vornahme einer Abtreibung, obwohl ihm sein Gewissen die Tötung der Leibesfrucht verbietet, in dessen Gewissensfreiheit eingegriffen. **324**

Zum anderen wird in die Gewissensfreiheit eingegriffen, wenn die Möglichkeit, seine Entscheidungen am Gewissen auszurichten, behindert wird. Beispiel ist die Verweigerung einer positiven Prüfungsbewertung, weil sich der Prüfling unter Berufung auf die Gewissensfreiheit geweigert hat, einen Tierversuch durchzuführen. **325**

326 c) **Rechtfertigung von Eingriffen in die Gewissensfreiheit.** Die Gewissensfreiheit enthält keine geschriebene Schranke. Sie unterliegt daher nur den verfassungsimmanenten Schranken. In Betracht kommen vor allem Grundrechte anderer. So kann die körperliche Unversehrtheit (Art. 2 Abs. 2 GG) des betroffenen Patienten die Verpflichtung eines Arztes, eine Behandlung, die seinem Gewissen widerspricht, vorzunehmen, rechtfertigen. Die Verpflichtung eines Studenten, an einem Tierversuch teilzunehmen, kann durch die Wissenschaftsfreiheit des Lehrenden (Art. 5 Abs. 3 GG) gedeckt sein.

327 Ein wichtiges Allgemeingut, das einen Eingriff in die Gewissensfreiheit rechtfertigen kann, ist z. B. der Grundsatz der Solidargemeinschaft in der gesetzlichen Krankenversicherung. Daher kann jemand die Zahlung von Krankenversicherungsbeiträgen nicht mit dem Argument verweigern, dass damit auch Abtreibungen finanziert werden und dies seinem Gewissen widerspreche (BVerfG v. 18.4.1984 – 1 BvL 43/81 – BVerfGE 67, 26, 37).

3. Das Recht auf Kriegsdienstverweigerung

328 Art. 4 Abs. 3 GG regelt eine spezielle Ausprägung der Gewissensfreiheit. Danach darf niemand gegen sein Gewissen zum Dienst an der Waffe gezwungen werden. Allerdings beschränkt sich der Schutz auf diejenigen, bei denen in einem Verfahren festgestellt wurde, dass sie sich durch ihr Gewissen daran gehindert fühlen, Kriegsdienst zu leisten (BVerfG v. 26.5.1970 – 1 BvR 83/69, 1 BvR 244/69, 1 BvR 345/69 – BVerfGE 28, 243, 261). Nach Art. 12a Abs. 2 GG ist Konsequenz der Kriegsdienstverweigerung, dass der Betroffene einen Ersatzdienst leisten muss.

> **Merksätze zu Art. 4 GG**
> - Art. 4 Abs. 1 und 2 GG schützen ein einheitliches Grundrecht der Glaubensfreiheit.
> - Dem Einzelnen gewährt Art. 4 Abs. 1 GG das Recht, einen Glauben/eine Weltanschauung zu haben, sich zu ihr zu bekennen, sie zu verbreiten, die vorgesehenen kultischen Handlungen und Gebräuche vorzunehmen sowie sein ganzes Leben an dem Glauben/der Weltanschauung auszurichten (positive Glaubensfreiheit); daneben kann der Einzelne auch einen Glauben/eine Weltanschauung nicht haben, sich nicht zu ihm bekennen etc. (negative Glaubensfreiheit).
> - Die kollektive Glaubensfreiheit gibt Glaubens- oder Weltanschauungsgemeinschaften das Recht auf Gründung, Bestand und Betätigung.
> - Die Glaubensfreiheit unterliegt nur verfassungsimmanenten Schranken.
> - Die Gewissensfreiheit schützt das Haben eines Gewissens und das von diesem geprägte Handeln (Gewissensentscheidung).

- Auch die Gewissensfreiheit unterliegt nur verfassungsimmanenten Schranken.
- Als speziellen Fall einer Gewissenentscheidung gibt Art. 4 Abs. 3 GG dem Einzelnen ein Recht zur Verweigerung des Wehrdienstes.

- **Allgemeines:**
  Grundwissen zu Art. 4 GG, insbesondere zur Glaubensfreiheit, ist erforderlich, soweit der Prüfungsstoff nicht auf die Wirtschaftsgrundrechte begrenzt ist. In der Fallbearbeitung wird es meist darum gehen, ob ein staatliches Verbot oder eine Verpflichtung mit Art. 4 Abs. 1 und 2 GG vereinbar sind.
- **Spezialprobleme:**
  - *„Kopftuchentscheidungen"*: Das Tragen von Kopftüchern durch islamische Frauen ist eine aktuelle Problematik, zu der wichtige Entscheidungen auch auf europäischer Ebene ergangen sind. Dabei sind verschiedene Bereiche zu unterscheiden: Kopftuchtragen als Arbeitnehmerin (BVerfG v. 30.7.2003 – 1 BvR 792/03 – NJW 2003, 2815; EuGH v. 15.7.2021 – C-804/18), Kopftuchtragen durch Lehrerin (BVerfG v. 24.9.2003 – 2 BvR 1436/02; BVerfG v. 24.9.2003 – 2 BvR 1436/02 – BVerfGE 108, 282, BVerfG v. 27.1.2015 – 1 BvR 471/10, 1 BvR 1181/10 – NJW 2015, 1359 ff; BAG v. 27.8.2020 – 8 AZR 62/19.) oder Referendarin (BVerfG v. 14.1.2020 – 2 BvR 1333/17), Kopftuchtragen in einer kirchlichen Einrichtung (BAG v. 24.9.2014 – 5 AZR 611/12 – NZA 2014, 1407), Bewerbung um ein unbezahltes Praktikum (EuGH v. 13.10.2022 – C-344/20), Verbot einer gesichtsverhüllenden Verschleierung an einer Berufsoberschule (VGH München, NVwZ 2014, 1109).
  - *„Scientology-Problematik"*: Die Einordnung der Scientology-Bewegung als Glaubensgemeinschaft i. S. v. Art. 4 Abs. 1 GG hängt davon ab, ob man den Schwerpunkt ihrer Tätigkeit in der Pflege und Förderung eines Glaubens oder in der wirtschaftlichen Betätigung sieht. Das BVerwG (BVerwG v. 15.12.2005 – 7 C 20/04 – NJW 2006, 1303) hat eine Berufung der Scientology auf Art. 4 Abs. 1 GG für möglich gehalten. Die Literatur sieht das kritischer (z. B. *Hufen*, § 22 Rn. 7).

VI. Die Meinungsfreiheit und die Medienfreiheiten (Art. 5 Abs. 1 GG)

1. Schutzbereich

Art. 5 Abs. 1 GG enthält fünf Grundrechte: die Meinungsfreiheit, die Informationsfreiheit, die Pressefreiheit, die Rundfunkfreiheit und die Filmfreiheit.

330 a) **Die Meinungsfreiheit.** Art. 5 Abs. 1 GG schützt die Äußerung und Verbreitung von Meinungen. Damit betrifft sie unbestritten die Abgabe von Werturteilen.

331 Ein **Werturteil** liegt vor, wenn eine Äußerung Elemente der Stellungnahme, des Dafürhaltens und des Meinens in einer geistigen Auseinandersetzung enthält.

Für den Schutz solcher Äußerungen ist es unerheblich, ob sie richtig, vernünftig oder wichtig sind und welche Zwecke damit verfolgt werden. Auch Beleidigungen anderer können daher vom Schutz des Art. 5 Abs. 1 GG erfasst sein (z. B. BVerfG v. 7.10.2003 – 1 BvR 246/93, 1 BvR 2298/94 – BVerfGE 93, 246, 289 f. – Soldaten sind Mörder).

332 **Reine Tatsachenbehauptungen**, d. h. Mitteilungen, die keine Wertung enthalten und dem Beweis zugänglich sind, stellen grundsätzlich keine Meinung i. S. d. Art. 5 Abs. 1 GG dar. Etwas anderes gilt nur, wenn Tatsachen als Grundlage für eine Meinung eingesetzt werden. Sehr oft sind Tatsachenbehauptungen mit einem Werturteil verbunden, was den Schutzbereich von Art. 5 Abs. 1 GG eröffnet. So z. B. die Berufung auf eine Statistik, um eine nicht beweisbare Aussage zu äußern („Die Polizei ist unfähig, da die Anzahl von Straftaten ausweislich der Kriminalstatistik stark angestiegen ist").

333 Ausgeschlossen vom Schutz der Meinungsfreiheit werden vier Gruppen von Äußerungen:
- die bewusste Behauptung unwahrer Tatsachen,
- das bewusste Leugnen erwiesener Tatsachen, wie z. B. die Verbrechen des Nazi-Regimes,
- die Formalbeleidigung, z. B. „Du Arschloch",
- die Schmähkritik, d. h. Äußerungen, mit der eine Diffamierung des Adressaten beabsichtigt ist.

334 Umstritten ist, ob Aussagen im Rahmen kommerzieller **Werbung** von Art. 5 Abs. 1 GG geschützt sind. Zwar werden mit einer Werbung in erster Linie wirtschaftliche Zwecke verfolgt und keine Meinungsbildung angestrebt. Jedoch kann Werbung auch einen wertenden Inhalt haben und somit zumindest in gewissem Maße auch die geistige Auseinandersetzung mit Andersdenkenden beinhalten (näher *Ipsen*, Staatsrecht II, Rn. 421 f.). Dies ist z. B. der Fall, wenn eine Getränkehersteller damit wirbt, dass der Käufer mit jedem Kauf des Produktes den Schutz des Regenwaldes unterstützt.

335 Geschützte Verhaltensweisen sind die Äußerung und Verbreitung der Meinung in Wort, Schrift und Bild (vgl. den Wortlaut von Art. 5 Abs. 1 GG).

Darüber hinaus können aber auch andere Formen der Äußerung/Verbreitung von Meinungen, wie z. B. das Tragen von Plakaten, das Tragen einer bestimmten Kleidung oder die Vornahme von Gesten, unter den Schutzbereich der Meinungsfreiheit fallen.

336 Neben der Kundgabe der eigenen Meinung (**positive Meinungsfreiheit**) schützt Art. 5 Abs. 1 GG auch davor, fremde Meinungen als eigene ausgeben zu müssen (**negative Meinungsfreiheit**). Daher kann Art. 5 Abs. 1 GG tangiert sein, wenn man verpflichtet wäre, das Emblem der Regierungspartei auf der Kleidung zu tragen oder wenn man seine Produkte mit Warnhinweisen versehen muss.

337 Berufen kann sich auf Art. 5 Abs. 1 GG jede natürliche Person. Nach Maßgabe des Art. 19 Abs. 3 GG können sich aber auch inländische juristische Personen des Privatrechts auf die Meinungsfreiheit berufen. Juristischen Personen des öffentlichen Rechts steht dieses Recht allerdings grundsätzlich nicht zu. Das gilt auch für Meinungsäußerungen, die Mitglieder eines staatlichen Organs in amtlicher Eigenschaft äußern (BVerfG v. 24.11.1981 – 2 BvL 4/80 – BVerfGE 104, 329).

338 **b) Die Informationsfreiheit (Art. 5 Abs. 1 Satz 1 2 Hs. GG).** Die Informationsfreiheit gewährleistet jedermann das Recht, sich aus allgemein zugänglichen Quellen zu informieren.

Erfasst werden alle Informationsquellen, die faktisch bestimmt und geeignet sind, der Allgemeinheit Informationen zu verschaffen. Geschützt ist also z. B. die Information aus Zeitungen, Fernsehen, Rundfunk, Flugblätter oder sonstigen Quellen, die nicht auf bestimmte Personen oder Personenkreise beschränkt sind, wie z. B. ein Plakat oder eine Homepage.

339 Die Informationsfreiheit umfasst die Aufnahme und Beschaffung einer Information sowie ihre Verarbeitung und Aufbewahrung. In den Schutzbereich fallen daher z. B. der Bezug ausländischer Zeitungen, der Empfang ausländischer Fernsehsender oder das Aufnehmen von Fernsehsendungen auf Datenträger (DVD, Festplatte, Datenstick).

340 **c) Die Pressefreiheit (Art. 5 Abs. 1 Satz 2 GG).** Art. 5 Abs. 1 Satz 2 GG schützt die Presse.

> Presse sind alle zur Verbreitung geeigneten und bestimmten Druckerzeugnisse und nach h. M. heutzutage auch Ton- u. Bildträger, wie CDs oder DVDs (vgl. *Jarass/Pieroth*, Art. 5 GG Rn. 34).

341 Die Pressefreiheit schützt alle mit der Pressearbeit zusammenhängenden Tätigkeiten. Das reicht von der Beschaffung von Informationen, ihrer Verarbeitung und ihrer Verbreitung bis zu den damit zusammenhängenden

Organisationstätigkeiten. Beispiele für geschützte Aktivitäten sind die Gründung von Presseunternehmen, der Zugang zu Presseberufen, die Vertraulichkeit der Redaktionsarbeit, der Schutz von Informanten oder der Absatz von Publikationen (weiter Beispiele bei *Detterbeck*, Rn. 408).

342 Träger der Pressefreiheit sind alle natürlichen Personen und im Rahmen von Art. 19 Abs. 3 GG auch inländische juristische Personen. Geschützt werden damit alle in einem Presseunternehmen tätigen Personen, aber auch das Presseunternehmen selbst.

343 Neben der Abwehr staatlicher Maßnahmen dient Art. 5 Abs. 1 Satz 2 GG nach Meinung des Bundesverfassungsgerichts auch der Erhaltung der Institution „Freie Presse" (BVerfG v. 6.6.1989 – 1 BvR 727/84 – BVerfGE 80, 124, 133; kritisch *Ipsen*, Staatsrecht II, Rn. 441 ff.). Daraus folgen für den Staat die Verpflichtung zum Schutz der freien Presse und eine Neutralitätspflicht hinsichtlich der (finanziellen) Förderung von Presseunternehmen (BVerfG v. 5.8.1966 – 1 BvR 586/62, 1 BvR 610/63, 1 BvR 512/64 – BVerfGE 20, 162, 175).

344 **d) Die Rundfunk- und Filmfreiheit.** Art. 5 Abs. 1 Satz 2 GG schützt den Rundfunk.

> **Rundfunk** ist jede an die Allgemeinheit gerichtete drahtlose oder drahtgebundene Übermittlung von Gedankeninhalten durch physikalische Wellen (*Schröder*, Rn. 343).

Geschützt sind damit vor allem Radio und Fernsehen. Nach h. M. werden heute aber auch Angebote im Internet, soweit sie redaktionell aufgearbeitet sind, vom Schutz der Rundfunkfreiheit erfasst (BVerfG v. 24.3.1987 – 1 BvR 147/86, 1 BvR 478/86 – BVerfGE 74, 297, 350).

345 Gesondert erwähnt wird in Art. 5 Abs. 2 GG außerdem die **Freiheit der Filmberichterstattung**. Erfasst wird die Erstellung und Verbreitung nicht künstlerischer Filme (*Ipsen*, Staatsrecht II, Rn. 463). Filme, die einen künstlerischen Bezug haben, werden über Art. 5 Abs. 3 GG (Kunstfreiheit) geschützt.

346 Die Rundfunkfreiheit betrifft trotz des Wortlauts des Art. 5 Abs. 1 GG nicht nur die eigentliche Berichterstattung, sondern auch Sendungen mit anderen Inhalten, wie z. B. Spielfilme, Wortbeiträge oder Fernsehshows. Geschützt ist nicht nur die Sendung, sondern auch die Verschaffung der notwendigen Informationen, deren Verarbeitung und die technische Herstellung.

347 Träger des Grundrechts sind alle natürlichen und juristischen Personen, die Rundfunk betreiben oder Filme herstellen oder verbreiten. Auf die

Rundfunkfreiheit können sich nicht nur die öffentlich-rechtlichen Rundfunkanstalten, d. h. die Landesrundfunkanstalten und das ZDF (die ARD nicht, weil sie keine eigene Rechtspersönlichkeit hat), sondern auch private Anbieter, wie RTL, Sat1, etc. berufen. Das Nebeneinander von öffentlich-rechtlichem und privatem Rundfunk ist heute allgemein anerkannt und wird üblicherweise als **Duales System** bezeichnet (näher *Detterbeck*, Rn. 415).

Neben der Abwehr staatlicher Maßnahmen dient die Rundfunkfreiheit auch dem Schutz der Institution Rundfunk. Daraus leiten sich verschiedene staatliche Aufgaben bezüglich des Rundfunkangebots ab. So muss **Pluralität** bestehen, d. h. sichergestellt sein, dass alle gesellschaftlichen Gruppen im Rundfunk ein Sprachrohr finden. Weiter muss der öffentlich-rechtliche Rundfunk eine **Grundversorgung** der Bevölkerung gewährleisten. Schließlich müssen private Rundfunkanbieter bestimmte Mindeststandards, auch hinsichtlich der Gestaltung des Programms), erfüllen (vgl. *Manssen*, § 16 Rn. 429 ff.)

Insgesamt lässt sich der Schutzbereich von Art. 5 Abs. 1 GG wie folgt zusammenfassen:

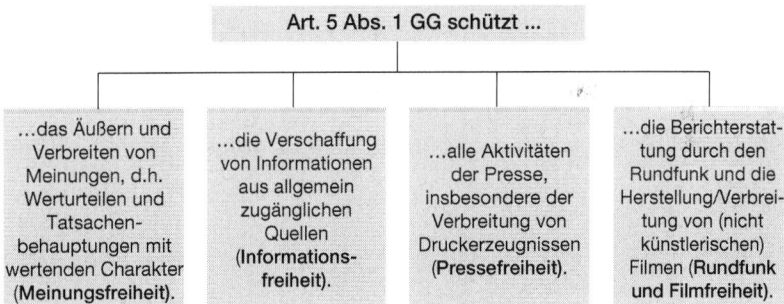

Abbildung 20: Der sachliche Schutzbereich des Art. 5 Abs. 1 GG

2. Typische Eingriffe

Ein Eingriff in die Grundrechte des Art. 5 Abs. 1 GG liegt bei allen staatlichen Maßnahmen vor, die eine der geschützten Tätigkeiten unmittelbar beeinträchtigen. Beispiele sind die Androhung strafrechtlicher Sanktionen oder sonstiger rechtlicher Nachteile für die Äußerung einer Meinung, das Abhängigmachen des Zugangs zu einer Information von einer Erlaubnis, das Stellen von Auflagen für den Inhalt oder die Gestaltung von Presseerzeugnissen bzw. Radio- oder Fernsehsendungen sowie das Verbot von Filmen.

Bei allen von Art. 5 Abs. 1 GG geschützten Grundrechten kommen aber auch **mittelbare Eingriffe** in Betracht. Beispiele sind die Auferlegung von

Straßenreinigungskosten für den Verfasser oder Verteiler eines Flugblattes oder die Subventionierung von Presse-, Rundfunk- oder Filmunternehmen.

352 Die mittelbare Drittwirkung von Grundrechten (s. Rn. 232) auf den **Privatrechtsverkehr** ist vor allem für die Meinungsfreiheit relevant.

 Daher stellt es z. B. einen Eingriff in den Schutzbereich des Art. 5 Abs. 1 GG dar, wenn der Arbeitgeber von einem Mitarbeiter verlangt, dass er während der Arbeit ein T-Shirt mit dem Firmenlogo oder sonstige Einheitskleidung tragen muss.

3. Rechtfertigung von Eingriffen

353 Nach Art. 5 Abs. 2 GG finden die Grundrechte des Art. 5 Abs. 1 GG ihre Grenzen in den Vorschriften der allgemeinen Gesetze, den gesetzlichen Bestimmungen zum Schutz der Jugend und im Recht der persönlichen Ehre. Es besteht also ein qualifizierter Gesetzesvorbehalt.

354 Die wichtigste Schranke der Grundrechte des Art. 5 Abs. 1 GG sind die **allgemeinen Gesetze**. Ein allgemeines Gesetz ist nach dem BVerfG ein Gesetz, das sich nicht speziell gegen die Grundrechte des Art. 5 Abs. 1 GG richtet und das dem Schutz eines Gemeingutes dient, das gegenüber den Grundrechten des Art. 5 Abs. 1 GG vorrangig ist (BVerfG v. 15.1.1958 – 1 BvR 400/51 – BVerfGE 7, 198). Ein allgemeines Gesetz ist daher z. B. § 3 UWG (Verbot unlauterer geschäftlicher Handlungen), der sich nicht gegen bestimmte Meinungsäußerungen richtet, sondern im Interesse der Kunden die Lauterkeit des Wettbewerbs schützt. Der Gegenbegriff zum allgemeinen Gesetz ist das **Sondergesetz**. Ein solches ist. z. B. § 130 Abs. 3 StGB, der das Leugnen bestimmter unter der Herrschaft des Nationalsozialismus begangener Straftaten unter Strafe stellt. Sondergesetze erfüllen den qualifizierten Gesetzesvorbehalt des Art. 5 Abs. 2 GG nicht.

355 Ein allgemeines Gesetz kann die Grundrechte des Art. 5 Abs. 1 GG nur beschränken, wenn es formell und materiell verfassungsgemäß ist. Sowohl bei der Einschränkung durch ein Gesetz selbst, als auch bei der Einschränkung aufgrund der Anwendung eines solchen Gesetzes kommt es dabei im Wesentlichen darauf an, ob die Beschränkung der Meinungsfreiheit verhältnismäßig erscheint. Dabei ist die **Wechselwirkungstheorie** des BVerfG (BVerfG v. 15.1.1958 – 1 BvR 400/51 – BVerfGE 7, 198, 208) zu beachten. Im Einzelfall führt dies zu einer Güterabwägung zwischen der durch Art. 5 Abs. 1 GG gewährten Freiheit und dem durch das allgemeine Gesetz zu schützenden Interesse (näher *Detterbeck*, Rn. 398).

356 Als weitere Schranken sieht Art. 5 Abs. 2 GG Sondergesetze zum Schutz der Jugend (z. B. das JSchutzG) bzw. zum Schutz der Ehre (insbes. §§ 185 ff. StGB) vor.

VI. Die Meinungsfreiheit und die Medienfreiheiten (Art. 5 Abs. 1 GG)

Die nach Art. 5 Abs. 2 GG gegebenen Einschränkungsmöglichkeiten werden durch das **Zensurverbot** (Art. 5 Abs. 1 Satz 3 GG) ihrerseits beschränkt. Es liegt insoweit eine **geschriebene Schranken-Schranke** vor. Aufgrund des Zensurverbots dürfen die von Art. 5 Abs. 1 GG gewährten Freiheiten nicht schon vor ihrer Verbreitung eingeschränkt werden (sog. Vorzensur). Verboten ist damit z. B. eine Genehmigungspflicht für Werbeplakate, einen Zeitungsartikel oder eine Fernsehsendung.

357

Prüfungsschema 11

> **Fall:**
> Das Textilunternehmen T, das weltweit Textilien vertreibt, schaltet in verschiedenen Zeitungen eine Anzeige, die aus dem Foto eines nackten menschlichen Gesäßes, auf das die Worte „H.I.V. POSITIVE" aufgestempelt sind, besteht und die am Rand auf grünem Feld den Schriftzug der T trägt. Die Firma T hat dafür eine Abmahnung der Zentrale zur Bekämpfung unlauteren Wettbewerbs e.V. wegen Verstoß der Anzeige gegen § 3 UWG (Verbot unlauterer geschäftlicher Handlungen) erhalten.
> *Verstößt diese Abmahnung gegen Art. 5 Abs. 1 GG?*
>
> **Lösung:**
> Die Abmahnung verstößt gegen Art. 5 Abs. 1 GG, wenn sie die Meinungsfreiheit verletzt. Fraglich ist, ob es hier überhaupt um eine Meinungsäußerung geht. Erforderlich dafür wäre, dass ein sog. Werturteil abgegeben wird. Werbeanzeigen wollen in der Regel nicht zur Meinungsbildung beitragen, sondern ein Produkt anpreisen. Hier liegt es aber anders. Das Foto weist auf einen gesellschaftlichen Missstand hin, nämlich die Ausgrenzung von HIV-Infizierten und enthält damit eine Wertung. Damit ist der **Schutzbereich eröffnet**.
> Die Abmahnung stellt auch einen **Eingriff** dar, da sie die Verbreitung der Meinung der T behindert.
> Dieser könnte aber durch § 3 UWG, der ein allgemeines Gesetz im Sinne von Art. 5 Abs. 2 GG darstellt, **gerechtfertigt** sein. Dieser verbietet nämlich unlautere geschäftliche Handlungen. Dazu gehören auch Anzeigen, die die Menschenwürde der abgebildeten Person verletzen. Damit wäre die Abmahnung gerechtfertigt, wenn man dem Foto eine entsprechende menschenverachtende Tendenz entnehmen könnte. Auf der anderen Seite könnte es aber auch sein, dass die Firma T nur auf drastische Weise auf gesellschaftspolitische Missstände hinweisen wollte. Eine solche Absicht wäre durch die Meinungsfreiheit grundsätzlich gedeckt. Da es hier nicht eindeutig ist, dass mit der Anzeige die Würde von H.I.V.-Infizierten verletzt werden sollte, kann die Abwägung zwischen dem Schutz der Meinungsfreiheit einerseits und dem Schutz der Würde andererseits

111

> zugunsten der Meinungsfreiheit ausfallen (so jedenfalls BVerfG v. 12.12.2000 – 1 BvR 1762/95, 1 BvR 1787/95 – NJW 2001, 591). Folgt man dem, würde die Abmahnung die Meinungsfreiheit der T verletzten.

VII. Die Kunst- und die Wissenschaftsfreiheit (Art. 5 Abs. 3 GG)

1. Schutzbereich

358 a) **Kunstfreiheit (Art. 5 Abs. 3 Satz 1 1. Alt. GG).** Schutzobjekt der Kunstfreiheit ist die Kunst. Diesen Begriff zu definieren fällt schwer. Eine Möglichkeit ist, auf die Zugehörigkeit einer Tätigkeit zu einer der anerkannten Kunstgestaltungen (Bildhauerei, Malerei, Presse, Musik, Lyrik) abzustellen (sog. **formaler Kunstbegriff**). Problematisch dabei ist, dass damit neue Kunstgestaltungen nicht erfasst werden können.

359 Das Bundesverfassungsgericht hat in der sogenannten Mephisto-Entscheidung (BVerfG v. 24.2.1971 – 1 BvR 435/68 – BVerfGE 30, 173/188 f.) auf den Inhalt der künstlerischen Betätigung abgestellt (sog. **materieller Kunstbegriff**).

> Wesentlich für Tätigkeiten, die von Art. 5 Abs. 3 Satz 1 1.Alt. GG geschützt werden, ist die „freie schöpferische Gestaltung, in der Eindrücke, Erfahrungen, Erlebnisse des Künstlers durch das Medium einer bestimmten Formensprache zu unmittelbarer Anschauung gebracht werden.".

360 Geschützt werden durch Art. 5 Abs. 3 Satz 1 1. Alt. GG sowohl die Erschaffung eines Kunstwerks, d. h. der sogenannte **Werkbereich**, als auch seine Vermittlung an Außenstehende, der sogenannte **Wirkbereich** (BVerfG v. 24.2.1971 – 1 BvR 435/68 – BVerfGE 30, 173, 189). Letzteres erfasst alle Tätigkeiten, die durch Vervielfältigung, Verbreitung und Veröffentlichung eines Werkes die zwischen Künstler und Publikum „*unentbehrliche Mittlerfunktion*" (BVerfG v. 13.6.2007 – 1 BvR 1783/05 – NJW 2008, 39 ff.) erfüllen. Geschützt sind damit z. B. die Tätigkeiten als Verleger oder Galerist. Nicht unter Art. 5 Abs. 3 GG fällt nach h. M. aber die rein wirtschaftliche Verwertung von Kunstwerken wie z. B. der Vertrag zwischen einem Tonträgerunternehmen und einem Sänger (BVerfG v. 27.7.2005 – 1 BvR 2501/04 – NJW 2006, 596 ff.). Diese ist über das Urheberrecht an dem Kunstwerk dem Schutzbereich des Art. 14 GG zuzurechnen (z. B. BVerfG v. 25.10.1978 – 1 BvR 352/71 – BVerfGE 49, 382, 392).

361 Geschützt durch die Kunstfreiheit sind in erster Linie natürliche Personen. Nach Maßgabe von Art. 19 Abs. 3 GG können sich aber auch juristische

Personen, wie ein Orchester, eine Galerie oder ein Verlag, auf die Kunstfreiheit berufen.

b) Die Wissenschaftsfreiheit (Art. 5 Abs. 3 Satz 1 2. Alt. GG). Nach dem Wortlaut von Art. 5 Abs. 3 sind Forschung und Lehre geschützt. Nach h. M. sind das aber nur Einzelaspekte des einheitlichen Grundrechts der Wissenschaftsfreiheit. **362**

> Wissenschaft ist jeder Versuch die Wahrheit zu ermitteln (BVerfG v. 29.5.1973 – 1 BvR 424/71, 1 BvR 325/72 – BVerfGE 35, 79, 113). Dabei dient die Forschung der eigentlichen Wahrheitssuche, während die Lehre die Weitergabe der gefundenen Erkenntnisse betrifft. **363**

Neben der eigentlichen Forschungs- und Lehrtätigkeit sind auch vorbereitende Handlungen, wie die Einrichtung von Laboren und die Verbreitung der Forschungsergebnisse durch Publikationen, geschützt. **364**

Berufen können sich auf die Wissenschaftsfreiheit sowohl einzelne Forscher bzw. Lehrende als auch juristische Personen. Abweichend von Art. 19 Abs. 3 GG gilt das auch für juristische Personen des öffentlichen Rechts, wie die staatlichen Universitäten. **365**

2. Typische Eingriffe

Eingegriffen in die Kunst- bzw. Wissenschaftsfreiheit wird durch alle staatlichen Maßnahmen, die die künstlerische bzw. wissenschaftliche Tätigkeit unmittelbar beschränken. Erfasst wird damit insbesondere das Verbot bestimmter künstlerischer bzw. wissenschaftlicher Tätigkeiten oder die Behinderung entsprechender Aktivitäten z. B. das Verlangen einer Sondernutzungserlaubnis für Straßenkünstler oder die Lehrverpflichtung für Hochschullehrer. **366**

3. Rechtfertigung

Abgesehen von Art. 5 Abs. 3 Satz 2 GG, der die Wissenschaftsfreiheit an die Treue zur Verfassung koppelt, d. h. den Schutz von Art. 5 Abs. 3 GG auf Tätigkeiten beschränkt, die in Einklang mit der freiheitlich, demokratischen Grundordnung stehen (näher zur Einordnung *Jarass/Pieroth*, Art. 5 GG Rn. 133), enthält Art. 5 Abs. 3 GG keine geschriebenen Schranken. **367**

Als verfassungsimmanente Schranken sowohl der Kunst-, als auch der Wissenschaftsfreiheit, kommen vor allem Grundrechte anderer, wie das Persönlichkeitsrecht oder der Eigentumsschutz und andere bedeutende Verfassungswerte, wie der in Art. 20a GG verankerte Tierschutz oder der Schutz der Jugend (vgl. BVerfG v. 27. 11.1990 – 1 BvR 402/87 – BVerfGE 83, 130, 139 f), in Betracht. **368**

> **Merksätze zu Art. 5 GG**
> - Art. 5 Abs. 1 GG umfasst fünf Grundrechte: die Meinungs-, die Informations-, die Presse-, die Rundfunk- und die Filmfreiheit.
> - Unter die Meinungsfreiheit fallen nur Äußerungen, die einen wertenden Charakter haben und anders als bloße Tatsachenbehauptungen nicht dem Beweise zugänglich sind.
> - Die Pressefreiheit schützt alle Tätigkeiten im Zusammenhang mit der Verbreitung von Druckerzeugnissen und die Presse als Einrichtung.
> - Die Grundrechte des Art. 5 Abs. 1 GG unterliegen gemäß Art. 5 Abs. 2 GG einem qualifizierten Gesetzesvorbehalt.
> - Das Zensurverbot des Art. 5 Abs. 1 Satz 3 GG stellt eine sog. Schranken – Schranke dar, d. h. begrenzt die Beschränkungsmöglichkeiten nach Art. 5 Abs. 2 GG und erfasst nur die sog. Vorzensur.
> - Kunst i. S. v. Art. 5 Abs. 3 GG ist nach dem BVerfG materiell zu definieren. Entscheidend ist, dass Eindrücke und Erlebnisse des Künstlers in einer schöpferischen Gestaltung zum Ausdruck kommen.
> - Kunst- und Wissenschaftsfreiheit unterliegen nur verfassungsimmanenten Schranken.

> Im Regelfall werden Grundkenntnisse des Art. 5 GG genügen. Presse- und Rundfunkfreiheit sind so komplex, dass sie nur in sehr anspruchsvollen Klausuren eine Rolle spielen werden. Dagegen kann die Meinungsfreiheit durchaus Gegenstand von Fallbearbeitungen sein. Der Schwerpunkt wird dabei i. d. R. in der Frage, ob es überhaupt um eine Meinungsäußerung geht, und bei dem Problem, ob das einschränkende Gesetz ein allgemeines Gesetz i. S. v. Art. 5 Abs. 2 GG ist, liegen.

VIII. Die Versammlungsfreiheit (Art. 8 GG)

1. Schutzbereich

369 Art. 8 Abs. 1 GG gewährt Deutschen das Recht, sich zu versammeln.

> **Versammlung** ist eine Zusammenkunft von mindestens drei Teilnehmern (so die Rechtsprechung; die h. L. lässt zwei Teilnehmer ausreichen; vgl. *Sodan/ Ziekow* § 36 Rn. 2), zwischen denen eine Verbindung besteht und deren Zweck eine gemeinsame Meinungsbildung oder -äußerung ist (vgl. *Schröder*, Rn. 447 ff.).

370 Keine Versammlungen sind bloße **Ansammlungen** von Menschen, die nichts mit der Bildung und Äußerung von Meinungen zu tun haben, wie der Menschenauflauf bei einem Verkehrsunfall oder die Teilnahme an einer Unterhaltungsveranstaltung wie z. B. der „Love-Parade".

371 Der Schutz der Versammlungsfreiheit erstreckt sich nach dem Wortlaut des Art. 8 GG nur auf die friedliche Versammlung ohne Waffen. **Unfriedlich** ist eine Versammlung, wenn sie einen gewalttätigen und aufrührenden Verlauf nimmt bzw. ein solcher zu befürchten ist. Daher liegt eine unfriedliche Versammlung insbesondere dann vor, wenn es zu Einwirkungen auf Sachen oder Personen kommt bzw. diese zu erwarten sind. Nicht generell unfriedlich ist dagegen grundsätzlich eine Sitzblockade, wie sie z. B. von den Teilnehmern an Demonstrationen gegen die sog. Castor-Transporte durchgeführt wird (vgl. BVerfG v. 10.1.1995 – 1 BvR 718/89, 1 BvR 719/89, 1 BvR 722/89, 1 BvR 723/89 – BVerfGE 92, 1; BVerfG v. 24.10.2001 – 1 BvR 1190/90, 1 BvR 2173/93, 1 BvR 433/96 – BVerfGE 104, 92 – Brokdorf).

372 **Ohne Waffen** findet die Versammlung statt, wenn die Teilnehmer keine Gegenstände im Sinne von § 1 Waffengesetz, wie z. B. Schusswaffen, Messer etc., mit sich führen. Die bloße Vermummung von Teilnehmern oder das Tragen von Schutzvorrichtungen, wie z. B. eine Gasmaske, stellt keine Bewaffnung dar (*Jarass/Pieroth*, Art. 8 GG Rn. 8, 9).

373 Art. 8 GG schützt nicht nur das eigentliche Versammeln. Auch die der Vorbereitung der Versammlung dienenden Aktivitäten einschließlich der Werbung dafür oder auch die An- bzw. Abreise der Teilnehmer sowie die Art und Weise der Teilnahme, z. B. die Kleidung der Teilnehmer, werden erfasst. Grundsätzlich können die Versammlungsteilnehmer den Ort der Versammlung frei bestimmen. Art. 8 GG verschafft aber kein Zutrittsrecht zu Orten, die nicht der Öffentlichkeit allgemein zugänglich sind. Daher werden Versammlungen z. B. in Verwaltungsgebäuden oder Krankenhäusern nicht geschützt, wohl aber solche in einer Fußgängerzone, einem Einkaufszentrum oder im Terminal eines Flughafens (BVerfG v. 22.2.2011 – 1 BvR 699/06 – NJW 2011, 1201).

374 Berufen können sich auf Art. 8 GG nur Deutsche. Die Versammlung selbst wird nicht geschützt. Nach Maßgabe von Art. 19 Abs. 3 GG können sich inländische juristische Personen ebenfalls auf Art. 8 GG berufen, wenn sie geschützte Handlungen vornehmen, wie z. B. ein Verein, der die Versammlung organisiert.

2. Typische Eingriffe

375 Ein Eingriff in die Versammlungsfreiheit liegt bei jedem staatlichen Handeln vor, welches das geschützte Verhalten beeinträchtigt. Beispiele sind das Verbot von Versammlungen, die Einführung einer Genehmigungspflicht oder die Verhängung von Auflagen für die Durchführung der Versammlung.

3. Rechtfertigung von Eingriffen

376 Für die Rechtfertigung von Eingriffen in die Versammlungsfreiheit ist gemäß dem Wortlaut des Art. 8 Abs. 2 GG zwischen Versammlungen unter freiem Himmel und Versammlungen in geschlossenen Räumen zu differenzieren.

377 a) **Versammlungen unter freiem Himmel.** Unter freiem Himmel bedeutet nicht, dass keine Abgrenzung nach oben vorhanden sein darf. Die h. M. stellt vielmehr auf das **Vorhandensein einer festen Abgrenzung zur Seite hin** ab. Daher kann ein Fußballstadion auch ohne Dach geschlossener Raum sein und ist ein Pavillon wegen seiner offenen Seiten regelmäßig kein geschlossener Raum.

378 Versammlungen unter freiem Himmel unterliegen nach Art. 8 Abs. 2 GG einem allgemeinen Gesetzesvorbehalt. Dieser wird vor allem durch das **Versammlungsgesetz (VersG)** ausgefüllt. Danach besteht z. B. eine generelle Anmeldepflicht (§ 14 VersG), gilt ein Vermummungsverbot (§ 17a VersG) und bestehen Befugnisse zur Auflösung einer Versammlung (§ 15 VersG). Mit der Föderalismusreform ist das Versammlungsrecht in die Gesetzgebungskompetenz der Länder übergegangen. Das Versammlungsgesetz als Bundesgesetz gilt nach Art. 125a Abs. 1 GG daher nur noch solange, bis die Länder entsprechende Regelungen getroffen haben.

379 b) **Versammlungen in geschlossenen Räumen.** Für Versammlungen in geschlossenen Räumen besteht keine geschriebene Schranke. Aufgrund der verfassungsimmanenten Schranken können Einschränkungen solcher Versammlungen aber durch die Grundrechte Einzelner (z. B. die Gesundheit der Teilnehmer) oder andere Verfassungswerte gerechtfertigt sein. Das Versammlungsgesetz enthält einen eigenen Abschnitt über Versammlungen in geschlossenen Räumen (§§ 5–13 VersG). Danach kann die Polizei z. B. unter bestimmten Voraussetzungen Bild- und Tonbandaufnahmen von den Teilnehmern machen § 12a VersG) oder die Versammlung auflösen (§ 13 VersG).

 Prüfungsschema 12

380 **Merksätze zu Art. 8 GG**
- Versammlung ist die Zusammenkunft von mindestens drei Personen zur gemeinsamen Meinungsbildung bzw. -äußerung.
- Die Versammlungsfreiheit gilt nur für Deutsche und nur für Versammlungen, die friedlich und ohne Waffen stattfinden.
- Für die Rechtfertigung von Eingriffen in die Versammlungsfreiheit ist zwischen Versammlungen unter freiem Himmel, die nach Art. 8 Abs. 2 GG einem einfachen Gesetzesvorbehalt unterliegen und sons-

tigen Versammlungen, für die nur die verfassungsimmanente Schranken gelten, zu unterscheiden.

- **Allgemeines:**
Art. 8 GG kann in der Prüfung gut beherrscht werden, da nur wenig Spezialwissen (Begriff der Versammlung an sich und Begriff der Versammlung unter freiem Himmel) nötig ist. Für die Fallbearbeitung kann das Grundschema für die Verletzung von Freiheitsgrundrechten herangezogen werden (dazu mit Beispielen *Weber*, Neue Rechtsprechung zu Versammlungen unter freiem Himmel, KommJur 2023, 124).
- **Spezialprobleme:**
  - *Verfassungsmäßigkeit des § 14 VersG*: Art. 8 Abs. 1 GG spricht das Recht zu, sich ohne Anmeldung zu versammeln. Dem widerspricht § 14 VersG. Das BVerfG (BVerfG v. 14.5.1985 – 1 BvR 233/81, 1 BvR 341/81 – BVerfGE 69, 315, 35) hält § 14 VersG für verfassungsgemäß, schränkt die Anmeldepflicht aber insoweit ein, als es Spontanversammlungen gänzlich anmeldefrei stellt und für Eilversammlungen die Anmeldefrist von 48 Stunden vorher für unanwendbar hält.
  - *Verfassungsmäßigkeit des § 7 VersG*: Nach § 7 Abs. 1 VersG ist für alle Versammlungen in geschlossenen Räumen ein Leiter zu bestellen. Dies wird in Bezug auf kleinere Versammlungen als unverhältnismäßige Beschränkung und damit als verfassungswidrig angesehen (vgl. *Pieroth/Schlink/Kingreen/Poscher*, § 17 Rn. 7).
  - *Beschränkungen zum Infektionsschutz (COVID-19-Pandemie)*: Während der COVID-19-Pandemie von 2020 bis 2023 haben alle Bundesländer erhebliche Einschränkungen der Versammlungsfreiheit zum Schutz vor der Verbreitung der Pandemie erlassen. Rechtsgrundlage für entsprechende Verordnungen war zunächst § 32 iVm § 28 Abs. 1 IfSG, später der inzwischen aufgehobene § 28a Abs. 2 Satz 1 Nr. 1 IfSG oder § 28a Abs. 8 Satz 2 Nr. 3 IfSG. Versammlungen, teilweise als „Spaziergänge" ausgewiesen, wurden entweder verboten oder mit Auflagen zur Einhaltung eines Mindestabstands bzw. des Tragens von Masken versehen (ausführlich dazu Kruschke, Die Bedeutung der Versammlungsfreiheit für den freiheitlichen Rechtsstaat – Lehren für eine Zeit nach der Corona-Krise, NVwZ – Extra 9-2022, S. 1).

IX. Die Vereinigungs- und die Koalitionsfreiheit (Art. 9 Abs. 1 u. 3 GG)

1. Die Vereinigungsfreiheit

381 a) **Schutzbereich.** Art. 9 Abs. 1 GG (bitte lesen!) schützt Vereinigungen.

> Eine **Vereinigung** ist jeder freiwilliger Zusammenschluss mehrerer Personen zu einem gemeinsamen Zweck auf privatrechtlicher Basis (BVerwG v. 12.2.1998 – 3 C 55.96 – BVerwGE 106, 177, 181). Die Rechtsform ist dabei unerheblich (vgl. auch § 2 Abs. 1 VereinsG).

382 Art. 9 Abs. 1 GG schützt Zusammenschlüsse von mindestens zwei natürlichen oder juristischen Personen zu einem gemeinsamen Zweck. Erforderlich ist lediglich eine gewisse feste Organisation. Geschützt werden damit z. B. die verschiedenen Gesellschaftsformen, die das Privatrecht kennt, andere wirtschaftliche Zusammenschlüsse wie Konzerne, Holdings etc., aber auch Sportvereine oder karitative Einrichtungen.

383 Art. 9 Abs. 1 GG schützt zunächst den Einzelnen (**individuelle Vereinigungsfreiheit**). Dieser hat das Recht, eine Vereinigung zu gründen, ihr beizutreten, sich in ihr zu betätigen und in ihr zu verbleiben (**positive Vereinigungsfreiheit**). Wie die anderen Freiheitsgrundrechte auch, schützt Art. 9 Abs. 1 GG aber auch das entgegengesetzte Verhalten, d. h. das Recht, einer Vereinigung nicht beizutreten oder wieder auszutreten (**negative** Vereinigungsfreiheit).

> Heftig diskutiert wird im Zusammenhang mit der negativen Vereinigungsfreiheit die **Zwangsmitgliedschaft** in Zusammenschlüssen der wirtschaftlichen Selbstverwaltung, wie z. B. der IHK oder den verschiedenen Berufskammern. Nach h. M. ist durch eine solche Zwangsmitgliedschaft schon der Schutzbereich des Art. 9 Abs. 1 GG nicht berührt. Art. 9 Abs. 1 GG schütze nur Zusammenschlüsse auf privatrechtlicher Basis vor staatlichen Zugriffen (BVerwG v. 21.7.1998 – 1 C 32.97 – BVerwGE 107, 169, 172). Bei den Zwangsmitgliedschaften in der IHK etc. gehe es dagegen um die Mitgliedschaft in öffentlich-rechtlichen Körperschaften. Grenzen dafür ergeben sich daher nur aus der allgemeinen Handlungsfreiheit des Art. 2 Abs. 1 GG.

384 Art. 9 Abs. 1 GG schützt neben dem Einzelnen auch die Vereinigung selbst (**kollektive Vereinigungsfreiheit**). Diese hat das Recht auf Existenz, Bestand und Betätigung.

385 In persönlicher Hinsicht sind zum einen alle natürlichen Personen, die Deutsche sind, geschützt. Zum anderen können sich aber auch inländische

IX. Die Vereinigungs- und die Koalitionsfreiheit (Art. 9 Abs. 1 u. 3 GG)

juristische Personen auf die Vereinigungsfreiheit berufen (vgl. Art. 19 Abs. 3 GG).

Zusammenfassen lässt sich der von Art. 9 GG gewährte Schutz wie folgt: **386**

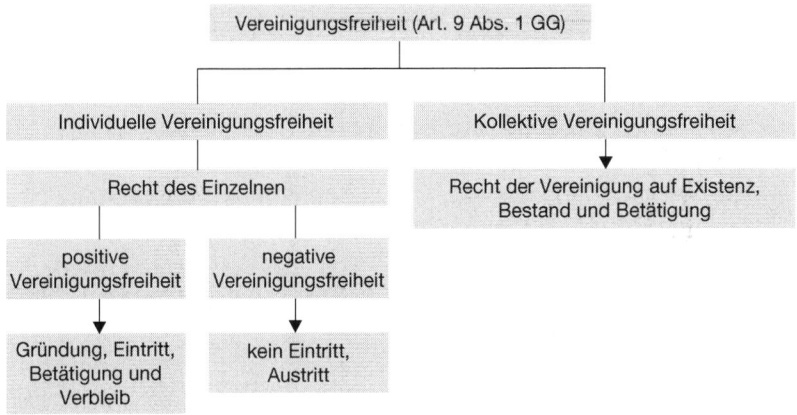

Abbildung 21: Der Schutzbereich durch die Vereinigungsfreiheit

b) **Typische Eingriffe.** Eingegriffen wird in die Vereinigungsfreiheit grundsätzlich durch alle staatliche Regelungen, die eine der geschützten Verhaltensweisen beschränken. Nach h. M. sind davon aber solche Vorschriften ausgenommen, deren Zweck lediglich der **Ausgestaltung** einer bestimmten Rechtsform ist. **387**

> Beispiele für solche Vorschriften sind das Firmenrecht des HGB oder die Vorschriften zur Schaffung eines Mindestkapitals für die GmbH und die AG. Der Eingriffscharakter soll hier fehlen, weil solche Regelungen lediglich die Entfaltungsfreiheit der Vereinigung oder den Schutz Dritter gewährleisten sollen (BVerfG v. 11.6.1991 – 1 BvR 239/90 – BVerfGE 84, 377, 378 f; kritisch *Jarass/Pieroth*, Art. 9 GG Rn. 13 f.). Zu bejahen ist ein Eingriff dagegen, wenn eine Vereinigung verboten wird oder wenn ihre Gründung vom Vorliegen einer Genehmigung abhängt (vgl. z. B. § 22 BGB).

c) **Rechtfertigung von Eingriffen.** Art. 9 Abs. 2 GG enthält ein ausdrückliches Verbot für Vereinigungen, deren Zweck oder Tätigkeiten gegen Strafgesetze oder die verfassungsmäßige Ordnung verstoßen. Dieses Verbot besteht aber nicht unmittelbar aufgrund des GG, sondern muss durch eine entsprechende Anordnung des zuständigen Ministers ausgesprochen werden (vgl. § 3 VereinsG). **388**

389 Abgesehen von Art. 9 Abs. 2 GG unterliegt die Vereinigungsfreiheit nur verfassungsimmanenten Schranken (s. Rn. 257 ff.). Damit kann der Staat zum Schutz von Grundrechten anderer oder wichtiger Verfassungsgüter in die Vereinigungsfreiheit eingreifen.

 Prüfungsschema 13

2. Die Koalitionsfreiheit (Art. 9 Abs. 3 GG)

390 a) **Schutzbereich.** Art. 9 Abs. 3 GG (bitte lesen!) schützt Koalitionen.

> **Koalitionen** sind Vereinigungen zur Wahrung und Förderung der Arbeits- und Wirtschaftsbedingungen und damit ein Sonderfall von Vereinigungen.

391 Die Koalition ist ein Sonderfall einer Vereinigung. Somit ist die Koalitionsfreiheit gegenüber der Vereinigungsfreiheit das speziellere Grundrecht. Für das Vorliegen einer Koalition sind nach dem BVerfG (BVerfG v. 1.3.1979 – 1 BvR 532/77, 1 BvR 533/77, 1 BvR 419/78, 1 BvL 21/78 – BVerfGE 50, 290, 368) folgende Merkmale erforderlich:
- freiwilliger Zusammenschluss
- zum Zweck der Wahrung und Förderung der Wirtschafts- und Arbeitsbedingungen
- Gegnerfreiheit
- auf überbetrieblicher Ebene organisiert
- Unabhängigkeit vom Staat und der Gegenseite, insbesondere in wirtschaftlicher Hinsicht.

392 Die Merkmale der Gegnerfreiheit und der Unabhängigkeit von der Gegenseite sollen sicherstellen, dass Koalitionen auch effektiv an der Verbesserung der Arbeits- und Wirtschaftsbedingungen mitwirken können (kritisch dazu *Sodan/Ziekow*, § 37 Rn. 17). Aus dem gleichen Grund wird teilweise auch eine soziale Mächtigkeit und eine Kampfbereitschaft als Voraussetzung für das Vorliegen einer Koalition angesehen (vgl. dazu *Ipsen*, Staatsrecht II, Rn. 700). Die wichtigsten Koalitionen sind die Gewerkschaften und die Arbeitgeberverbände.

393 Wie Art. 9 Abs. 1 GG schützt Art. 9 Abs. 3 GG sowohl den Einzelnen (**individuelle Koalitionsfreiheit**), als auch die Vereinigungen selbst (**kollektive Koalitionsfreiheit**).
Der Einzelne darf eine Koalition gründen, ihr beitreten, in ihr verbleiben und sich in ihr betätigen (**positive Koalitionsfreiheit**). Andererseits darf er einer Koalition auch fernbleiben oder aus ihr austreten (**negative Koalitionsfreiheit**). Die Koalition selbst hat das Recht auf Gründung, Bestand und auf koalitionsmäßige Betätigung. Letzteres umfasst auch das

IX. Die Vereinigungs- und die Koalitionsfreiheit (Art. 9 Abs. 1 u. 3 GG) 394–396

Recht Tarifverträge abzuschließen (sog. Tarifautonomie) und das Recht auf Arbeitskampfmaßnahmen, wie Streik und Aussperrung.

b) Typische Eingriffe. Wie alle Grundrechte schützt Art. 9 Abs. 3 GG zunächst vor allen Maßnahmen des Staates, die die Ausübung der Koalitionsfreiheit beschränken. Keine Eingriffe sind nach h. M. aber, wie bei der Vereinigungsfreiheit, diejenigen staatlichen Regelungen, die nur der Ausgestaltung der Koalitionsfreiheit dienen, d. h. die rechtlichen Rahmenbedingungen schaffen, die zur Wahrnehmung der Aufgaben der Koalitionen nötig sind (BVerfG v. 20.10.1981 – 1 BvR 404/78 – BVerfGE 58, 233, 247). Die Regelungen des TVG, die die sog. Tarifautonomie näher ausgestalten, sind daher kein Eingriff in die Koalitionsfreiheit. Eingriffe stellen nach dem BVerfG aber z. B. die Übertragung der Wahrnehmung der Arbeitnehmerrechte auf öffentlich-rechtliche Arbeitnehmerkammern oder die staatliche Zwangsschlichtung eines Arbeitskampfes, dar. 394

Als einziges Grundrecht gilt die Koalitionsfreiheit nach Art. 9 Abs. 3 Satz 2 GG auch zwischen zwei Privatrechtssubjekten (**unmittelbare Drittwirkung**). Alle vertraglichen Abreden, die der Koalitionsfreiheit direkt oder indirekt Schranken setzen, sind daher als Eingriff zu qualifizieren. Daher wäre z. B. eine Klausel in einem Arbeitsvertrag, wonach Gewerkschaftsmitglieder 10 % weniger Stundenlohn bekommen als Arbeitnehmer, die nicht in der Gewerkschaft sind, nach § 134 BGB i. V. m. Art. 9 Abs. 3 Satz 2 GG nichtig, da eine Rechtfertigung ausscheidet. 395

c) Rechtfertigung von Eingriffen. Art. 9 Abs. 3 GG enthält keinen Gesetzesvorbehalt. Damit unterliegt die Koalitionsfreiheit nur verfassungsimmanenten Schranken. Gerechtfertigt sind danach Maßnahmen zum Schutz von Grundrechten oder anderer wichtiger Rechtsgüter. Allerdings muss das entsprechende Gesetz formell und materiell verfassungsgemäß sein, also vor allem dem Grundsatz der Verhältnismäßigkeit entsprechen. 396

Zulässig ist danach z. B. das Streikverbot für Beamte oder das Verbot eines Arbeitgebers, dass während der Arbeitszeit keine **Gewerkschaftsprospekte** verteilt werden dürfen, wenn dadurch die Arbeit gestört wird (vgl. BVerfG NJW 1995, 1201).

Prüfungsschema 14

Merksätze zu Art. 9 GG
- Art. 9 Abs. 1 GG regelt die Vereinigungsfreiheit, d. h. den Schutz freiwilliger Personenzusammenschlüsse für eine längere Zeit auf privatrechtlicher Basis.

- Die Vereinigungsfreiheit unterliegt abgesehen vom Verbot von Vereinigungen, die der verfassungsmäßigen Ordnung zuwiderlaufen (Art. 9 Abs. 2 GG), nur verfassungsimmanenten Schranken.
- Einen Sonderfall der Vereinigungsfreiheit stellt die Koalitionsfreiheit (Art. 9 Abs. 3 GG) dar, die Vereinigungen schützt, die den Zweck haben, die Arbeits- und Wirtschaftsbedingungen zu verbessern.
- Die Koalitionsfreiheit unterliegt nur verfassungsimmanenten Schranken.
- Besonderheit der Koalitionsfreiheit ist ihre unmittelbare Wirkung gegenüber Art. 9 Abs. 3 Satz 2 GG.

- **Allgemeines:**
  Grundwissen über beide Grundrechte des Art. 9 GG ist für jede Prüfung im Staatsrecht erforderlich. Gerade in Studien- oder Ausbildungsgängen mit starkem Bezug zur Wirtschaft bietet sich das Thema Koalitionsfreiheit auch für die Fallbearbeitung an.
- **Spezialprobleme:**
  - *Zwangsmitgliedschaft in öffentlich-rechtlichen Körperschaften:* Dauerbrenner ist die Verfassungsmäßigkeit der Zwangsmitgliedschaft in der IHK; die h. M. beurteilt sie nicht nach Art. 9 Abs. 1 GG, weil sich dessen Schutz auf privatrechtliche Vereinigungen beschränke, sondern an Art. 2 Abs. 1 GG. Insoweit hält das BVerfG die Zwangsmitgliedschaft zur Sicherstellung der „Mächtigkeit" der IHK für verfassungsgemäß, sofern sie insbesondere im Hinblick auf den zu entrichtenden Mitgliedsbeitrag zumutbar ist (vgl. BVerfG v. 21.7.1998 – 1 C 32.97 – BVerfGE 107, 169).
  - *Unmittelbare Drittwirkung der Koalitionsfreiheit:* Besonders problematisch ist die unmittelbare Koalitionsfreiheit im Arbeitsverhältnis, weil es hier häufig zum Konflikt mit der Berufsfreiheit des Arbeitnehmers nach Art. 12 Abs. 1 GG kommt. Hier ist in der Klausur eine sorgfältige Abwägung der beiden Interessen erforderlich.

X. Das Brief-, Post- und Fernmeldegeheimnis (Art. 10 GG)

1. Schutzbereich

Nach seinem Wortlaut enthält Art. 10 Abs. 1 GG drei verschiedene Grundrechte, nämlich das Brief-, das Post- und das Fernmeldegeheimnis. Die h. M. geht aber davon aus, dass Art. 10 Abs. 1 GG ein einheitliches Grundrecht enthält, das die Vertraulichkeit der Kommunikation per Brief, Post oder auf nicht verkörperte Art schützt (vgl. *Jarass/Pieroth*, Art. 10 GG Rn. 1).

X. Das Brief-, Post- und Fernmeldegeheimnis (Art. 10 GG)

Briefe sind alle schriftlichen Mitteilungen, die vor der Kenntnisnahme durch Dritte geschützt sind.

398

Erfasst werden damit außer „echten" Briefen auch Postkarten und, falls sie schriftliche Mitteilungen enthalten, auch Telegramme, Pakete und Päckchen (BVerwG v. 18.3.1998 – 1 D 88.97 – BVerwGE 113, 208, 210).

Post sind alle Sendungen, die von der staatlichen Post oder privaten Unternehmen transportiert werden.

399

Der Schutz beginnt mit der Einlieferung bei der Post und endet mit der Auslieferung beim Empfänger.

Das **Fernmeldegeheimnis** erfasst alle Arten von Kommunikation über das Medium drahtloser und drahtgebundener elektromagnetischer Wellen (BVerfG v. 24.10.2002 – 2 BvF 1/01 – BVerfGE 106, 20, 36).

400

Das Fernmeldegeheimnis schützt damit insbesondere Telefon, Fax, SMS, EMail oder Bildschirmtext.

Geschützt ist bei allen Kommunikationsarten in erster Linie die Vertraulichkeit der Kommunikation und der Inhalt. Aber auch Ort, Zeit sowie Art und Weise der Kommunikation werden vom Schutzbereich des Art. 10 GG erfasst.

401

Berufen können sich auf Art. 10 Abs. 1 GG alle natürlichen Personen und nach Maßgabe von Art. 19 Abs. 3 GG auch inländische juristische Personen.

402

2. Typische Eingriffe

Eingegriffen wird in Art. 10 Abs. 1 GG durch staatliche Maßnahmen, die die Vertraulichkeit der Kommunikation beeinträchtigen. Erfasst werden also

403

- die **Kenntnisverschaffung** des Inhalts einer Kommunikation durch das Öffnen von Briefen oder Postsendungen,
- das Abhören von Telefonaten oder das Lesen von Emails,
- jede **Speicherung** der so erlangten Informationen, sowie
- das Feststellen und die Speicherung von Absendern und Empfängern von Sendungen.

In der politischen Diskussion steht in diesem Zusammenhang derzeit die „**Online-Durchsuchung**" mit der die Nutzeraktivität eines Computers untersucht werden soll (vgl. zur Verfassungswidrigkeit einer entsprechenden landesgesetzlichen Ermächtigung für den Verfassungsschutz in Nordrhein-

Westfalen *BVerfG* v. 27.2.2008 – 1 BvR 370/07, 1 BvR 595/07 – NJW 2008, 822 und allgemein *Kutscha*, NJW 2008, 1042).

404 Nach h. M. kann in Art. 10 GG nicht nur durch den Staat selbst, sondern auch durch private Unternehmen, die vom Staat beherrscht werden, eingegriffen werden (*Jarass/Pieroth*, Art. 10 GG Rn. 1a).

3. Rechtfertigung von Eingriffen

405 Die Freiheiten des Art. 10 Abs. 1 GG stehen nach Art. 10 Abs. 2 GG unter einem Gesetzesvorbehalt. Art. 10 Abs. 2 Satz 2 GG enthält zudem eine besondere Ermächtigung für Eingriffe in Art. 10 GG, von denen der Betroffene keine Mitteilung erhält. Von dieser Ermächtigung wurde durch das sogenannte G 10-Gesetz (Gesetz zur Beschränkung des Brief-, Post- und Fernmeldegeheimnisses) Gebrauch macht.

Prüfungsschema 15

> **Merksätze zu Art. 10 GG**
> - Art. 10 GG schützt die Vertraulichkeit der Kommunikation durch bestimmte technische Mittel.
> - Ein Eingriff liegt bei jedem staatlichen Zugriff auf die geschützten Informationen und bei der Verwertung solcher Informationen vor.
> - Eingriffe sind nur aufgrund von Gesetzen möglich (Art. 10 Abs. 2 GG).

> - **Allgemeines:**
>   Art. 10 GG gehört zu den Grundrechten, die eher selten Gegenstand einer staatsrechtlichen Prüfung sind. Soweit er in der Fallbearbeitung eine Rolle spielt, kann man sich mit dem allgemeinen Prüfungsablauf für Freiheitsgrundrechte behelfen.
> - **Spezialproblem:**
>   Aufgrund der Vielzahl der Privatisierung von Post- und Telekommunikationsdienstleistungen wurde zu Art. 10 GG die Frage aufgeworfen, ob auch private Unternehmen des Post- bzw. Telekommunikationswesens, insbesondere die Nachfolgeunternehmen der deutschen Bundespost, an Art. 10 GG gebunden sind. Die h. M. bejaht dies vorbehaltlos und unabhängig von der Frage, ob eine Beteiligung der öffentlichen Hand an dem jeweiligen Unternehmen besteht (vgl. *Detterbeck*, Rn. 452 ff., a. A. *Jarass/Pieroth* Art. 10 GG Rn. 2).

XI. Die Berufsfreiheit (Art. 12 GG)

406 Art. 12 Abs. 1 GG schützt nach seinem Wortlaut die Freiheit der Berufswahl und der Berufsausübung sowie die freie Wahl von Arbeitsplatz und

Ausbildungsstätte. Art. 12 Abs. 2 GG verbietet den Arbeitszwang und Art. 12 Abs. 3 GG die Zwangsarbeit.

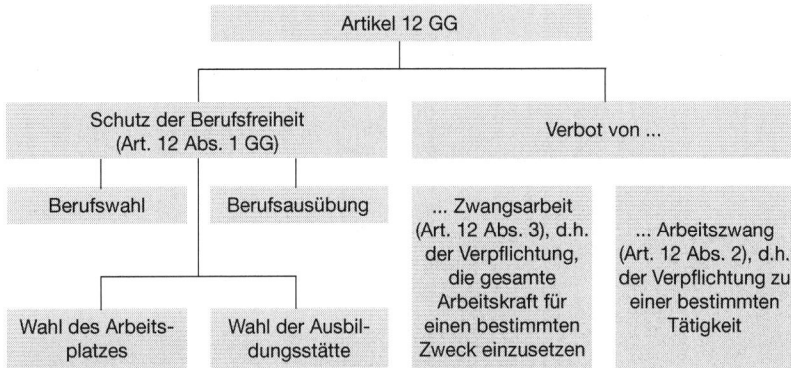

Abbildung 22: Der Schutz des Artikel 12 GG

Die ganz h. M. geht davon aus, dass die in Art. 12 Abs. 1 GG genannten Aspekte ein einheitliches Grundrecht der Berufsfreiheit bilden, weil man die verschiedenen Aspekte nicht hinreichend voneinander trennen kann (BVerfG v. 11.6.1958 – 1 BvR 596/56 – BVerfGE 7, 377, 400 ff.). Die nachfolgenden Ausführungen beschränken sich auf die Berufswahl und -ausübung (zu Art. 12 Abs. 2 und 3 GG siehe z. B. *Sodan/Ziekow*, § 40, Rn. 34 ff.).

407

1. Schutzbereich
Die von der Berufsfreiheit geschützte Tätigkeit ist der Beruf.

408

Beruf ist jede auf Dauer angelegte, erlaubte Tätigkeit, die auf die Schaffung und Erhaltung einer Lebensgrundlage zielt (BVerfG v. 19.7.2000 – 1 BvR 539/96 (1) – BVerfGE 102, 197).

- **Auf Dauer angelegt** ist eine Tätigkeit, wenn sie sich nach den Vorstellungen des Tätigen nicht auf einen einmaligen Erwerbsakt erstrecken soll (BVerfG v. 17.2.1998 – 1 BvF 1/91 – BVerfGE 97, 228, 259). Auch kurzfristige Betätigungen werden erfasst. Ebenso schaden Unterbrechungen der Tätigkeit nicht. Der Betreiber einer Eisdiele, die im Winter schließt, übt also einen Beruf aus.

409

- Ob nur **erlaubte Tätigkeiten** geschützt sind, ist umstritten. Teilweise wird vertreten, dass das Merkmal der Erlaubtheit erst bei der Rechtfertigung von Eingriffen relevant sein soll. Die h. M. schließt zumindest Tätigkeiten, die in bedeutende Rechtsgüter anderer eingreifen (sog. gemeinschädliche Tätigkeiten), vom Schutzbereich des Art. 12 Abs. 1 aus.

410

Die Tätigkeit des Berufskriminellen fällt daher nicht unter Art. 12 Abs. 1 GG.

411 • **Der Schaffung oder Erhaltung einer Lebensgrundlage** dient jede Tätigkeit, die auf die Erzielung nicht unerheblicher Einkünfte gerichtet ist. Nicht dazu gehören Tätigkeiten, die nur ein Hobby darstellen. Ebenso werden nach der Rechtsprechung Nebentätigkeiten nicht erfasst, da sie im Regelfall keine Lebensgrundlage bieten (vgl. z. B. BVerfG v. 21.4.1982 – 2 BvR 810/81 – BVerfGE 60, 254/255 f.).

412 Tätigkeiten, die die genannten Voraussetzungen erfüllen, können selbstständig oder unselbstständig ausgeübt werden. Sie müssen keinem festen, anerkannten Berufsbild entsprechen.

Beruf i. S. v. Art. 12 GG sind daher auch die **Gründung und Führung von Unternehmen** (BVerfG v. 6.2.1979 – 2 BvL 5/76 – BVerfGE 50, 63) oder das Ausüben völlig neuer Erwerbstätigkeiten. Entsprechende staatliche Regulierungen bedürfen also immer einer besonderen Rechtfertigung.

413 Träger des Grundrechts der Berufsfreiheit ist jeder Deutsche. Die Beschränkung der beruflichen Tätigkeit von Ausländern ist daher allein an der allgemeinen Handlungsfreiheit des Art. 2 Abs. 1 GG zu messen. Juristische Personen können sich nach Maßgabe von Art. 19 Abs. 3 GG auf Art. 12 GG berufen.

414 Fraglich ist, ob Art. 12 Abs. 1 GG neben der Abwehrfunktion auch weitere Zwecke entnommen werden können. Eine **Leistungsfunktion** der Berufsfreiheit im Sinne eines Rechts auf Bereitstellung von Arbeit wird einhellig abgelehnt (BVerfG v. 27.1.1998 – 1 BvL 15/87, 1 BvL 22/93 – BVerfGE 97, 169, 175). Ein **Teilhaberecht** gewährt Art. 12 GG, soweit es um den Zugang zu staatlichen Berufen, Arbeitsplätzen oder Ausbildungsstätten geht. Hier folgt aus Art. 12 GG ein Recht auf gleichen Zugang, d. h. soweit mehr Bewerber als Plätze vorhanden sind, müssen sachliche Kriterien für die Auswahl aufgestellt und alle Bewerber gleichbehandelt werden. Präzisiert wird dies bei der Vergabe öffentlicher Ämter durch Art. 33 Abs. 2 GG.

2. Typische Eingriffe

415 a) **Allgemeines.** Ein Eingriff in die Berufsfreiheit liegt vor, wenn die Berufswahl oder -ausübung durch staatliches Handeln beschränkt wird. Das ist zunächst bei allen Maßnahmen, die die Berufsfreiheit gezielt beeinträchtigen, wie z. B. dem Verbot einer bestimmten Tätigkeit oder bei Vorgaben für die Ausübung einer Berufstätigkeit, wie einer Regelung zur Preisauszeichnung der ausgestellten Waren, der Fall.

XI. Die Berufsfreiheit (Art. 12 GG)

Ein Eingriff kann aber auch bei **mittelbaren Beeinträchtigungen** vorliegen. Staatliches Handeln, das auf andere Ziele als die Regelung einer beruflichen Tätigkeit abzielt, tatsächlich eine solche aber beschränkt, ist an Art. 12 Abs. 1 GG zu messen, wenn die Regelung sogenannte **berufsregelnde Tendenz** aufweist (BVerfG v. 17.2.1998 – 1 BvF 1/91 – BVerfGE 97, 228, 254). Dies ist bei wirtschaftslenkenden Abgaben, wie die Erhebung einer Sondersteuer für die Beförderung von Gütern mit Kraftfahrzeugen der Fall (BVerfG v. 17.7.1974 – 1 BvR 51/69, 1 BvR 160/69, 1 BvR 285/69, 1 BvL 16/72, 1 BvL 18/72, 1 BvL 26/72 – BVerfGE 38, 61, 85). Dagegen fehlt die berufsregelnde Tendenz bei der sog. Rechtschreibreform, die sich zwar auf die berufliche Tätigkeit von Verlegern oder des Buchhandels auswirkt, deren einziges Ziel aber die Erstellung von Vorgaben für den Deutschunterricht an den Schulen ist (BVerfG v. 14.7.1998 – 1 BvR 1640/97 – BVerfGE 98, 218, 258 f.). **416**

Unmittelbar gilt Art. 12 Abs. 1 GG nur gegenüber staatlichen Maßnahmen. Aufgrund der sog. **mittelbaren Drittwirkung der Grundrechte** kann die Berufsfreiheit aber auch in einem Privatrechtsverhältnis eine Rolle spielen. **417**

Besondere Bedeutung hat dies im **Arbeitsrecht**. Vorgaben für die Tätigkeit des Arbeitnehmers im Rahmen des Direktionsrechts sind in der Regel durch die Berufsfreiheit des Arbeitgebers gedeckt. Zu beachten ist, dass solche Anweisungen aber auch häufig Grundrechte der betroffenen Arbeitnehmer berühren, wie z. B. die Kleiderordnung einer Bank die Grundrechte des Arbeitnehmers aus Art. 2 Abs. 1 GG (allgemeine Handlungsfreiheit und allgemeines Persönlichkeitsrecht).

Zur Lösung des Konflikts ist eine Interessenabwägung im konkreten Einzelfall erforderlich.

b) **Unterscheidung von Eingriffsarten.** Nach dem BVerfG und der h. L. sind die Eingriffe in die Berufsfreiheit in drei Kategorien, nämlich in Berufsausübungsregeln, subjektive Zulassungsbeschränkungen und objektive Zulassungsbeschränkungen, zu unterscheiden. Hintergrund ist die sogenannte **Dreistufentheorie** des BVerfG (vgl. BVerfG v. 11.6.1958 – 1 BvR 596/56 – BVerfGE 7, 377 ff). Danach sind die Anforderungen an die verfassungsrechtliche Rechtfertigung eines Eingriffes von dessen Intensität abhängig: **418**

- Die geringste Intensität (**1. Stufe**) weisen die Berufsausübungsregelungen auf. **419**

Berufsausübungsregelungen sind Bestimmungen, die lediglich das „Wie" einer beruflichen Tätigkeit betreffen.

Im Wirtschaftsleben ist eine Vielzahl solcher Regelungen anzutreffen. Beispiele sind das Sonntagsfahrverbot für Lkw, Vorgaben zum Ladenschluss oder die Kennzeichnungspflicht für Inhaltsstoffe von Lebensmitteln.

420 • Die zweithöchste Intensität (**2. Stufe**) haben die subjektiven Berufswahlregelungen.

> **Subjektive Berufswahlregelungen** sind Regelungen, die für den Zugang zu einem Beruf Voraussetzungen aufstellen, die die Person des Bewerbers betreffen.

Auch subjektive Berufswahlregelungen sind weit verbreitet. Beispiele sind Regelungen, die eine bestimmte Ausbildung, ein bestimmtes Alter, die charakterliche Eignung oder einen bestimmten Gesundheitszustand als Voraussetzungen für die Zulassung zu einer Tätigkeit festschreiben.

421 • Die höchste Intensität (**3. Stufe**) weisen objektive Berufswahlregelungen auf.

> **Objektive Berufswahlregelungen** machen den Zugang zu einem bestimmten Beruf von Voraussetzungen abhängig, auf, deren Erfüllung der einzelne Bewerber keinen Einfluss nehmen kann.

Beispiele dafür sind Bestimmungen, die die Zulassung zu einer Tätigkeit von einer **Bedürfnisprüfung** abhängig machen (z. B. § 13 Abs. 4 PBefG, wonach eine Taxikonzession verweigert werden kann, wenn durch eine weitere Erlaubnis das örtliche Taxigewerbe in seiner Funktionsfähigkeit bedroht wird), oder Regelungen, mit denen der Staat den Zugang zu Ausbildungsstätten, insbesondere den Hochschulen, einschränkt. Nach dem BVerfG sind auch Regelungen, die eine Tätigkeit nur bis zu einem bestimmten Alter zulassen (sog. Altersgrenze), ebenfalls als objektive Berufswahlregelung anzusehen, da die Frage, wie lange man eine Tätigkeit ausüben kann, die Frage, ob man einen Beruf überhaupt ergreifen, also die Berufswahl, beeinflussen kann.

422 Die Unterscheidung dieser drei Stufen wird in der Literatur teilweise als zu starr kritisiert. Auch das BVerfG orientiert sich auf der Ebene der Rechtfertigung nicht mehr streng an den genannten drei Stufen, sondern prüft die Verhältnismäßigkeit ohne genaue Abgrenzung zwischen den verschiedenen Stufen (z. B. BVerfG v. 28.3.2006 – 1 BvR 1054/01 – BVerfGE 115, 276 – staatliches Sportwettenmonopol; vgl. auch *Detterbeck*, Rn. 478 ff.)

423 Ein Beispiel für die Problematik der Dreistufentheorie stellt die Abgrenzung von Berufsausübungsregelungen und (subjektiven) Berufswahlregelungen dar. Nach dem BVerfG kann dafür eine Rolle spielen, ob ein bestimmtes traditionelles Berufsbild existiert. Besteht ein solches nicht, ist die Einschränkung einer Berufstätigkeit eher als Ausübungsregelung statt als Berufswahlregelung zu qualifizieren.

> **Beispiel:** 424
> § 1b Arbeitnehmerüberlassungsgesetz (AÜG) verbietet grundsätzlich die Überlassung von Arbeitnehmern im Baugewerbe. Fasst man die Überlassung von Arbeitnehmern im Baugewerbe als eigenständigen Beruf auf, läge eine Berufswahlregelung vor. Geht man davon aus, dass es traditionell nur den Beruf der „Arbeitnehmerüberlassung" gibt, stellt sich § 1b AÜG dagegen nur als Berufsausübungsregelung dar.

> In der Klausur wird regelmäßig die Kenntnis der noch herrschenden Dreistufentheorie verlangt. Deswegen orientieren sich auch die folgenden Ausführungen an ihr.

3. Rechtfertigung von Eingriffen

Art. 12 Abs. 1 Satz 2 GG erlaubt Eingriffe durch oder aufgrund eines Gesetzes. Entgegen dem Wortlaut gilt dies auch für Eingriffe in die Berufswahl. Nach den allgemeinen Lehren für die Einschränkung von Grundrechten muss das einschränkende Gesetz formell und materiell verfassungsgemäß sein. Für die materielle Verfassungsmäßigkeit kommt es daher insbesondere auf die Verhältnismäßigkeit der Regelung an. Bei deren Prüfung muss auch die Dreistufentheorie des BVerfG, nach der die Anforderungen an die Rechtfertigung des Grundrechtseingriffs umso höher anzusetzen sind, je höher die Eingriffsintensität ist, berücksichtigt werden. 425

Bei zwei der vier Prüfungsschritte der Verhältnismäßigkeitsprüfung (siehe zu dieser oben Rn. 48 ff.) ergeben sich daraus folgende zwei Besonderheiten: 426

- Bei der Frage, ob das eingreifende Gesetz einem legitimen, im öffentlichen Interesse liegenden **Zweck** dient, ist zu differenzieren:
  - Bei Berufsausübungsregelungen genügt jeder **vernünftige Zweck**.
  - Bei subjektiven Zulassungsbeschränkungen muss die Regelung zum **Schutz eines wichtigen Gemeinschaftsgutes** notwendig sein.
  - Bei objektiven Zulassungsbeschränkungen muss die Regelung die Abwehr einer dringenden **Gefahr für überragend wichtiges Gemeinschaftsgut** bezwecken.
- Hinsichtlich der **Erforderlichkeit** der Regelung, d. h. der Frage, ob es zur Erreichung des Zwecks ein gleich geeignetes aber milderes Mittel gibt, folgt aus der Dreistufentheorie, dass der Staat sich einer bestimmten Eingriffstiefe (Stufe) erst bedienen darf, wenn eine Regelung auf niedrigerer Stufe ausscheidet.

Prüfungsschema 16

 Fall 3

Fall:
A betreibt in B. eine Apotheke. Nach dem einschlägigen Landesladenschlussgesetz dürfen Apotheken sonntags nur öffnen dürfen, wenn sie Notdienst haben. Trotzdem nahm A vor Weihnachten am verkaufsoffenen Sonntag in B. teil, obwohl er an diesem Tag nicht zum Notdienst eingeteilt war. Vom Berufsgericht für Apotheker wurde A daraufhin zu einer Geldbuße verurteilt. *Ist der mit dem Sonntagsöffnungsverbot für Apotheken verbundene Eingriff in die Berufsfreiheit des A gerechtfertigt?*

Lösung:
Eine Rechtfertigung läge aufgrund des allgemeinen Gesetzesvorbehalts in Art. 12 Abs. 1 Satz 2 GG vor, wenn das gesetzliche Verbot formell und materiell verfassungsgemäß wäre. Problematisch ist hier allein die Verhältnismäßigkeit der gesetzlichen Regelung. Das Verbot müsste zunächst einem **legitimen Zweck** dienen. Es handelt sich bei dem Öffnungsverbot um eine Berufsausübungsregelung (1. Stufe der Dreistufentheorie des BVerfG), so dass jeder sachliche, im öffentlichen Interesse liegende Grund ausreicht. Ein solcher ist hier der Schutz des Apothekers und seiner Mitarbeiter vor Überforderung, da die Apotheken zur Versorgung der Bevölkerung mit Medikamenten ohnehin schon sehr ausgedehnte Öffnungszeiten haben. Dieser Zweck kann durch die Regelung auch erreicht werden. Ein milderes Mittel zur Erreichung des Zwecks ist nicht ersichtlich, die Regelung also **erforderlich**. Damit ist nur noch die Frage der **Angemessenheit** zu klären. Abzuwägen ist der Schutz des Apothekers und der Mitarbeiter vor Überforderung gegenüber dem Interesse des Apothekers, selbst darüber zu entscheiden, wann er öffnen und sich dem zunehmenden Wettbewerb mit anderen Verkaufsstellen stellen will. Wenn man berücksichtigt, dass der Apotheker einerseits durch entsprechende Planung der Dienstpläne eine Überforderung des Personals vermeiden kann und es auf der anderen Seite immer häufiger zu Überschneidungen im Warenangebot von Apotheken und anderen Verkaufsstellen, wie Drogerien und Supermärkten, gibt, erscheint das Verbot unverhältnismäßig (vgl. BVerfG v. 16.1.2002 – 1 BvR 1236/99 – BVerfGE 104, 357 ff.).

427 **Merksätze zu Art. 12 GG**
- Art. 12 Abs. 1 GG schützt die Berufswahl und die Berufsausübungsfreiheit sowie die freie Wahl von Arbeitsplatz und Ausbildungsstätte.

Nach h. M. bilden diese Aspekte ein einheitliches Recht der Berufsfreiheit.
- Die Berufsfreiheit steht unter einem einfachen Gesetzesvorbehalt.
- Die Rechtfertigung von Eingriffen in die Berufsfreiheit hängt nach dem Bundesverfassungsgericht von der Intensität des Eingriffs ab. Unterschieden werden dabei Berufsausübungsregelungen, subjektive Berufswahlregelungen und objektive Berufswahlregelungen.
- Berufsausübungsregelungen sind aus jedem sachlichen, im öffentlichen Interesse liegenden Grund möglich; subjektive Berufswahlregelungen sind zum Schutz besonders wichtiger Gemeinschaftsgüter und objektive Berufswahlregelungen nur zur Abwehr schwerer Gefahren für überragend wichtige Gemeinschaftsgüter zulässig.

- **Allgemeines:**
  Art. 12 GG ist ein Klassiker für die Fallbearbeitung in staatsrechtlichen Prüfungen, insbesondere bei Studiengängen mit betriebswirtschaftlichem Einschlag. Vor allem die Dreistufentheorie des BVerfG ist absolut notwendiges Grundwissen.
- **Spezialprobleme:**
  – *Anwendung der Berufsfreiheit auf staatliche Berufe*: Umstritten ist, ob Art. 12 GG auch für Tätigkeiten für den Staat oder staatlich gebundene Tätigkeiten, z. B. Beamte, Notare oder Bezirksschornsteinfeger gilt. Für Beamte wird teilweise Art. 33 GG als lex specialis angesehen, teilweise erst bei der Rechtfertigung im Rahmen von Art. 12 GG angewandt (näher *Schwacke/Schmidt*, Kap. 52.15.1 Rn. 925).
  – *Staatliches Monopol für Spielbanken und Sportwetten*: Eine wesentliche Beschränkung der Berufsfreiheit stellen landesrechtliche Regelungen dar, die das Betreiben von Spielbanken und die Veranstaltung von Sportwetten verbieten oder erheblich beschränken. Das BVerfG lässt solche Regelungen zu, soweit sie im Hinblick auf die Unterbindung der mit Glücksspielen und Wetten verbundenen Suchtgefahren verhältnismäßig erscheinen (BVerfG v. 19.7.2000 – 1 BvR 539/96 (1) – BVerfGE 102, 197; BVerfG v. 28.3.2006 – 1 BvR 1054/01 – BVerfGE 115, 276).

XII. Die Unverletzlichkeit der Wohnung (Art. 13 GG)

1. Schutzbereich

Art. 13 Abs. 1 GG schützt die Unverletzlichkeit der Wohnung. Gewährleistet wird von Art. 13 Abs. 1 GG ein Bereich, in dem der Einzelne das Recht hat, „in Ruhe gelassen" zu werden (BVerfG v. 3.3.2004 – 1 BvR 2378/98,

1 BvR 1084/99 – BVerfGE 109, 279 ff., 309). Erfasst sind entgegen dem allgemeinen Sprachgebrauch nicht nur Wohnräume, sondern auch Betriebs- und Geschäftsräume. Letztere auch dann, wenn diese grundsätzlich der Öffentlichkeit zugänglich sind, wie z. B. Kaufhäuser.

429 Berufen können sich auf Art. 13 Abs. 1 GG alle natürlichen Personen und nach Maßgabe des Art. 19 Abs. 3 GG auch inländische juristische Personen. Für die Inspruchnahme des Grundrechts ist der Status des Betroffenen unerheblich. Neben dem Eigentümer von Räumen können sich daher auch Mieter, Pächter oder Hotelgäste auf Art. 13 Abs. 1 GG berufen.

2. Typische Eingriffe

430 Eingegriffen wird in Art. 13 Abs. 1 GG durch jede Maßnahme, mit der die Ruhe des „Wohnungsinhabers" gestört wird. Art. 13 GG differenziert zwischen verschiedenen Arten von Eingriffen, nämlich zwischen Durchsuchungen (Art. 13 Abs. 2 GG), der Wohnraumüberwachung mit technischen Mitteln (Art. 13 Abs. 3–6 GG) und sonstigen Eingriffen (Art. 13 Abs. 7 GG). Zu Letzteren gehört z. B. das Betreten von Räumen, um gesetzlichen Überwachungspflichten (z. B. der Gewerbeaufsicht) nachzukommen. Die Unterscheidung ist wichtig für die Anforderungen an die Rechtfertigung von Eingriffen.

3. Die Rechtfertigung von Eingriffen

431 Die Rechtfertigung hängt von der Art des Eingriffs ab.

432 **a) Durchsuchungen.** Nach Art. 13 Abs. 2 GG bedürfen Durchsuchungen immer einer gesetzlichen Grundlage und müssen im Regelfall von einem Richter angeordnet werden (Richtervorbehalt). Nur bei Gefahr im Verzug ist eine richterliche Anordnung entbehrlich. Die Vorgaben sind in der Strafprozessordnung (StPO) umgesetzt worden.

433 **b) Technische Überwachung von Wohnungen.** Art. 13 Abs. 3–6 GG lassen die technische Überwachung von Wohnungen, insbes. durch Mikrofone und Kameras, aufgrund einer gesetzlichen Regelung nur dann zu, wenn es um die Verfolgung besonderer Straftaten oder um die Abwehr besonders großer Gefahren geht. Auch hier ist grundsätzlich eine richterliche Anordnung notwendig.

434 **c) Sonstige Eingriffe.** Eingriffe in anderer Form sind nach Maßgabe von Art. 13 Abs. 7 GG zulässig. Danach können Eingriffe zur Abwehr einer gemeinen Gefahr oder einer Lebensgefahr für Einzelne direkt auf Art. 13 Abs. 7 GG gestützt werden. Für Eingriffe zur Abwehr von Gefahren für die öffentliche Sicherheit und Ordnung ist hingegen eine gesetzliche Ermächtigung, wie z. B. die Generalklausel der Polizeigesetze der Länder, notwendig. Umstritten ist die Behandlung von **Betriebsbesichtigungen**, um die Einhaltung von Gewerbe- oder Umweltvorschriften zu überprüfen. Die Rechtsprechung lässt solche unter weniger strenger Voraussetzungen als denen des Art. 13 Abs. 7 GG zu (vgl. näher dazu *Detterbeck*, Rn. 494).

Prüfungsschema 17

XIII. Das Eigentum und das Erbrecht (Art. 14 GG)

Art. 14 Abs. 1 GG (bitte lesen!) enthält verschiedene Gewährleistungen. Zunächst wird das **Eigentum** gewährleistet. Diese Gewährleistung hat zwei Aspekte. Zum einen wird ein Grundrecht auf Eigentum eingeräumt, zum anderen wird das Privateigentum als wesentlicher Grundgedanke unserer Rechtsordnung garantiert. Man spricht von einer sogenannten Institutsgarantie (näher *Zippelius/Würtenberger*, § 31 Rn. 6 f.).

Neben dem Eigentum garantiert Art. 14 Abs. 1 GG auch das **Erbrecht**. Daraus resultiert zum einen das Grundrecht des Erblassers, über das Schicksal seines Vermögens nach seinem Tod frei zu bestimmen. Zulässigerweise eingeschränkt wird dies aber z. B. durch das Pflichtteilsrecht des BGB (§§ 2303 ff. BGB). Andererseits wird auch das Recht zu „erben" geschützt. Gewährleistet ist damit, dass der Erbe in die Rechtsposition des Erblassers eintreten kann (umgesetzt ist dies in § 1922 BGB).

Die folgenden Ausführungen beschränken sich auf das Eigentum als Grundrecht.

1. Schutzbereich

Der Begriff „Eigentum" ist aus dem BGB bekannt. Dort wird er als rechtliche Herrschaft über eine bewegliche oder unbewegliche Sache verstanden. Der verfassungsrechtliche Eigentumsbegriff geht weiter.

Die gängige Definition lautet:

> **Eigentum** i. S. v. Art. 14 GG sind alle privatrechtlichen, vermögenswerten Rechtspositionen.

Damit fällt unter den verfassungsrechtlichen Eigentumsbegriff nicht nur das Eigentum an beweglichen Sachen oder Grundstücken, sondern jede konkrete Vermögensposition, soweit sie tatsächlich besteht. Erfasst werden von Art. 14 GG daher eine Vielfalt von privatrechtlichen Rechtspositionen, wie schuldrechtliche Ansprüche, insbesondere Forderungen, Hypotheken, Aktien, Gesellschaftsanteile sowie Urheber- und Patentrechte und nach dem BVerfG sogar das Besitzrecht des Mieters (BVerfG v. 26.5.1993 – 1 BvR 208/93 – BVerfGE 89, 1, 5 ff.).

439 Darüber hinaus schützt 14 GG auch bestimmte **öffentlich-rechtliche Vermögenspositionen**. Erfasst werden Ansprüche gegen staatliche Organisationen, die auf einer (Vor-)Leistung des Empfängers beruhen. Beispiele sind der Anspruch aus der gesetzlichen Rentenversicherung oder der Anspruch auf Arbeitslosengeld, da sie auf einer (Vor-)leistung des Empfängers beruhen.

440 Voraussetzung für den Schutz des Art. 14 GG ist immer, dass es um konkrete, tatsächlich bestehende Rechtspositionen geht. Nicht erfasst werden daher **bloße Gewinn- und Erwerbschancen**. Hiefür steht mit der Berufsfreiheit ein anderes Grundrecht zur Verfügung. Deswegen werden Verkaufsverbote oder Gewinneinbußen durch Veränderung der tatsächlichen Umstände für eine Gewerbetätigkeit (z. B. Absenken der Kundenzahl einer Tankstelle durch Bau einer Umgehungsstraße) grundsätzlich nicht an Art. 14 GG zu messen sein.

441 Bezüglich zweier möglicher Rechtspositionen ist umstritten, ob sie von Art. 14 GG erfasst werden:

442 • Das **Vermögen als Ganzes** wird von der h. M. vom Schutz des Art. 14 GG ausgeschlossen, da nur der Ein- oder Zugriff in konkrete Vermögenspositionen das Eigentum tangiere. Damit ist insbesondere die Auferlegung einer bloßen Zahlungspflicht, wie z. B. die Erhebung von Steuern, grundsätzlich nicht an der Eigentumsgarantie zu messen. Etwas anderes gilt nach dem BVerfG aber dann, wenn eine Steuer den Betroffenen so stark belastet, dass der Stamm seines Vermögens beeinträchtigt wird (BVerfG v. 22.6.1995 – 2 BvL 37/91 – BVerfGE 93, 121 ff.). Man spricht dann von einer konfiskatorischen, d. h. erdrosselnden Steuer (vgl. *Detterbeck*, Rn. 498 ff.).

443 • Der zweite Streitpunkt betrifft das sogenannte **Recht am eingerichteten und ausgeübten Gewerbebetrieb**. Darunter versteht man grundsätzlich alles, was zum wirtschaftlichen Wert eines Unternehmens gehört, also neben dem Eigentum an Grundstücken, Gebäuden und Inventar auch der erworbene Kundenstamm oder die bestehenden Geschäftsbeziehungen. Im Zivilrecht ist der eingerichtete und ausgeübte Gewerbebetrieb als sonstiges Recht im Sinne von § 823 Abs. 1 BGB anerkannt. Die h. L. und das BVerwG (BVerwG v. 27.5.1981 – VII C 34.77 – BVerwGE 62, 224, 225) fassen das Recht am eingerichteten und ausgeübten Gewerbebetrieb daher als Eigentum im Sinne von Art. 14 GG auf. Das BVerfG hat die Frage bisher offengelassen (BVerfG v. 25.1.1984 – 1 BvR 272/81 – BVerfGE 66, 116, 145), aber angedeutet, dass sich der Schutz des Gewerbetreibenden auf das beschränken müsse, was die wirtschaftlichen Grundlagen des Unternehmens ausmache (BVerfG v. 15.7.1981 – 1 BvL 77/78 – BVerfGE 58, 300, 353). Damit bleibt wenig, was von einem eigenständigen Recht am eingerichteten und ausgeübten Gewerbebetrieb erfasst werden könnte (*Detterbeck*, Rn. 503), denn bloße Gewinn- und Erwerbschancen fallen, wie oben dargelegt, aus dem Schutzbereich des Art. 14 GG heraus.

Insgesamt lässt sich der verfassungsrechtliche Eigentumsbegriff nach dem Vorgesagten wie folgt zusammenfassen:

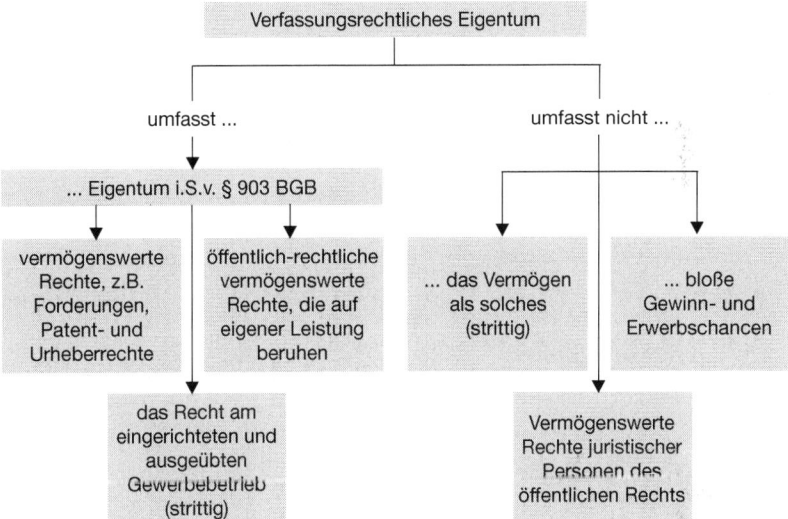

Abbildung 23: Der verfassungsrechtliche Eigentumsbegriff

Auf Art. 14 GG können sich alle natürlichen Personen sowie nach Maßgabe von Art. 19 Abs. 3 GG alle inländischen juristischen Personen des Privatrechts berufen. Nicht erfasst vom Schutz des Art. 14 GG werden dagegen öffentlich-rechtliche Körperschaften, wie z. B. eine Gemeinde. Begründet wird das damit, dass Art. 14 aufgrund der vorherrschenden Schutzrichtung der Grundrechte nur das Eigentum Privater schütze (BVerfG v. 8.7.1982 – 2 BvR 1187/80 – BVerfGE 61, 82 ff.).

2. Typische Eingriffe

Ein Eingriff in das Eigentum liegt bei jedem staatlichen Handeln vor, das den Bestand oder die Nutzung einer der erfassten Vermögenspositionen beeinträchtigt. Das können auch Realakte sein, z. B. die Einwirkung von Lärm oder Schadstoffen (*Manssen*, § 28 Rn. 760).

Soweit es um Eingriffe aufgrund von Rechtsvorschriften geht, sind zwei Kategorien von Eingriffen zu unterscheiden, nämlich die Inhalts- und Schrankenbestimmung und die Enteignung.

448 Die Abgrenzung erfolgt seit der sog. **Nassauskiesungsentscheidung** des BVerfG (BVerfG v. 15.7.1981 – 1 BvL 77/78 – BVerfGE 58, 300, 332) nach formalen und nicht nach materiellen Kriterien. Solche wurden früher vom BVerwG und vom BGH vertreten, die eine Enteignung nur annahmen, wenn dem Betroffenen ein Sonderopfer abverlangt oder er besonders schwer betroffen wurde (Vgl. *Detterbeck*, Rn. 515 f.). Danach gelten heute folgende Begriffsbestimmungen:

a) **Inhalts- und Schrankenbestimmungen**

449 **Inhalts- und Schrankenbestimmungen** i. S. v. Art. 14 Abs. 1 Satz 2 GG sind Rechtsvorschriften, die für eine Vielzahl von Personen und Sachverhalten, d. h. generell und abstrakt, die Rechte und Pflichten des Eigentümers festsetzen.

Beispiele für Inhalts- und Schrankenbestimmungen finden sich in vielen Bereichen unserer Rechtsordnung. Zu nennen sind die baurechtliche Veränderungssperre für Grundstücke, das Erhaltungsgebot und Veränderungsverbot für denkmalgeschützte Gebäude, die Beschränkungen des Eigentümers von Wohnraum durch das Mietrecht oder die Beschränkungen, die das Wasserhaushaltsgesetz (WHG) den Eigentümern von Gewässern auferlegt.

b) **Die Enteignung**

450 Eine **Enteignung** ist gegeben, wenn eine Eigentumsposition durch eine konkret individuelle Regelung (Einzelfall) ganz oder teilweise entzogen wird.

451 Kein Entzug in diesem Sinne liegt nach dem BVerfG vor, wenn der Entzug einer Vermögensposition nicht dazu dient, diese auf den Staat zu übertragen (Güterbeschaffung). Danach ist die Zerstörung oder Einziehung von Eigentum zum Schutz übergeordneter Rechtsgüter keine Enteignung. Die Anordnung der Tötung eines Hundes, der sich mit Tollwut infiziert hat, ist daher keine Enteignung, sondern Inhalts- und Schrankenbestimmung (näher *Detterbeck*, Rn. 519).

452 Die Enteignung kann grundsätzlich nur konkrete Rechtspositionen betreffen. Um keine Enteignung im Sinne von Art. 14 Abs. 3 GG handelt es sich daher bei der **Sozialisation** nach Art. 15 GG. Diese lässt zu, dass Grund und Boden, Naturschätze und Produktionsmittel zum Wohle der Allgemeinheit in Gemeinwirtschaft überführt werden. Diese ist dadurch gekennzeichnet, dass die Nutzung der betroffenen Güter nicht dem individuellen Nutzen sondern der Verfolgung von Gemeinwohlzielen dient (näher *Mans-*

sen, § 28 Rn. 775). Die Sozialisation kann nur gegen Entschädigung erfolgen (Art. 15 Satz 2 GG).

c) **Enteignende und enteignungsgleiche Eingriffe.** In der Rechtswissenschaft werden im Zusammenhang mit Beeinträchtigungen des Eigentums seit langem die Begriffe enteignungsgleicher und enteignender Eingriff diskutiert. Beim **enteignungsgleichen Eingriff** geht es um Rechtsakte, die zwar Eigentum entziehen, aber keine Enteignung darstellen können, weil sie rechtswidrig sind. 453

> **Beispiel:** 454
> Die Bauaufsichtsbehörde erlässt rechtswidrig eine Baubeseitigungsanordnung, aufgrund derer der Eigentümer das Gebäude abreißen lässt.

Der Begriff des **enteignenden Eingriffs** wird dagegen für staatliches Handeln verwandt, das zwar rechtmäßig ist, aber als ungewollte Nebenfolge eine Beeinträchtigung von Eigentum mit sich bringt.

> **Beispiel:** 455
> Von einer rechtmäßig betriebenen gemeindlichen Mülldeponie werden Krähen angelockt, die die Aussaat auf den Feldern der benachbarten Bauern vernichten.

In beiden Fallgruppen kann ein **Ersatzanspruch** des betroffenen Eigentümers in Betracht kommen. Rechtsgrund ist allerdings nicht mehr Art. 14 GG, sondern der sog. **Aufopferungsgedanke** (näher *Schwacke/Schmidt*, Rn. 970 f.). Danach besteht ein Anspruch, wenn die eingetretene Eigentumsbeeinträchtigung unmittelbare Folge der staatlichen Maßnahme ist, der Eigentümer über die Grenze dessen, was ihm im Interesse der Allgemeinheit zugemutet werden kann, belastet ist (sogenanntes Sonderopfer) und er im Vorfeld versucht hat, sich (verwaltungsgerichtlich) gegen die belastende staatliche Maßnahme zu wehren (Einzelheiten bei *Sodan/Ziekow*, § 87 Rn. 5 ff.). Aufgrund der letztgenannten Voraussetzung würde der im obigen Beispiel von der Baubeseitigungsanordnung betroffene Eigentümer keine Entschädigung bekommen, wenn er sich nicht mit Widerspruch und Klage gegen die Entscheidung der Verwaltung wehren würde. 456

3. Die Rechtfertigung von Eingriffen

Die Rechtfertigung von Eingriffen in das Eigentum hängt davon ab, ob eine Inhalts- und Schrankenbestimmung oder eine Enteignung vorliegt. 457

a) **Die Rechtfertigung von Inhalts- und Schrankenbestimmungen.** Nach Art. 14 Abs. 1 Satz 2 GG können Inhalts- und Schrankenbestimmun- 458 gen durch Gesetz erfolgen. Ausreichend ist dabei ein Gesetz im materiellen Sinne. Wie bei jeder Grundrechtsbeeinträchtigung muss das einschränkende Gesetz formell und materiell verfassungsgemäß sein. Besonderer Schwerpunkt ist dabei auf die **Verhältnismäßigkeit** der gesetzlichen Regelung zu legen. Dabei sind einige besondere Aspekte zu berücksichtigen:

459 • Aufgrund der **Sozialbindung** des Eigentums (Art. 14 Abs. 2 GG) kann bei der Interessenabwägung im Rahmen der Angemessenheitsprüfung den Interessen des Eigentümers weniger Gewicht beizumessen sei, als den Interessen der Allgemeinheit.

460 • Bei der Beeinträchtigung des Grundeigentums kann es sein, dass die Interessen des Eigentümers aufgrund der **Situationsgebundenheit** des Grundstücks zurücktreten müssen. Eigentumsbeschränkungen, die sich aus der Lage eines Grundstücks in einer bestimmten Umgebung ergeben, können daher gerechtfertigt sein.

461 • Eine an sich unzumutbare Beeinträchtigung des Eigentums kann durch Übergangsregelungen, Ausnahmetatbestände oder Gewährung einer finanziellen Entschädigung verhältnismäßig werden. Kann die Verhältnismäßigkeit nur durch die Gewährung einer Entschädigung hergestellt werden, spricht man von einer **ausgleichspflichtigen Inhalts- und Schrankenbestimmung** (näher *Pieroth/Schlink/Kingreen/Poscher*, § 23 Rn. 930 ff.).

462 b) **Die Rechtfertigung der Enteignung.** Eine Enteignung ist nur gerechtfertigt, wenn sie den Anforderungen des Art. 14 Abs. 3 GG (bitte lesen) genügt. Danach muss die Enteignung direkt durch ein Gesetz (sog. **Legalenteignung**) oder aufgrund eines Gesetzes (**Administrativenteignung**) erfolgen. Das entsprechende Gesetz muss, entsprechend den allgemeinen Vorgaben für Grundrechtsbeeinträchtigungen (s. Rn. 258), außerdem formell und materiell verfassungsgemäß sein. Bezüglich der materiellen Verfassungsmäßigkeit sind drei Aspekte von besonderer Bedeutung:

463 • Nach dem Wortlaut von Art. 14 Abs. 3 GG muss die Enteignung dem **Wohl der Allgemeinheit** dienen. Enteignungen, die nicht der Erfüllung staatlicher Aufgaben, sondern allein privaten Interessen dienen, sind danach unzulässig. Möglich ist aber, dass sich der Nutzen für das allgemeine Wohl nicht aus dem Unternehmensgegenstand selbst ergibt, sondern nur mittelbare Folge der Unternehmenstätigkeit (BVerfG v. 24.3.1987 – 1 BvR 1046/85 – BVerfGE 74, 264, 289) ist.

464 • Ebenfalls aus dem Wortlaut des Art. 14 Abs. 3 GG ergibt sich, dass das Enteignungsgesetz eine **Entschädigungsregelung** vorsehen muss (sog. Junktimklausel).

465 • Schließlich muss die Enteignung dem **Verhältnismäßigkeitsgrundsatz** entsprechen. So kann insbesondere die Erforderlichkeit der Enteignung

problematisch sein. Ein milderes Mittel liegt nämlich immer dann vor, wenn der Staat das Enteignungsobjekt auch auf andere Weise, z. B. durch Ankauf, hätte erlangen können. Ein milderes Mittel stellt zudem die Administrativenteignung gegenüber der Legalenteignung dar, da dem Betroffenen gegen einen Akt der Exekutive mehr Rechtsschutzmöglichkeiten zur Verfügung stünden als gegenüber einem Gesetz. Keine Rolle wird in der Regel die Verhältnismäßigkeit i. e. S. (Rn. 53) spielen, da aufgrund der Zahlung einer angemessenen Entschädigung eine Unzumutbarkeit der Enteignung regelmäßig ausscheiden wird.

Hinzuweisen ist noch auf eine Besonderheit, die beim Rechtsschutz gegenüber einer Enteignung besteht. Obwohl es um öffentliches Recht geht, sind für einen Streit um die Höhe der festgesetzten Entschädigung nach Art. 14 Abs. 3 Satz 4 GG die **Zivilgerichte** zuständig. Die Rechtmäßigkeit einer Administrativenteignung muss der Betroffene dagegen von den Verwaltungsgerichten und die Verfassungsmäßigkeit einer Legalenteignung mittels Verfassungsbeschwerde vom Bundesverfassungsgericht überprüfen lassen.

466

Prüfungsschema 18

Fall 5

> **Fall:**
> Ein Landesgesetz bestimmt, dass der Verleger von jedem Druckwerk, das innerhalb des Landes erscheint, ein Stück, das sog. Pflichtexemplar, unentgeltlich und auf eigene Kosten an eine bestimmte Bibliothek in der Nähe seines Standortes abzugeben hat.
> *Ist dieser Eingriff in das Eigentum der Verleger gerechtfertigt?*
>
> **Lösung:**
> Für die Rechtfertigung ist zunächst entscheidend, ob eine Inhalts- und Schrankenbestimmung (Art. 14 Abs. 1 Satz 2) oder eine Enteignung (Art. 14 Abs. 3 GG) vorliegt. Da das Gesetz nicht den Entzug eines konkreten, vom Staat benötigten Vermögensobjekts betrifft, sondern in genereller und abstrakter Weise alle Verleger von Druckwerken belastet, liegt eine Inhalts- und Schrankenbestimmung vor. Eine solche kann aufgrund eines Gesetzes, das formell und materiell verhältnismäßig ist, erfolgen. Fraglich kann hier allein die Verhältnismäßigkeit der Regelung sein. An sich ist es ein legitimes Interesse der Allgemeinheit, dass literarische Erzeugnisse gesammelt werden, um sie heute, aber vor allem in der Zukunft jedermann zugänglich zu machen. Im Regelfall ist die damit verbundene Belastung den Verlegern auch zumutbar. Allerdings sind davon Ausnahmen denkbar. Insbesondere betrifft dies Druckwerke, die mit großem Aufwand und in nur geringer Auflage hergestellt werden.

Hier kann es für den Verleger eine unzumutbare Belastung darstellen, dass er ein solches Werk ohne Kostenersatz an Bibliotheken abliefern muss. Da die entsprechende Regelung des Landesrechts dem nicht durch Ausnahme von der Kostenpflicht Rechnung trägt, erscheint die Regelung unverhältnismäßig (vgl. BVerfG v. 14.7.1981 – 1 BvL 24/78 – BVerfGE 58, 137 ff.).

Merksätze zu Art. 14 GG
- Art. 14 GG schützt das Eigentum als Grundrecht und als Institution.
- Als Grundrecht schützt Art. 14 GG grundsätzlich alle privatrechtlich begründeten, vermögenswerten Rechtspositionen.
- Bei den Engriffen in Art. 14 GG ist zwischen der Inhalts- und Schrankenbestimmung (Art. 14 Abs. 1 Satz 2 GG) und der Enteignung (Art. 14 Abs. 3 GG) zu unterscheiden.
- Eine Inhalts- und Schrankenbestimmung (Art. 14 Abs. 1 Satz 2) liegt vor, wenn das Eigentum durch eine generell-abstrakte Regelung beschränkt wird. Sie ist grundsätzlich aufgrund von Gesetzen, die ihrerseits der Verfassung entsprechen, gerechtfertigt.
- Eine Enteignung (Art. 14 Abs. 3) liegt vor, wenn das Eigentum durch eine generell-abstrakte Regelung zugunsten eines anderen ganz oder teilweise entzogen wird. Sie ist nur zum Wohl der Allgemeinheit durch oder aufgrund eines Gesetzes, das eine Entschädigung vorsieht, gerechtfertigt.

- **Allgemeines:**
  Art. 14 GG ist neben Art. 12 GG der „Klassiker" für die Fallbearbeitung in Studiengängen mit betriebswirtschaftlichen Bezügen. Darüber hinaus stellen die Begriffe der Inhalts- und Schrankenbestimmung und ihre Abgrenzung untereinander absolut notwendiges Grundwissen für alle staatsrechtlichen Klausuren dar.
- **Spezialprobleme:**
  - *Abgrenzung zu Art. 12 GG*: Bei vielen Eingriffen in die wirtschaftliche Betätigung (z. B. Verbot eines Produkts) kommt neben der Berufsfreiheit auch ein Eingriff in Art. 14 GG in Betracht; regelmäßig wird der Schwerpunkt der Beeinträchtigung aber bei der beruflichen Betätigung und nicht bei der Nutzung des Eigentums liegen. Nach dem Schlagwort **„Art. 14 GG schützt das Erworbene, Art. 12 GG den Erwerb"** wird man dabei regelmäßig bereits einen Eingriff in Art. 14 GG verneinen können.
  - *Abgrenzung Inhalts- und Schrankenbestimmung – Enteignung*: Hier wird in der Klausur häufig eine Erörterung erwartet werden; Kenntnisse der formalen Abgrenzung des BVerfG sind unbedingt

XIII. Das Eigentum und das Erbrecht (Art. 14 GG) **466**

erforderlich, insbesondere die Grundzüge der Nassauskiesungs-Entscheidung des BVerfG.
- *Ausgleichspflichtige Inhalts- und Schrankenbestimmung*: Grundsätzlich ist nur eine Enteignung (Art. 14 Abs. 3 GG) auszugleichen, bei einer Inhalts- und Schrankenbestimmung kommt eine Ausgleichspflicht nur in Betracht, wenn ansonsten ein unverhältnismäßiger Eingriff vorliegt; diese ist vom Gesetzgeber festzulegen.
- *Enteignender und enteignungsgleicher Eingriff*: Bei beiden wird durch tatsächliches Handeln, nicht durch Rechtsakte das Eigentum beschränkt; ein Ausgleich dafür darf nach dem BVerfG aber nicht aus dem Art. 14 GG abgeleitet werden, sondern darf nur auf den sog. Aufopferungsgedanken gestützt werden (ausführlich *Pieroth/Schlink/Kingreen/Poscher*, § 87).

Stichwortverzeichnis

Die Zahlenangaben beziehen sich auf die Randnummern des Buches.

A
Abgaben 167
Absolutes Rückwirkungsverbot 56
Abstrakte Normenkontrolle 125, 192
Abwehrfunktion 217
Abweichungsgesetzgebung 117
Administrativenteignung 462, 465
Allgemeine Handlungsfreiheit 256, 266, 417
Allgemeiner Gleichheitsgrundsatz 288
Allgemeines Gleichbehandlungsgesetz 290
Allgemeines Persönlichkeitsrecht 273, 275, 277, 417
Altersgrenze 421
Änderung des Grundgesetzes 132
Angemessenheit 52
Annexkompetenz 123
Anwendungsvorrang des europäischen Rechts 64
Arbeitgeberverbände 392
Arbeitskampfmaßnahmen 393
Arbeitslosengeld 439
Arbeitsplatz 406
Arbeitsrecht 317, 417
Arbeitssuchende 31
Arbeitszwang 406
Asylrecht 264
Außenwirtschaftliches Gleichgewicht 184
Auffanggrundrecht 266
Aufopferung 456
Ausbildungsstätte 406
Ausgabenverteilung 162
Ausländer 226
Ausschließliche Gesetzgebungskompetenz 114 f.

B
Bedürfnisklausel 120
Begnadigungsrecht 91
Beiträge 168
Bekenntnisfreiheit 308

Beleidigungen 331
Beruf 408
Berufsausübungsregeln 418 f., 423
Berufsfreiheit 241, 266, 406
Beschwerdebefugnis 202
Beschwerdeberechtigung 199
Beschwerdegegenstand 201
Bestimmtheitsgrundsatz 54
Betreten von Räumen 430
Betriebsbesichtigungen 434
Briefe 397 f.
Bund 35, 40
Bundesauftragsverwaltung 149
Bundesbank 183
Bundesdatenschutzgesetz 274
Bundeseigene Verwaltung 150
Bundeshaushaltsordnung 178
Bundeskanzler 68, 97, 103 f., 106
Bundesminister 99, 102
Bundesorgane 66
Bundespräsident 90, 135
Bundesrat 87, 130, 133, 187
Bundesrechnungshof 181
Bundesregierung 27, 97, 133
Bundesstaat 10, 33
Bundestag 23, 27, 67, 133, 187
Bundesverfassungsgericht 61, 209
Bundesverfassungsgerichtsgesetz 18, 107
Bundesversammlung 93
Bundeswahlgesetz 18, 70
Bundeswehr 25
Bund-Länder-Streitigkeit 193
Bürger 5, 128
Bürgerabstimmungen 26

C
Chancengleichheit 65

D
Demokratie 21
Deutsche Staatsbürgerschaft 264
Diäten 79
Differenzierungsverbote 290

143

Stichwortverzeichnis

Direkte Demokratie 24 f.
Dreistufentheorie des BVerfG 418, 425 f.
Drittwirkung der Grundrechte 232
Duales System 347
Durchsuchungen 432

E
Echte Rückwirkung 57
Ehe 264
Eigentum 435, 437 f.
Eigentumsgarantie 156
Einfacher Gesetzesvorbehalt 253
Eingriff 251
Eingriffsverwaltung 45
Einkommensteuer 171
Einspruchsgesetz 130
Einwilligung 286
Enteignender Eingriff 454
Enteignung 450 ff., 462
Enteignungsgleicher Eingriff 453
Erbrecht 436
Erforderlichkeit 51
Ermächtigungsgrundlage 139
Ersatzdienst 328
Ertragshoheit 171 f.
Europäische Grundrechte 213
Europäische Menschenrechtskonvention 213
Europäische Union 64, 87
Europäisches System der Zentralbanken 184
Europarecht 7
EU-Vertrag 7, 64
Ewigkeitsgarantie 138, 260
Exekutive 37, 54, 108, 231
Existenzminimum 31

F
Fachaufsicht 149
Familie 264
Fernmeldegeheimnis 400
Filmfreiheit 329, 344
Finaler Rettungsschuss 284
Finanzausgleich 173
Finanzwesen 161
Föderalismusreform 119, 378
Forschung 362 f.
Fraktionen 80, 127, 129

Fraktionsdisziplin 76
Fraktionsloser Abgeordneter 82
Fraktionszwang 76
Freie Marktwirtschaft 154
Freies Mandat 76
Freiheitlich demokratische Grundordnung 258, 367
Freiheitsentziehung 287
Freiheitsgrundrechte 236
Freiheitsrechte 214
Freizügigkeit 264, 280

G
G 10-Gesetz 405
Gaststättengesetz 119
Gebot des bundesfreundlichen Verhaltens 35
Gebot des mildesten Mittels 51
Gebühren 168 f.
Geeignetheit 50
Geldpolitik 182
Gemeinden 40
Gemeinsamer Ausschuss von Bundestag und Bundesrat 80
Gemeinschaftsaufgaben 151
Generalklausel 232
Gerichtsbarkeiten 186
Gerichtszweig 61
Gesamtwirtschaftliches Gleichgewicht 157, 160
Gesellschaftsanteile 438
Gesetz im formellen Sinne 108 f., 255
Gesetz über parlamentarische Untersuchungsausschüsse 84
Gesetze im materiellen Sinne 108, 139
Gesetzesentwurf 129
Gesetzesinitiative 127
Gesetzesvorbehalt
– Totalvorbehalt 46
Gesetzgebung 185, 231
Gesetzgebungskompetenz des Bundes 111
Gesetzgebungsverfahren 126
Gesetzliche Krankenversicherung 327
Gesetzliche Rentenversicherung 439
Gewerkschaften 392
Gewinn- und Erwerbschancen 440, 443
Gewissen 320, 328
Gewissensentscheidung 321 f.

Stichwortverzeichnis

Gewissensfreiheit 320 f., 324 f., 327
Glaubensfreiheit 237, 309, 311, 315, 318
Gleichberechtigung der Geschlechter 289
Gleichheitsgrundrechte 238
Gleichheitsrechte 214
Globalisierung 7
Grundrechte 212
Grundrechtsadressaten 231
Grundrechtseingriffe 259
Grundrechtsfähig 199
Grundrechtskollision 243
Grundrechtskonkurrenz 241
Grundrechtsmündigkeit 200, 226
Grundrechtsschranken 252
Grundrechtsträger 222
Grundrechtsverletzung 46, 245
Grundsatz der praktischen Konkordanz 243
Gruppe 81

H
Haushalt 98
Haushaltsentwurf 69
Haushaltsgrundsätze-Gesetz 178
Haushaltsplan 177
Haushaltsrecht 176
Herrenchiemseer Konvent 14
Hochschulen 230
Horizontaler Finanzausgleich 174

I
Idealkonkurrenz 242, 300
IHK 383
Immunität 78, 92
Indemnität 77
Indirekte Demokratie 23
Informationsfreiheit 329, 338 f.
Inhalts- und Schrankenbestimmungen 449, 458

J
Judikative 27, 37
Juristische Personen 227
Juristische Personen des öffentlichen Rechts 230, 365
Justizgrundrechte 185, 212, 215, 229, 239

K
Kanzlerprinzip 100
Koalition 391
Koalitionsfreiheit 390
Kollegialprinzip 100
Kommunale Selbstverwaltungshoheit 40
Kompetenz kraft Natur der Sache 124
Kompetenz kraft Sachzusammenhang 122
Konkrete Normenkontrolle 195
Konkurrierende Gesetzgebung 118
Konkurrierende Gesetzgebungskompetenz 116, 164
Konnexität 162
Körperliche Fortbewegungsfreiheit 280
Körperliche Unversehrtheit 279
Krankenversicherung 31
Kriegsdienstverweigerung 328
Kunstbegriff 358
Kunstfreiheit 358, 361

L
Ladenschlussgesetz 119
Länder 35, 40
Ländergesetze 35
Länderverfassungen 18, 26, 35, 88, 128
Landesdatenschutzgesetz 274
Legalenteignung 462, 465
Legislative 37, 54
Legitimer Zweck 49
Lehre 362 f.
Leistungsfunktion 218 f., 414
Leistungsverwaltung 45
Lesungen 129
Luftsicherheitsgesetz 285

M
Magisches Viereck 158
Mehrheitswahlsystem 71
Meinung 335
Meinungsfreiheit 329 f.
Menschenrechte 213
Menschenwürde 215, 234 f.
Mischverwaltung 152
Misstrauensvotum 105
Mittelbare Beeinträchtigungen 416
Mittelbare Bundesverwaltung 150
Mittelbare Drittwirkung der Grundrechte 232, 317, 417

Stichwortverzeichnis

N
Nachtragshaushalt 180
Nassauskiesungsentscheidung 448
Nebentätigkeiten 411
Neue Formel 303
Normverwerfungskompetenz 195

O
Objektive Berufswahlregelungen 421
Objektive Funktion 221
Objektive Zulassungsbeschränkungen 418
Öffentliches Recht 5
Öffentlich-rechtliche Körperschaften 445
Öffentlich-rechtliche Rundfunkanstalten 230, 347
Öffentlich-rechtliche Vermögenspositionen 439
Online-Durchsuchung 403
Organstreitverfahren 191
Örtliche Verbrauchs- und Aufwandssteuern 164

P
Parlamentsgesetz 255
Parteien 28, 292
Parteienfinanzierung 65
Parteiengesetz 18, 28
Parteiverbotsverfahren 189
Petitionsrecht 264
Pflichtteilsrecht 436
Post 397, 399
Postmortaler Persönlichkeitsschutz 275
Präsidentenanklage 189
Presse 340
Pressefreiheit 329, 340 ff.
Presseunternehmen 341 f.
Prinzip der Sozialen Marktwirtschaft 155
Prüfungsrecht des Bundespräsidenten 94

Q
Qualifizierter Gesetzesvorbehalt 254
Quotenregelungen 289

R
Realakte 262, 268, 446
Recht am eingerichteten und ausgeübten Gewerbebetrieb 443
Recht auf Arbeit 414
Recht auf informationelle Selbstbestimmung 274 f.
Recht auf Kriegsdienstverweigerung 308
Recht auf Leben 279
Rechtliches Gehör 240
Rechtsaufsicht 148
Rechtsordnung 4
Rechtsprechung 231
Rechtsschutzgarantie 61
Rechtsstaatsprinzip 258
Rechtsverordnungen 139 f.
Rechtswegerschöpfung 206
Reichspräsident 90
Religionsausübungsfreiheit 308
Religionsfreiheit 309
Rentenversicherung 31
Republik 20
Ressortprinzip 100
Richterwahlausschüsse 27
Rückwirkungsverbot 55
Rundfunk 344
Rundfunkfreiheit 329, 344, 346 ff.

S
Schächten 318
Schmähkritik 333
Schranken-Schranken 259
Schuldenbremse 161
Schulgebet 312
Schulwesen 264
Schutz von Ehe und Familie 227
Schutzbereich 249 f.
Schutzfunktion 220
Schweiz 25
Selbstbindung der Verwaltung 296
Sittengesetz 256, 271
Sitzblockade 371
Sonderabgabe 167
Sondergesetz 354
Sonstige Bund-Länder-Streitigkeit 194
Sozialbindung des Eigentums 459
Soziale Marktwirtschaft 156
Sozialhilfe 31
Sozialisation 156, 452
Sozialrecht 6

Stichwortverzeichnis

Sozialstaatsprinzip 29 f., 156, 161
Sozialversicherungssystem 31
Spezialitätsgrundsatz 241
Spezifisches Verfassungsrecht 210
Staat 7, 11
Staatenbund 10
Staatliche Warnung 316
Staatsangehörigkeit 8
Staatsfinanzen 161
Staatsgebiet 8
Staatsgewalt 8
Staatskirche 319
Staatsoberhaupt 90
Staatsorganisationsrecht 17
Staatsprinzipien 19
Staatsstrukturprinzipien 19
Staatsvolk 8
Staatsziele 258
Stabilitätsgesetz 98, 157
Steuern 163 ff., 442
Steuerrecht 6
Strafbarkeit 54
Strafgesetz 54, 388
Strafrecht 5
Straftaten 433
Subjektive Berufswahlregelungen 420, 423
Subjektive Zulassungsbeschränkungen 418
Subsidiarität 207
Subventionen 47

T
Tarifautonomie 394
Tarifverträge 393
Teilhabefunktion 218
Teilhaberecht 414
Terroristen 285
TierSchG 62
Tierschutz 62, 368
Tierversuche 62, 325 f.
Todesstrafe 240

U
Überhangmandate 74
Übermaßverbot 48
Überprüfung einer Bundestagswahl 189
Umwelt 62
Unechte Rückwirkung 59

Uneheliche Kinder 291
Ungeschriebene Gesetzgebungskompetenzen 121
Unmittelbare Bundesverwaltung 150
Unmittelbare Drittwirkung 395
Unternehmen 5, 412, 443
Unternehmerfreiheit 267
Untersuchungsausschüsse 39, 69, 83
Unverletzlichkeit der Wohnung 428
Urheberrecht 360, 438

V
Verbot des Einzelfallgesetzes 260
Verbot von Parteien 65
Vereinigung 381, 391
Vereinigungsfreiheit 381
Verfahrensfähigkeit 200
Verfassungsänderung 138
Verfassungsbeschwerde 61, 125, 196 f., 199, 206 f., 209, 226, 466
Verfassungsgrundsätze 19
Verfassungsimmanente Schranken 257 f., 326, 368, 379, 389, 396
Verfassungsmäßige Ordnung 256, 270, 388
Verfassungsrecht 13
Vergabe öffentlicher Ämter 414
Verhältnismäßigkeit 48, 396, 425, 458
Verhältnismäßigkeitsgrundsatz 59, 142, 303, 565
Verhältnismäßigkeitsprüfung 426
Verhältniswahlsystem 71
Verkündung des Gesetzes 136
Vermittlungsausschuss 131
Vermittlungsverfahren 133
Vermögensposition 438
Vermummung 372
Verordnungen 64
Versammlung 369, 371
Versammlungsfreiheit 217, 369, 371, 375
– Pandemie 380
Versammlungsgesetz 378 f.
Vertikaler Finanzausgleich 175
Vertragsfreiheit 267
Vertrauensfrage 106
Verwaltung 42, 142
Verwaltungsgericht 39, 466
Verwaltungsgerichtsbarkeit 186

Stichwortverzeichnis

Verwaltungsrecht 6
Verwirkung 224
Video 277
Videoüberwachung 276
Volk 21 ff.
Völkerrecht 7
Volksbefragung 24
Volksbegehren 24
Volksentscheid 24
Vollzug von Bundesgesetzen 143, 146
Vorbehalt des Gesetzes 44
Vorlage eines Gesetzesentwurfs 126
Vorrang des Gesetzes 43

W
Wahlgrundsätze 75
Wahlsystem 71
Warnhinweise 52
Wechselwirkungstheorie 355
Weltanschauung 310 f.
Werbung 334
Werkbereich 360

Werturteile 330
Wesensgehaltsgarantie 260
Wesentlichkeitstheorie 46, 255
Wettbewerbsfreiheit 267
Wettbewerbsrecht 155
Widerstandsrecht 212
Willkürverbot 303
Wirkbereich 360
Wirtschaftsordnung 154
Wissenschaftsfreiheit 362, 365
Wohnraumüberwachung 430

Z
Zensurverbot 357
Zentralstaat 10, 33
Zentralwirtschaft 154
Zitierrecht 69
Zivilgerichte 466
Zölle 164
Zustimmungsgesetz 130, 132
Zuwanderungsgesetz 89
Zwangsarbeit 406
Zwangsmitgliedschaft 383